우리도 대한민국의
국가대표다

우리도 대한민국의 국가대표다

2020년 5월 10일 인쇄
2020년 5월 15일 발행

저자 : 서승직
펴낸이 : 이정일

펴낸곳 : 도서출판 **일진사**
　　　　www.iljinsa.com

(우)04317 서울시 용산구 효창원로 64길 6
대표전화 : 704-1616, 팩스 : 715-3536
등록번호 : 제1979-000009호(1979.4.2)

값 15,000원

ISBN : 978-89-429-1634-4

우리도
대한민국의
국가대표 다

전(前) 기능올림픽 한국기술대표
서승직 지음

world **skills**
Korea 국제기능올림픽대회
한국위원회

🦢 **일진사**

프롤로그

조금은 특별한 제목이라고 할 수 있는 '우리도 대한민국의 국가대표다'는 기능인, 기능올림픽, 그리고 산업인력 양성을 위한 직업교육과 관련된 역사적인 이야기를 다룬 차별된 내용의 책이다. 나는 30여년 동안 국내기능경기대회(심사위원, 심사장, 분과장, 기술부위원장, 기술위원장)와 국제기능올림픽대회(국제심사위원, 국제심사장, 평가위원장, 한국기술대표 등)에서 봉사를 했다. 오래 봉사한 것을 내세우려는 것은 아니지만 그래도 가슴에 태극마크를 달고 기능인들과 함께 세계를 제패하고 국위를 선양한 것은 보람이고 영광이다. 이 책에는 기능올림픽에서 봉사하면서 있었던 알려지지 않은 이야기와 불편한 진실도 담겨 있다.

흔히 대학교수의 3대 사명 중 하나라고 말하는 봉사자로서 국가로부터 부여받은 기능올림픽 분야에 헌신할 특별한 기회가 나에게 주어진 것은 결코 우연은 아니라는 생각이 든다. 왜냐하면 내가 1960년대에 독일의 정통 직업교육을 받은 것과 또 프랑스 유학 중 세계적인 석학인 지도교수 '미셀 다그네' 박사 연구실에서 배운 공학도로서의 학문적 지식뿐만 아니라 연구자로서의 혁신과 코웍 그리고 석학의 성품에 대해 배운 지혜가 훗날 가슴에 태극마크를 달고 기능올림픽 무대에서 대한민국을 대표하는 보람된 쓰임을 받는 초석이 됐기 때문이다.

내가 기능올림픽에서 활동했던 시절에는 영어·독어·불어의 3개국 언어가 WSI의 공식 언어로 통용되던 때였기 때문에 언어 문제는 물론이고 특히 독일의 직업교육과 프랑스만의 특별한 과학기술교육을 받은 것이 기능올림픽 한국기술대표가 되고 또 기능올림픽 회원국 기술대표들의 신뢰를 받았기에 더더욱 기이하다는 생각이 들 뿐이다. 나는 원래 글을 쓰는 사람이 아닌데 글을 쓰고 있는 것만 해도 그렇다. 크리스천인 나에게는 이 모두가 우연이라고 생각되지 않는다. 오래전부터 하나님의 준비된 섭리의 역사이었음에 놀라울 뿐이다.

기능올림픽에서의 종합우승의 수성이라는 사명 완수에 대한 책임감에서 시작된 헌신과 봉사가 나를 오피니언 리더로 만들어 차별되게 기능인의 대변자 역할을 하게 된 것이다. 이 책 속에는 기능인의 대변자로서 기능인들이 이룩한 값진 국위선양을 비롯하여 대한민국의 직업교육의 발전, 기능강국에서 기능선진국 실현, 그리고 뿌리 깊은 학벌만능주의 타파 등을 위해 염원하고 외쳤던 신념에서 쓴 나의 주요 언론 기고문 등이 바탕이 된 특별한 의미의 글도 담겨 있다.

국제기능올림픽 70년의 역사 속에서 기능한국이 걸어온 반세기 역사를 논한다면 기능강국 자리의 오랜 수성을 비롯하여 전설로 여겨질 정도로 전대미문의 기록을 세운 일들을 결코 빼놓을 수 없을 것이다. 반면에 참으로 안타까운 것은 기능강국 대한민국이 능력중심사회의 표상이라고 할 수 있는 기능선진국의 반열에 오르지 못한 것과 마침내는 기능강국의 자리마저 신흥 기능강국들에게 뺏긴 기능한국의 추락이다.

지난 브라질 기능올림픽 대회를 동행 취재했던 한 언론은 직업교육과 명장 육성에 관한 특집을 제작하면서 인터뷰를 위해 2015년 브라질대회 폐회식 직후에 나를 찾아온 적이 있었다. 기자는 브라질대회의 총회와 기술대표회의 취재 결과를 이야기하면서 대화 중에 "한국은 메달만 따러 온 기능올림픽의 변방국가 같아 창피했다"고 심정을 토로한 바 있다. 듣기에는 좀 불편했지만 평소 나의 생각과도 같은 공감이 가는 날카로운 지적이었다.

기능한국의 추락 원인에 대해서도 의견이 분분하지만 결코 부인할 수 없는 분명한 사실은 한마디로 역대 정부마다의 님트(NIMT : Not In My Term) 신드롬에 빠진 것과 무관할 수 없는 일이다. 성공적인 산업화를 이루고 세계 제패 이후에는 매 대회 때마다 성과제일주의에 빠져, 능력중심사회의 표상이라고 할 수 있는 기능선진국 실현을 위한 미래를 내다보는 준비된 혁신에는 모두가 철저하게 외면해 왔기 때문이다. 한마디로 이 모두는 올바른 비판에 대한 경청의 외면이 만든 자업자득의 결과일 뿐이다.

이 책은 많은 생각과 고뇌 속에서 오랜 기간 동안 때로는 밤을 지새우면서 준비한 집필의 결과이다. 그러나 결코 독자들이 밤을 새우면서까지 읽을 만한 흥미로운 책으로는 부족하다고 여겨진다. 이 부족함을 기술과 기능경시 풍조와 비인기 분야의 탓으로 돌릴 수 없는 이유는 필자의 능력이 비천하기 때문이라고도 생각된다. 하지만 기능한국의 불편한 진실을 논한 것은 '잘못 채운 단추는 풀어서 다시 채워야 한다'는 교훈에서 나온 것으로 기능한국의 역사가 왜곡돼서는 안 된다는 신념에서 비롯된 것이다.

그러나 이 책에는 학벌만능주의와 기능경시의 낙인(stigma) 속에서 기능올림픽 봉사를 하며 기능인들과 함께했던 일과 세계 제패라는 가슴 벅찬 감동의 이야기도 많이 담겨 있다. 무엇보다도 대한민국 건국 이래로 어느 분야에서도 일찍이 해내지 못한 확실한 국위선양과 대한민국의 자긍심을 심어준 위대한 역사의 중심에 있었던 사실들을 독자들에게 전할 수 있음은 그래도 큰 보람으로 생각한다. 특히 바라는 것은 국가대표선수들을 통한 '고난 없이는 영광도 없다(NO Cross, No Crown)'가 주는 교훈과 기능인들의 국위선양 이야기가 특성화고교생들의 희망과 도전의 계기가 되길 기대하며 학벌만능주의 타파의 마중물이 되었으면 하는 소망이다.

한국은 1966년 1월 29일 (사)국제기능올림픽대회 한국위원회 창립과 동시에 WSI 회원국으로 가입했으며 2015년에 창립 50주년을 맞았다. 한국은 1966년 WSI 회원가입 이후 1967년 제16회 대회부터 2019년 제45회까지 단 한 번도 빠지지 않고 기능올림픽에 참가해 왔다. 그리고 1977년 네덜란드 유트리히트에서 열린 제23회 대회에서 WSI 회원국으로 가입한지 불과 10여 년 만에 세계를 제패하였으며 이후 오랫동안 세계 최고의 기능강국 자리를 수성해왔다. 특히 1977년부터 2013년 독일 라이프치히에서 열린 제42회 기능올림픽 대회까지 1993년 대만과 2005년 핀란드대회의 준우승을 빼고는 모두 18번이나 종합우승을 차지하는 전대미문의 기록도 세웠다.

반면에 2015년 브라질대회에서는 '성과 뻥튀기' 논란으로 기능인의 자긍심에 상처를 입히고 또 국민들에게 실망을 주는 부끄러운 일도 있었다. 이는 기능한국의 전문성, 영속성 부재 등 총체적인 시스템 난맥상의 문제라고 아니할 수가 없다. 그러나 1960년대 국민소득이 100달러도 채 안 되는 빈곤국가였던 한국이 유럽의 전통적인 기능선진국들을 제치고 기능강국으로 등극한 것과 또 오랜 기간 기능강국의 자리를 수성할 수 있었던 것은 저절로 이루어진 결과가 아닌 대한민국의 무한한 잠재력의 표출이라고 할 수 있다. 이것이 역사가 주는 교훈이며 자긍심이라고 생각한다.

따라서 기능한국이 걸어온 반세기 역사를 정직하게 반추해 보는 것은 큰 의미가 있다고 사료된다. 왜냐하면 기능올림픽에 대한 올바른 역사적 기록과 사실 등이 편협된 생각과 의도된 논리로 왜곡돼서는 안 된다고 판단했기 때문이다. 특히 기능선진국 실현과 기능한국이 가야 할 100년을 위해서 기능한국의 정체성 정립은 무엇보다도 중요한 일이다. 이는 마치 중병에 걸린 환자를 살리는 최선의 방책처럼 올바른 진단과 올바른 처방만이 환자를 살릴 수 있기 때문이다.

이 책의 1부 '기능한국, 걸어온 반세기'에서는 WSI의 70년 역사, 그리고 기능한국이 걸어온 반세기 역사 속에서 대한민국이 국제기능올림픽을 통해 이룩한 국위선양의 경이로운 업적을 이루기까지의 역경을 다루었다. 또한 일반인은 물론 전문가조차도 쉽게 이해할 수 없었던 기능올림픽의 평가 역사의 소개, 그리고 기능올림픽과 관련한 불편한 진실과 감춰진 이야기 등을 다음 5개의 챕터를 통해서 풀어냈다.

1부 기능한국, 걸어온 반세기

01 국제기능올림픽

02 국가대표 선수 육성 이야기

03 일본 시즈오카대회의 알파와 오메가

04 헌신과 열정이 만든 캘거리의 영광

05 산업혁명 발상지 영국에서 세계를 제패한 대한민국

그리고 2부인 '기능한국, 나아갈 100년'에서는 능력중심사회의 표상이라고 할 수 있는 기능선진국 실현을 위한 기능한국이 나아갈 100년의 목표와 비전을 제시하였으며 이를 실현하기 위한 기능한국의 시급한 혁신을 강조하였다. 그리고 기능올림픽의 평가를 통한 논란을 바로잡고 기능한국의 정체성 확립을 위해 평가 역사를 정직하게 반추한 것이다. 이상의 내용은 다음의 5개의 챕터에서 다루었다. 그리고 각 챕터의 뒤에는 언론을 통해 기능선진국 실현을 위해 필자가 외쳤던 기고문을 실었다.

2부 기능한국, 나아갈 100년

06 기능강국에서 기능선진국으로

07 기술의 힘으로 세상을 바꾼다

08 '차별된 인재 육성' 제대로 하려면

09 역사는 '과정의 거울이다'

10 시급한 기능한국의 혁신

나는 기능올림픽대회의 결과도 기능선진국처럼 직업교육의 본질(To Be)의 현상(To Do)에서 표출되어야 한다고 기회가 있을 때마다 언론 기고문 등을 통해 주장한 사람이다. 하지만 나의 주장인 외침(울림)은 경청의 떨림으로의 반응이 없어서 지금도 학벌만능주의의 타파는 말로만 일관되는 정책으로 표류하고 있다고 생각한다.

이 책의 핵심은 만연된 학벌만능주의 타파와 능력중심사회 실현을 위한 대안으로 직업교육을 위한 '삼위일체 시스템 구축'과 능력중심사회의 표상인 기능선진국 실현이다. 나의 제안과 주장은 지금도 유효하다고 외치고 있는 말이다. 각 챕터의 뒤에 실은 언론 기고문의 내용은 중복된 부분도 많이 있다. 그러나 교육자로서 또 기능올림픽 전문가로 활동하면서 깨달음을 통해 얻은 나의 교육철학이기도 하다. 정부의 올바른 정책 입안을 촉구한 글이지만 직업교육과 기능올림픽의 실상을 때로는 기능인의 입장에서, 또 때로는 기업과 교육자의 입장을 대변했던 것임을 밝힌다.

끝으로 기능인을 대변하면서 기능선진국 실현을 위해 언론 기고문 등에 자주 인용해 왔고, 또 이 책 내용의 핵심주제인 핵심어(Key Words)를 소개한다.

핵심어 : ① 국제기능올림픽대회, ② 기능올림픽 경기 규칙과 결과 발표, ③ 세계 제패와 국위선양, ④ 기능강국과 기능선진국, ⑤ 직업교육 '삼위일체 시스템 구축', ⑥ 학벌만능주의 타파, ⑦ 직업교육의 본질과 현상, ⑧ 기능인 우대(優待)와 대우(待遇), ⑨ 능력중심사회, ⑩ 숙련기술인 육성

I can do all things through Him who strengthens me.

(Philippians 4:13)

차 례

II부   기능한국, 나아갈 100년

WE ARE
ALSO A MEMBER OF
THE KOREAN NATIONAL TEAM

I 부

기능한국, 걸어온 반세기

01

국제기능올림픽
(WSI : WorldSkills International)

✪ 기능올림픽 역사와 기능한국

제2차 세계대전의 여파로 황폐화된 유럽의 경제는 1946년 폐허에서 힘겹게 회생되고는 있었지만, 부족한 기술력은 새로운 경제적 불황을 위협하는 불안한 요소가 됐다. 이처럼 경제부흥을 가로막는 위기 상황의 직면은 청소년들에게 산업기술과 직업교육의 필요성을 인식하게 하였다. 그리고 새로운 세계로 도전케 하는 기회를 제공하는 것이 무엇보다도 절실했던 시기이다. 이러한 시대적 상황과 필요성 등이 국제기능올림픽대회를 태동케 한 계기라고 할 수 있다.

■ '앨버트 비달'과 국제기능올림픽의 태동

직업교육에 대한 남다른 통찰력을 지닌 지도자인 스페인의 Mr. Francisco Albert Vidal의 헌신적인 노력으로 1950년 스페인 마드리드의 'Virgen de la Palma'에서 스페인과 포르투갈의 24명의 청소년들이 12개 직종에 참가한 기술 경연대회를 실시했다. 1950년에 열린 마드리드대회는 지금의 기준에서 보면 초라하고 로고도 없이 실시된 행사였지만 이것이 제1회 국제기능올림픽대회의 시작이 된 것이다.

현재 국제대회 참가 선수 연령을 22세로 제한하고 있으나 메카트 로닉스를 비롯한 일부 직종에서는 25세까지도 참가할 수 있다. 하지만 1955년 제4회 스페인 마드리드대회와 1961년 제10회 독일 뒤스브르크대회에서는 연령대를 17-21세(Age Bracket A)와 15-17세(Age Bracket B)로 구분하여 대회를 개최하였다.

Francisco Albert Vidal은 1950년부터 1983년까지 IVTO(International Vocational Training Organization) 사무총장, 1985년부터 1992년까지는 IVTO 회장으로 봉사했으며 1993년 명예회원으로 추대되었다. WSI에서는 창립자인 Francisco Albert Vidal의 숭고한 뜻을 기리기 위해 매 대회 때마다 참가 선수 중 기능올림픽 환산 점수(WorldSkills Scale)로 최고 점수를 얻은 선수 1명에게만 'Albert Vidal Award'상을 수여하고 있다.

1회부터 3회 대회까지는 로고도 없이 경기를 했으나 4회 대회인 1955년부터 로고를 사용하기 시작했다. 1955년 4회 대회부터 2003년 제37회 상갈렌대회까지는 대회 때마다 새로운 로고가 등장했는데 이는 주최국에서 제작하여 사용한 것이다.

■ WSI의 공식 로고 등장

2005년 제38회 핀란드대회에는 신선하고 역동적인 새로운 로고가 등장한다. 통일된 새로운 로고인 그림 1-1은 2000년 국제기능올림픽 창립 50주년을 기념하여 공모를 통해 WSI의 정식 엠블럼(emblem)으로 확정된 것으로 현재까지 사용되고 있다. 엠블럼이 담고 있는 의미는 '청소년의 손길을 나타내는 아이콘(icon) 5개 라인의 강인한 색상과 선은 새로운 기술을 추구한다'고 설명하고 있다.

이 엠블럼은 대한민국의 목원대학교 그래픽 디자인과 학생이었던 양태호 군이 국제 학생 디자인공모전에 출품한 작품이 당선된 것이

다. 기능한국의 정신이 살아 숨 쉬는 정말 자랑스러운 국위선양의 값
진 작품이다. 로고를 볼 때마다 기능한국이 국제기능올림픽을 이끌고
있다는 자긍심을 갖게 해 줄 뿐만 아니라 한국인의 진취적인 기상과
정신 그리고 가슴속으로부터 솟구치는 활력을 얻게 된다. 정말로 우
리에게는 뜻 깊은 로고다.

그림 1-1   국제기능올림픽대회(WSI) 로고

    2000년 6월 15일 포르투갈 리스본에서 열린 기능올림픽 창립 50
주년 기념총회에서는 그동안 사용해오던 국제기능올림픽대회 조직위
원회(IVTO : International Vocational Training Organization)
의 공식 명칭을 WorldSkills로 바꾸고 IVTO는 2차 명칭으로 사용하
기로 한 것이다. 현재는 WSI(WorldSkills International)로 표기하
고 있으며, 회원국마다 국가 이름을 표기하여 자국의 기능올림픽위
원회를 나타내고 있다(예 WorldSkills Korea 등). 기능올림픽대회의
개최는 표 1-1에서 보는 바와 같이 1950년부터 1989년까지는 1년~
3년 간격으로 불규칙적으로 열렸으나 1991년부터는 매 2년마다 정
례적으로 열리고 있다.

■ 기능올림픽 한국위원회 창립과 WSI 회원국 가입

한국은 1966년 1월 29일 (사)국제기능올림픽대회 한국위원회를 창립했다. 창립 취지는 '조국의 가장 시급한 당면 과제인 산업근대화를 앞당겨 실현하는데 기여함'에 있다고 전하고 있다. 한국은 한국위원회 창립과 동시에 WSI 회원국으로 가입했다. 한국은 1966년 11월 4일 제1회 전국기능경기대회를 개최했다. 기계, 금속, 전기, 건설목재, 공예 등 5개 분야 26개 직종에 435명의 선수가 참가하여 경합을 벌였다. 기술위원은 203명이 참여하였으며 장소는 서울공고, 성동공고, 용산공고, 인하공과대학(한독실업학교) 등에서 열렸다.

제1회 전국기능경기대회에서는 목형 김성동, 판금 전경선, 목공 김영기, 장식미술 김순성, 양복 홍금삼, 기계조립 이영식, 선반 정만용, 동력배선 엄윤섭, 제화 배진효 선수 등 9명이 1967년 스페인에서 열리는 제16회 국제기능올림픽대회 한국 대표선수로 선발되었다.

1966년 11월 10일 제1회 전국기능경기대회 시상식에서 "경제개발계획을 줄기차게 밀고 나가 경제자립을 성취하여 국토통일의 반석 같은 기반을 마련하는 것이야말로 우리가 당면한 지상 과제인 것입니다. 이 역사적인 과업을 수행함에 있어서 우리는 기술과 기능의 소유자를 무한적 필요로 하고 있으며 이 과업의 성취가 사실상 우리나라의 기술과 기능의 역량 여하에 달려 있다고 해도 과언이 아닐 것입니다."라고 하였으니, 이는 우리의 절박한 현실을 잘 반영한 것으로 기술만이 살길임을 내다본 선견지명의 정책 판단으로 사료된다.

한국과 기능올림픽대회 때마다 치열한 종합 순위 경쟁을 벌이고 있는 일본과 대만은 각각 1961년과 1970년에 WSI 회원국이 되었다. 중국은 2010년 자메이카 총회에서 WSI 회원국으로 인준을 받았으며 2011년 런던대회에 처음으로 참가했다. 한국은 1966년 네덜란드 유트리히트에서 개최된 제15회 대회에는 정식 회원국은 됐지만 그동안 대회 출전준비가 전혀 안 돼서 옵서버만을 파견하였다.

■ 대한민국 마드리드대회 첫 참가

한국은 1967년 스페인 마드리드의 'Trade Union Centre'에서 열린 제16회 대회에 처음으로 목형, 판금, 목공, 장식미술, 양복, 선반, 기계조립, 동력배선, 제화 등 9개 직종 9명의 선수와 판금 강명순 교수님을 비롯한 주조, 동력배선 직종 3명의 국제심사위원이 참가함으로써 기능한국의 초석을 다지는 계기를 마련케 된 것이다.

마드리드대회의 참가 목적은 "첫째, 기술혁신의 기운을 진작시켜 기능의 향상과 발전을 도모하여 국가산업 근대화를 촉진한다. 둘째, 고도의 기능수준을 국내외에 과시하여 국산품의 질적 우수성을 인식시켜 수출 증대에 기여한다"이며 조국의 현실이 잘 반영된 목표임을 알 수 있다. 처음 참가하는 선수단치고 사기만큼은 하늘을 찌를 듯 충천해 있었다고 한다.

첫 대회의 결과는 기대 이상의 놀라운 성과를 거두었다. 양복 홍근삼, 제화 배진효 선수는 금메달을 수상하였고, 목형 직종에 출전한 김성동 선수가 은메달, 판금 전경선, 선반 정만용 선수가 각각 획득한 동메달까지 총 5개의 메달을 획득하는 개가를 올렸다. 당시 국민소득이 불과 미화 129달러라는 아시아의 최빈곤 국가인 대한민국이 해방 이후 기능인을 통해 국제무대에서 값진 국위선양을 함으로써 국가산업 근대화의 기폭제가 된 것이다. 정부는 세계를 제패하고 귀국한 기능인들을 카퍼레이드까지 벌이면서 크게 환영했다.

■ 대한민국 감격의 첫 종합우승

마침내 한국은 1977년 네덜란드 유트리히트에서 열린 제23회 국제기능올림픽대회에서 회원가입한 지 불과 10년 만에 종합우승을 차지해 국제기능올림픽에 새로운 역사를 기록한 것이다. 제23회 대회에서는 내용 면에서도 28개 직종 28명의 선수가 출전하여 26명이 입상하는 개가를 올렸다.

아시아에서는 지금까지 모두 6차례 기능올림픽대회가 개최됐는데 한국에서는 1978년 부산과 2001년 서울에서 각각 열렸다. 일본에서는 1970년 도쿄, 1985년 오사카, 2007년 시즈오카에서 3차례 그리고 대만에서는 1993년에 타이베이에서 한 번 열렸다. 또한 한국은 2012년에 제주도에서 기능올림픽총회를 성공적으로 개최해 기능한국의 위상을 제고한 바 있다.

표 1-1에서 보는 바와 같이 한국은 지금까지 가장 많이 종합우승을 한 자타가 인정하는 세계 최고의 기능강국이다. 하지만 우리는 매 대회 때마다 종합우승에만 집착하여 기능선진국이라는 또 다른 목표를 보지 못하고, 세계 최고의 기능강국에만 집착한 것이다. 결국에는 기능강국의 자리마저 신흥 기능강국에 빼앗길 수밖에 없는 상황에까지 이른 것이다. 마치 동구라파의 스포츠강국이 스포츠선진국의 반열에 들지 못하고 사라진 것 같은 상황이 된 것이다.

늦은 감은 있지만 이제라도 대한민국은 반복되는 대표선수만을 집중 육성하는 종합우승(기능강국) 추구보다는 능력중심사회의 표상인 기능선진국을 실현하려는 차원이 다른 직업교육 정책 전환을 위한 일대 혁신을 해야 한다. 이 길만이 학벌만능주의를 타파하고 품격 있는 능력중심사회를 실현하며, 21세기 4차 산업혁명의 프런티어 개척을 주도할 기술인재 육성의 왕도이기 때문이다.

한국은 브라질, 아부다비, 그리고 카잔대회에서 거듭된 성적부진을 보였던 원인이 신흥 기능강국에 비해 턱없이 부족한 예산 때문이라고 하지만 설득력을 얻기에는 크게 부족하다. 먼저 예산 부족을 탓하기보다 기능선진국인 스위스, 독일 등의 국가들이 어떻게 대회를 준비하는지 배워야 할 것이다. 그리고 그동안 세계 최고의 기능강국을 자랑해 왔지만 정작 기능한국의 위상과 역량에 비춰 WSI를 선도할 리더로서의 역할을 전혀 수행하지 못한 이유도 분석돼야 할 것이다. 기능한국의 추락에 대한 올바른 원인 분석은 기능강국보다도 더

표 1-1 국제기능올림픽대회 역대 개최지

개최 횟수	개최년도	개최지	비고
1	1950	Madrid, Spain	스페인, 포르투갈 2개국 참가
2	1951	Madrid, Spain	
3	1953	Madrid, Spain	프랑스, 스위스, 독일 WSI 가입
4	1955	Madrid, Spain	
5	1956	Madrid, Spain	아일랜드 WSI 가입
6	1957	Madrid, Spain	
7	1958	Brussel, Belgium	오스트리아 WSI 가입
8	1959	Modena, Italy	
9	1960	Barcelona, Spain	
10	1961	Duisburg, Germany	일본 WSI 가입
11	1962	Gijón, Spain	
12	1963	Dublin, Ireland	
13	1964	Lisbon, Portugal	
14	1965	Glasgow, UK	
15	1966	Utrecht, Netherlands	한국 WSI 가입
16	1967	Madrid, Spain	한국 처음으로 대회 참가
17	1968	Bern, Switzerland	
18	1969	Brussel, Belgium	
19	1970	Tokyo, Japan	대만 WSI 가입
20	1971	Gijón, Spain	한국 종합 4위
21	1973	Munich, Germany	미국 WSI 가입
22	1975	Madrid, Spain	
23	1977	Utrecht, Netherlands	한국 첫 종합우승(01)
24	1978	Busan, Korea	한국 종합우승(02)

개최 횟수	개최년도	개최지	비고
25	1979	Cork, Ireland	한국 종합우승(03)
26	1981	Atlanta, USA	한국 종합우승(04)
27	1983	Linz, Austria	한국 종합우승(05)
28	1985	Osaka, Japan	한국 종합우승(06)
29	1988	Sydney, Australia	한국 종합우승(07)
30	1989	Birmingham, UK	한국 종합우승(08)
31	1991	Amsterdam, Netherlands	한국 종합우승(09)
32	1993	Taipei, Taiwan	한국 종합 2위
33	1995	Lyon, France	한국 종합우승(10)
34	1997	St.Gallen, Switzerland	한국 종합우승(11)
35	1999	Montreal, Canada	한국 종합우승(12)
36	2001	Seoul, Korea	한국 종합우승(13)
37	2003	St.Gallen, Switzerland	한국 종합우승(14)
38	2005	Helsinki, Finland	한국 총 메달점수 2위
39	2007	Shizuoka, Japan	한국 총 메달점수 1위(15)
40	2009	Calgary, Canada	한국 총 메달점수 1위(16)
41	2011	London, UK	한국 총 메달점수 1위(17)
42	2013	Liepzig, Germany	한국 총 메달점수 1위(18)
43	2015	São Paulo, Brazil	한국 총 메달점수 2위
44	2017	Abu Dhabi, UAE	한국 총 메달점수 2위
45	2019	Kazan, Russia	한국 총 메달점수 3위
46	2021	Shanghai, China	worldskills
47	2023	Lyon, France	worldskills

＊ 국가별 종합순위는 2003년까지는 스포츠 올림픽처럼 금메달 우선순위로 해왔으나, 2005년 헬싱키대회부터 금메달 우선순위의 모순을 개선한 정량적인 비교평가 제도 시행으로 'Total Medal Points'가 국가별 종합순위의 기준이 되고 있음. 비고란의 ( ) 안의 숫자는 종합우승 횟수임.

가치 있는 기능선진국으로 도약하기 위한 준비이기 때문에 무엇보다
도 정직한 연구가 필요할 뿐이다.

지난 2019년 러시아 카잔에서 열린 제45회 대회에서는 신입회원
국 인준과 2023년 차기 기능올림픽 개최지를 결정하는 총회가 열렸
다. 폴란드(80), 가나(81), 우간다(82)가 새로운 회원국으로 가입하
여 WSI의 회원국은 2020년 현재 82개국으로 늘어났다. 프랑스는 지
난 2010년 자메이카에서 참패를 딛고 일본과의 경쟁에서 차기 개최
지로 선정되었다.

표 1-1은 국제기능올림픽 개최지 및 개최년도 등에 대한 현황을
간략하게 정리한 것이다. WSI에 의하면 "82개의 회원국은 전 세계 인구
의 3 분의 2를 연결합니다. 우리는 2030년까지 1억 명의 젊은이들이 기술을
익히도록 격려하고 지원할 것입니다"라고 비전을 제시하고 있다. 이처럼
회원국의 증가는 직업교육과 숙련기술의 블루오션이라고 할 수 있다.
대한민국 예비 숙련기술인들이 기술의 무한경쟁의 국제무대로 진출
하여 선도할 수 있는 기회라는 사실을 결코 간과해서는 안 될 것이다.

〈일러두기〉 표 1-1에서 보는 바와 같이 한국은 1977년 첫 종합우승 이후 현재까지 모두
18번 종합우승을 하였다. 1부와 2부의 기고문 내용 중 종합우승 표기는 기고
할 당시의 기준임을 밝힌다.

✖ 국제기능올림픽이란 무엇인가?

국제기능올림픽 헌법(Constitution Worldskills International)
제1조 1항에는 '협회의 이름은 국제기능올림픽이라고 한다. 협회(이
하 '조직'이라고 부른다)는 전 세계적으로 운영되며 정치적 그리고 종
교적으로 중립이며 이익을 추구하지 않는다'고 규정하고 있다. 또 제
1조 2항에는 조직의 본부는 암스테르담에 두고 있으며 네덜란드 법

에 따라 운영된다고 되어 있다.

그리고 국제기능올림픽 헌법 제2조의 1, 2, 3항은 비전, 사명 및 목표를 규정하고 있다.

1항, 조직의 비전 : 기술의 힘으로 우리의 세상을 바꾸자.

2항, 조직의 사명 : 숙련기술자에 대한 관심과 인식을 제고하고 기술이 경제성장과 개인적 성공을 달성하는 데 얼마나 중요한지를 보여주는 것이다.

3항, 조직의 목표 : 다음의 7가지 항목을 추구하고 있다.

A) 회원국 조직의 총체적인 노력을 바탕으로 조직을 마케팅한다.

B) 국제기능올림픽대회를 기술의 가치인식과 발전을 위한 품격 있는 세계적 행사로 자리매김시킨다.

C) 국제기능올림픽의 글로벌 활동을 지원하기 위한 새로운 시대적 정체성과 유연한 조직을 개발한다.

D) 조직의 목적을 증진시키기 위해 선택된 기업, 정부 및 비정부 조직과 전략적 파트너십을 개발한다.

E) 기술 표준 및 조직의 성과 벤치마크에 관한 정보를 보급하고 지식을 공유한다.

F) 기술 개발 및 혁신을 위한 새로운 기회를 개발하기 위해 조직의 이해관계자 간의 네트워킹을 촉진한다.

G) 조직 및 세계의 다른 젊은이들 간의 기술, 지식 및 문화 교류를 촉진하도록 격려한다.

이상의 7가지 목표를 달성하기 위한 회원국 간의 젊은 전문가 교류 촉진 등을 비롯한 구체적인 대안을 명시하고 있다.

이상과 같이 WSI는 "국제기능올림픽경기가 선수들에게 주는 기술은 창의력의 원천이며, 세계 최고의 경쟁을 통한 기회, 그리고 전 세계적으로 기술의 질과 명성을 제고하는 수단이다." 또한 "WSI는 해당 지역 또는 국가의 직업교육 및 훈련을 담당하는 기관 또는 기관에 개방된 비영리 회원협의체임"을 헌법을 통해 설명하고 있다. 아울러 정직(Integrity), 공평(Fairness), 투명(Transparency), 혁신(Innovation), 협력(Partnership)은 기능올림픽의 목적을 실현하는 정신이며 윤리임을 강조하고 있다.

"기술의 힘으로 세상을 바꾼다." 그리고 "새로운 기술을 배우는 것은 당신의 삶을 바꿀 수 있다." 이는 국제기능올림픽 헌법 제1조와 제2조에서 추구하는 비전이자 사명이며 목적의 핵심이다. 무엇보다도 기능올림픽이 추구하는 비전, 사명, 목적에는 고질적인 학벌만능주의 편견을 타파하고 청소년들의 미래의 삶을 바꿀 수 있는 희망의 메시지가 담겨 있다. 따라서 대한민국이 기술과 기능경시의 뿌리 깊은 문화를 타파하고 능력중심사회의 표상인 기능선진국의 실현을 바란다면 직업교육의 백년대계를 위한 예비 숙련기술인에게 희망을 줄 수 있는 창의적인 혁신의 대안을 내놓아야 한다. 혁신은 단지 임기응변적인 구호만으로 노력도 없이 이루어질 수 없음도 깊이 성찰해야 할 것이다. 메달만 따는 기능강국의 추구보다는 기능선진국의 실현이 진정으로 국가경쟁력을 키우는 길이라는 사실도 깨달아야 할 것이다.

WSI에서는 다음과 같이 『"영감을 준다(Inspire-Find Skills), 발전시킨다(Develope-Build with Us), 영향을 준다(Influence-Join Us)"』의 3가지 핵심운동을 통해 비전, 사명, 목적을 실현하려고 노력하고 있음은 물론 기능인들에게 희망을 주고 있다. 다음 설명은 WSI의 홈페이지(https://worldskills.org/brand/)에서 소개하고 있는 내용을 인용한 것이다.

① 영감을 준다.

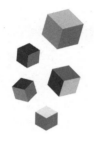

우리는 청소년들이 경쟁과 홍보를 통해 기술에 대한 열정을 키우고 우수성을 추구하도록 영감을 줍니다.

우리의 기술 경쟁은 우수성을 측정하고 챔피언을 축하하며 수십만 명의 젊은이들이 자신의 열정을 직업으로 바꾸도록 격려합니다. 기능올림픽 컨퍼런스와 함께 기능올림픽대회는 전 세계에서 기술을 홍보하는 주요한 방법입니다.

Inspire – Find Skills

② 발전시킨다.

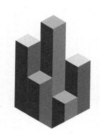

우리는 글로벌 교육 표준, 벤치마킹 시스템, 기업 참여 강화를 통해 기술을 발전시킵니다.

우리는 회원국들의 젊은이들이 훈련을 받고 새로운 일자리를 찾도록 도와줍니다. 기능올림픽의 표준 사양은 이러한 교육 시스템 개발을 지원하기 위해 제공하는 최고의 도구 중 하나 일 뿐입니다.

Develop – Build with Us

③ 영향을 준다.

우리는 협력과 연구를 통해 산업, 정부 및 교육자들에게 영향을 미칩니다. 즉, 모두를 위한 글로벌 기술 플랫폼을 구축하는 것입니다.

기능올림픽은 글로벌 기술 허브입니다. 우리는 교육자, 기업, 정부 및 국제기구와 함께 영향을 미칩니다. 우리는 중요한 연구를 촉진하고 직업 시스템에 대한 최고의 글로벌 벤치마크를 제공합니다.

Influence – Join Us

✘ 기능한국의 초석을 다진 사람들

1967년 (사)국제기능올림픽대회 한국위원회 창립에 관여한 관계자나 또 국제심사위원으로 선수를 육성한 지도자는 모두가 한결같은 마음으로 대한민국 산업화의 성장동력인 산업인력 육성과 직업교육 발전을 위해 헌신과 열정을 바치신 분이다. 이 분들은 당시 1인당 국민소득이 불과 129달러라는 열악한 경제적 환경 속에서도 맨땅에 헤딩하면서 맨손으로 기술을 가르친 프런티어 정신과 사명이 누구보다도 투철했던 분들이다. 이 분들의 공로가 오늘날 경제대국 세계 10위권 도약의 마중물이 되었음을 결코 잊어서는 안 될 것이다.

■ 기능강국 대한민국을 있게 한 기술위원

특히, 판금·배관 강명순 교수님(한양대, 초대 한국기술대표), 목공 길정천 교수님(동국대), 옥내배선 원종수 교수님(서울대), 기계제도 조선휘 교수님(서울대), 프레스금형제작 박천경 교수님(서울대), 양복 이성우 대표, 선반 손명환 교수님(고려대), 가스용접 김재중 공장장(일신산업, 제2대 한국기술대표), 배관 김석윤 교수님(홍익대), 정밀기기제작 김상락 과장님(금성통신), 선반 조래승 부장님(기아산업), 기계제도 이원복 과장님(금성통신, 제3대 한국기술대표), 미술도장 박대순 교수님(한양대), 금은세공 홍길표 대표님(성금사 운영)은 기능한국의 전설이다. 많은 분들이 이미 고인이 되셨지만 이 분들을 빼고 기능한국의 역사를 말할 수는 없다.

우리는 기능한국의 금자탑을 쌓은 이 분들을 존경과 감사함으로 되새겨야 한다. 왜냐하면 이 분들이 당시에 자기 분야에서 뛰어난 전문가나 명문대학의 교수라는 직분을 가졌기 때문이 결코 아니다. 무엇보다도 머리가 아닌 가슴으로부터 우러나는 진정한 기능인 사랑의 헌신을 하셨기 때문이다.

국제기능올림픽 조직위원회(WSI)의 회원국을 대표하는 사람은 기술대표(Technical Delegate)와 공식대표(Official Delegate, 행정대표라고도 부른다. 한국은 최근까지 한국산업인력공단 이사장이 겸직해왔지만 현재는 담당이사가 맡고 있다) 2명이다. 한국의 경우 공식대표가 기능올림픽 선수단 단장을 겸임하면서 선수단을 총괄하지만 기능올림픽의 경기와 관련한 모든 사항은 기술대표가 한국을 대표해 왔다. 하지만 이러한 한국위원회의 현재 조직은 산업화 시절에는 주효했었지만 글로벌화와 기능선진국으로 도약하기에는 많은 문제점이 있는 시스템으로 유럽의 여타 기능선진국에서는 볼 수 없는 조직이다.

■ 편견으로 받은 홀대

몇 해 전의 일이지만 《사진으로 보는 기능경기대회 50년》이라는 책자를 보면서 기술대표 홀대라는 생각이 한참 동안 뇌리를 떠나지 않았다. 말로는 기술·기능인의 우대와 능력중심사회 구현을 외치지만 이상과 현실의 괴리감을 느끼지 않을 수가 없다. 특히, '사진으로 보는 기능경기대회 50년'에서 기술대표를 빼고 이야기할 수는 없다고 생각한다. 단순히 기술대표 사진을 뺐다고 이야기하는 것만은 결코 아니다.

뒤늦게 알게 된 일이지만 당초에 기술대표 사진을 넣기로 한 편집계획과는 다르게 갑자기 뺐다는 것이다. 기술·기능 경시의 편견과 홀대는 비단 어제 오늘만의 새로운 이야기는 아니지만 그보다도 슈퍼갑의 의도된 홀대라는 쓸쓸한 생각이 들어서 그 이유는 확인하고 싶지도 않았다. 결과적으로 석연치 않은 편집지침으로 고인이 되신 강명순 초대 기술대표(12년 봉사)와 김재중 2대 기술대표(17년 봉사)를 지내신 대선배 기술대표님들의 기능한국을 위해 신명을 바친 헌신의 열정이 후대에 와서까지도 예우는커녕 푸대접을 했다는 생각을 지울

수가 없다.

공조직의 상명하복(上命下服)을 말하려는 것은 결코 아니지만 '기본과 원칙'만큼은 공직자가 소명을 갖고 꼭 지켜야 할 교훈이라고 생각된다. '원칙 없는 정치'는 간디가 규정한 7대 사회악 중 하나다. 3.25%의 소금이 바다를 썩지 않게 하는 것처럼 '기본과 원칙'은 공직의 오염을 막을 소금이다. 그러므로 '기본과 원칙'은 어느 누구에게나 First이고 Best로 공직과 조직을 이끄는 소중한 힘의 원천이다.

더욱이 3대 기술대표와 국제심사위원으로 37년간 봉사한 청산 이원복 창원사 대표는 1977년 네덜란드 유트리히트에서 열린 제23회 대회부터 1995년 프랑스 리옹에서 열린 제33회 대회까지 기계제도 국제심사위원으로 봉사하면서 11회 연속 금메달 선수를 육성한 전설적인 인물로 기능올림픽 역사상 전대미문의 기록도 세웠다. 이원복 대표는 2003년 상갈렌 총회에서 회원국 기술대표들에게 한국 기술대표 퇴임사를 하면서 "저는 기능올림픽 참여 37년간 우리 조직과 국가를 위하여 무보수 봉사로 일해 왔다"고 술회했다.

이 분들이야말로 기능강국의 신화를 창조한 역사의 주인공이며 기능한국의 초석을 다지신 분으로 품격 있는 대우를 받을 충분한 자격이 있다고 본다. '사진으로 보는 기능경기대회 50년'에서 이 분들의 사진이 없다는 것은 크게 잘못된 일이다. 제대로 된 기능경기대회 50년을 되새기는 화보집이라면 역대 기술대표도 기능강국의 품격에 맞게 예우를 했어야 마땅하다고 생각한다. 왜냐하면 이것이야말로 진정 능력중심사회 실현의 기본이라고 생각하기 때문이다.

선배 기술대표들은 기술대표의 예우와 관련한 불만을 항상 토로해 왔다. 3대 한국기술대표를 역임한 청산 이원복 창원사 대표도 기술대표 예우 문제 등과 관련해 적지 않은 이런저런 고충이 있었음을 자서전 《삶의 신조》에서 밝히고 있다. 의무만 있고 권한이 없는 기술대표를 지냈기에 선배 기술대표의 고충이 충분히 공감이 된다.

■ 10인 10색의 차별된 헌신의 리더십

나는 1978년 4대 회장님 때부터 기능올림픽과 인연을 맺었다. 그러나 1991년 네덜란드 암스테르담에서 개최된 제31회 국제기능올림픽대회의 배관 직종 국제심사위원으로 봉사하게 되면서 8대 이찬혁 회장님 때부터 2012년 17대까지 모두 열 분의 역대 회장님들의 10인 10색의 기능한국을 위한 차별된 헌신의 리더십을 가까이에서 지켜볼 수 있었다.

국제기능올림픽대회 한국위원회 창립에 헌신한 초대 김종필 회장님부터 역대 회장님들의 훌륭한 공적은 일일이 말할 수 없을 만큼 많다. 나는 특히 2001년 대한민국 서울에서 열린 제36회 국제기능올림픽대회를 성공적으로 개최한 차별된 통 큰 리더십으로 기능강국 대한민국의 위상 제고는 물론 기능올림픽대회의 '롤 모델'로 매 대회 때마다 회원국 대표들을 통해 '36서울'이 회자될 만큼의 큰 업적을 이루신 구천서 회장님을 비롯하여, 또한 목표했던 종합우승의 수성 좌절로 국가가 위로의 보상 보너스로 준 산업시찰의 일정까지 모두 포기하고 귀국하는 회장님의 안타까운 모습까지도 가까이에서 지켜봤다. 그러나 이 모두는 결과를 따지기보다는 역대 회장님들의 최선을 다한 공직자로서의 사명과 책임감 그리고 공직윤리에서 비롯된 신뢰의 모습들이 특히 기억된다.

나는 2007년 일본 시즈오카에서 열린 제39회 대회와 2009년 캐나다 캘거리에서 열린 제40회 대회 그리고 2011년 영국 런던에서 열린 제41회 대회까지 한국선수단의 단장과 공식대표로 활동하신 김용달, 유재섭, 송영중 회장의 리더십과 한국위원회【(2007년 : 김동회 이사 · 조영일 국장 · 선수감독 정성훈 팀장 · 선수부감독 권상원 차장), (2009년 : 김흥재 이사 · 유헌기 국장 · 선수감독 정성훈 팀장 · 선수부감독 윤상인 차장), (2011년 : 정일성 이사 · 지인웅 국장 · 선수감독 정성훈 팀장 · 선수부감독 윤상인 차장)】의 조직적인 시스템 운영에 의기투합하여 3회 연속 종합우승의 쾌거를 이룩하고 또 값진 국위를 선양하는데 기능올림픽 한국기술대표로 중추적인 역할을 했다고 자부하며 자랑스럽게 생각한다.

특히 내가 기술대표를 하는 동안 한국의 공식대표로 활동했던 역대 회장님들은 공직자로서의 사명과 기능올림픽에 대한 올바른 이해 그리고 기능인을 위한 차별된 섬김의 리더십을 보여준 분으로 기억된다. 무엇보다도 '성과 뻥튀기'와 '부끄러운 1등보다 떳떳한 2등이 자랑스럽다'는 것과 같은 기능인들의 세계 제패의 쾌거를 부끄럽게 만들고 또 기능한국의 신뢰를 떨어뜨릴 만큼의 황당무계한 어떤 수치스러운 일은 결코 있을 수가 없었던 것에도 크게 감사하게 생각한다. 특히, 나는 한국기술대표로 봉사하는 동안은 기능올림픽과 관련한 모든 정보의 공유는 물론 소통과 화합을 통한 시스템 운영으로 2012년 기능올림픽 제주총회 유치를 비롯한 e-러닝과 같은 기능한국의 브랜드 가치를 높일 수 있는 일들도 힘은 들었지만 보람 있게 할 수 있었다.

■ 유감스러운 사진첩

이처럼 어려운 시절 한국선수단장으로서 국가발전에 훌륭하게 기여하신 회장님들의 예우를 말하려는 것이 결코 아니다. 《사진으로 보는 기능경기대회 50년》은 한국산업인력공단의 자랑스러운 기록이기도 하지만 기능한국의 역경의 역사를 회상케 할 수 있는 사진첩이 돼야 한다고 생각한다. 하지만 무보수로 헌신하면서 무에서 유를 창조한 기능올림픽의 전설로 기능한국은 물론 WSI 회원국에서도 존경받는 기술대표 사진 한 장을 볼 수 없다는 것은 정말 안타까운 일이다. 나는 이런 관점에서 '사진으로 보는 기능경기대회 50년'은 편협된 사고에서 비롯된 기술·기능인을 홀대한 매우 부족하고 심히 잘못된 사진첩이라는 평가를 하고 싶다.

나는 기능올림픽 및 직업교육과 관련하여 기능인과 또 한국산업인력공단의 정책이 올바르다고 생각되면 항상 신념을 갖고 대변해왔으며 그리고 꼭 실현될 수 있도록 미력하나마 힘을 보탰다. 나는 정치인도 아니고 좌나 우에도 치우치지 않고 오직 한 마음으로 기능인과 기능올림픽만을 위해 봉사한 봉사자이면서도 본업은 교육자인 대학교수다. 그렇지만 오로지 국가가 믿고 맡긴 사명 완수만을 위해 심히 부족하나마 최선을 다했다는 사실만큼은 나 스스로가 자랑스럽게 생각한다. 나는 노동부 장관이 위원장으로 주재하는 국가기술자격정책 심의위원회 위원으로도 활동하면서도 일관되게 기술·기능인을 대변해왔다.

2010년 10월경, 교육과학기술부 이주호 장관이 졸업과 동시에 자격증을 주는 안에 대해 심도 있게 거론할 때 나는 『'졸업장=자격증' 제도는 아직 시기상조다』라는 글을 조선일보에 기고했다. 시의적절(時宜適切)한 글을 읽은 국회의원들이 다행스럽게도 긍정적으로 받아들여 한국산업인력공단의 염려가 깨끗하게 해결된 적이 있었다. 그랬더니 교수님은 우리 공단 직원이시라면서 한국산업인력공단측에서 만족함을 표시한 적도 있었다.

기능강국임을 자랑하는 대한민국에서 이해할 수 없는 수치스런 일도 일어났다. "기능올림픽 뻥튀기 … 노벨과학상 0 … 기술강국 되겠나" 이는 2015년 브라질대회가 끝난 후인 2015년 10월 9일자 동아일보 사설의 제목이다. 사실 여부를 떠나 참으로 안타까운 일로 평생을 기능올림픽을 위해 봉사한 사람으로서 그냥 넘어갈 수 있는 일이 아니라는 생각이 들었기 때문에 염려를 같이 했던 청산 이원복 선배와 조용히 펜을 들었던 것이다.

그러나 오로지 충정에서 비롯된 절차를 통한 사실에 근거한 진언을 일면식도 없는 네티즌들의 답변에 온갖 인신공격성 글까지 올려 왜곡된 사실로 비난한 것 등은 국민 위에 군림하는 도를 넘는 슈퍼 갑의 행위가 아닐 수 없다고 생각된다. 기능올림픽의 정체성과 경기규칙 그리고 기능한국의 역대 기록 등을 간과한 실종된 공직윤리에서 비롯 된 행동으로밖에 생각되지 않는다. 민원을 경청하는 일말의 예의도 없는 행태를 생각하면 정말 화가 나는 일이다.

　종합우승을 했다고 해야 언론의 관심도 끌 수 있고 정부의 움직임 도 달라진다고는 하지만 그렇다고 진실을 왜곡해서는 안 될 일이다. 오히려 자기 분야에서 세계를 제패하고 국위를 선양한 선수와 지도자 들의 자긍심에 상처를 주는 일임은 물론 기능한국의 명예만을 실추시 킬 뿐이다. 언급한 내용과 관련한 조선일보에 기고했던 2010년 10월 22일자 기고문과 동아일보 2015년 10월 9일자 사설을 소개한다.

'졸업장=자격증' 제도는 아직 시기상조다

　이주호 교육과학기술부 장관은 내년부터 전국 전문대학과 특성화고 졸업생에게 시험 없이 각각 산업기사와 기능사 국가기술자격증을 졸업 과 동시에 부여하겠다고 밝혔다(19일자 A14면). 이유는 자격증 취득 을 위한 사교육비가 너무 과중해 공정한 사회의 관점에서 바로잡기 위 해서라고 했다. 교육의 본질적 관점에서 '졸업장=자격증'은 지극히 당 연한 일이다. 독일 등 유럽 선진국들에선 이미 정착돼 있다. 프랑스의 6년제 건축대학의 경우 졸업시험에 합격하면 졸업장으로 정부 공인 건 축사 면허증을 준다.

　'졸업장=자격증'은 전문대학과 전문계고의 본질 회복이라는 의미에 서도 환영할 일이다. 하지만 이번 장관의 발표는 임기응변적인 발상으 로 보여 당혹스럽다. 제도 시행 목적이 단지 사교육비를 줄이기 위한 대책으로 자격증을 시험 없이 준다는 것은 교육의 근간을 흔들 만큼 심 각한 문제점이 내포돼 있다. 우선 인증은 거친다고 해도 천차만별의 학 교수준 차이를 무시하고 졸업만 하면 주어질 자격증이 과연 '자격증= 취업 보장'과 같은 희망으로 이어질지 의문이다.

더욱 우려되는 것은 직업교육의 하향 평준화로 인한 기능경시 풍조와 이공계 기피를 더욱 심화시킬 게 뻔하기 때문이다. 기업들 말대로 장마 때 정작 먹을 물이 없는 것처럼 사람이 넘쳐나도 쓸 만한 인재가 없다는 현실에 비춰볼 때 자격증이 제대로 인정이나 받을지도 의문이다. 이는 근시안적 교육정책에 지나지 않는다.

　분별없는 각종 대학 난립과 실속 없는 대학 진학으로 이어져 '대학 졸업장=실업자'라는 현실은 정말 안타까운 국력 손실이다. 이는 교육이 교육을 망치게 한 아이러니의 표본이자, 원칙도 없이 교육정서에만 편승해 교육당국과 교육기관이 공조해 만든 잘못된 정책의 결과다.

　21세기 지식기반사회를 맞이한 우리의 현실은 기능경시 풍조와 이공계 기피로 그야말로 직업교육의 최대 위기를 맞고 있다. 이는 직업교육의 미래를 내다보지 못한 정책의 부재 때문이다. 준비도 안 된 부실한 직업교육 시스템 속에서 '졸업장=자격증' 제도는 시기상조다. 목표이자 희망인 '졸업장=자격증'이 곧 '자격증=취업 보장'이 되기 위해서는 직업교육 시스템의 본질의 개선이 시급하다.

(조선일보 2010년 10월 22일)

기능올림픽 뺑튀기…노벨과학상 0…기술강국 되겠나

　8월 18일 조간신문에 게재된 '2015년 국제기능올림픽대회 한국 5연패'라는 정부 발표는 사실이 아니었다. 대회조직위원회의 공식 평가 방식에 따르면 금메달 11개, 은메달 10개, 동메달 6개를 딴 브라질이 1위이고 금 13개, 은 7개, 동 5개의 한국은 2위라는 것이 뒤늦게 밝혀졌다. 한국 대표단을 청와대로 초청해 오찬까지 베푼 박근혜 대통령은 물론이고 '기술강국 한국'을 자랑스러워한 국민은 감쪽같이 속은 셈이다.

　고용노동부와 한국산업인력공단은 전체 메달 수에서 가장 많은 우리나라를 종합우승으로 봐야 한다고 주장하지만 군색한 얘기다. 기능인들 사이에서 '부끄러운 1등보다 떳떳한 2등이 낫다'는 말까지 나올 정도다. 1970, 80년대에는 기능올림픽에서 우승하면 카퍼레이드를 할 정도였는데 요즘엔 해당 장관도 가보지 않을 정도로 관심이 줄어든 것도 사실이다. 그렇다고 청와대를 의식한 듯 '성적 뻥튀기'를 한 것이 과연 기능인을 위해서인지, 공무원들의 '한건주의'는 아닌지 의문이다.

한국은 맨땅에 헤딩하듯 맨손으로 기술을 익혀가며 세계 10위권 경제대국으로 도약했다. 이제는 서비스업 활성화와 함께 과학기술 진흥을 통한 제조업 업그레이드가 시급한 단계다. 제조업 혁신은 현장에서 단련된 기술자에게서 나오는 경우가 많다. 제조업 도약을 위해선 첨단 연구개발(R&D)부터 산업현장의 응용기술까지 다층적인 발달이 필수적이다.

첨단 과학을 보면 더 깊은 한숨이 나온다. 노벨 과학상에서 일본인은 21명의 수상자가 나왔지만 한국은 전무(全無)하다. 올해는 후발주자인 중국에서도 처음으로 생리의학상 수상자가 나왔다. 세계 최초 발견자에게 주는 노벨 과학상에서 완패한다면 10~20년 뒤에도 '창조 경제'는 달성하기 어렵다.

한국은 작년에 18조 원의 정부 예산을 R&D에 투입했고 국내총생산(GDP) 대비 총 연구개발비 비중은 세계 최고 수준이다. 그러나 단기성과에 급급해 정권에 따라 오락가락하는 과학기술 정책으로는 헛돈만 쓸 공산이 크다. 이대로 가면 노벨상이나 기능올림픽 우승은커녕 현재 수준도 유지하기 어렵다는 위기의식을 위정자들부터 가져야 한다.

(동아일보 2015년 10월 9일)

동아일보의 사설에서 언급한 종합순위 관련 팩트(fact)는 다음의 '기능올림픽의 평가는 어떻게 하나'에서 객관적인 자료를 통해 확인 검증할 수 있다. 아무쪼록 이 자료를 통해 논란이 해소되기를 바란다.

✖️ 기능올림픽의 평가는 어떻게 하나

■ 기능올림픽대회의 결과 발표(Publication of Results)의 변천

기능올림픽의 경기운영과 결과 발표는 WSI의 경기규칙(Competition Rules)에 따른다. 2005년부터 적용되고 있는 현재의 규정에 따르면 WSI의 경기결과는 우선 각 직종마다 1, 2, 3위를 포함한 참가한 선수의 점수와 순위를 발표한다. 그리고 회원국의 순위가 매겨진 4개의 비교지표를 발표한다. 이 결과는 경기규칙에 따라 경기 종료 후 1일차(C+1) 즉, 폐회식에 앞서 총회에서 인준을 받아 공포된다.

1회 대회가 열린 1950년부터 2003년 스위스 상갈렌에서 열린 제37회 대회까지는 선수별 1위(금), 2위(은), 3위(동) 등을 포함한 각 직종에 한하여 참가한 선수의 순위(ranking)만을 발표해 왔다. 하지만 국가별 종합순위는 WSI 차원에서 공식적으로 발표하지는 않았다. 따라서 당연히 국가별 종합우승에 대한 시상도 하지 않는다. 다만 시상식에서는 직종별 입상자(금·은·동)에게만 메달을 수여한다. 그러나 회원국들은 스포츠올림픽과 마찬가지로 관행적 기준인 금메달 우선순위로 참가국의 종합순위를 나름대로 매겨왔을 뿐이다. 한국도 여타 회원국과 마찬가지로 2003년까지는 관행대로 금메달 우선순위로 종합순위를 매겨왔다.

■ 1995년부터 비교평가 필요성 대두

1995년 프랑스 리옹에서 열린 제33회 대회부터 국가별 객관적인 비교평가의 필요성이 대두되기 시작하였으며 처음으로 국가별 비교평가 방법과 내용 등이 소개되었다. 이처럼 비교평가의 필요성이 대두된 것은 그동안 WSI 차원에서 국가별 순위를 구별하여 발표하지는 않았지만 회원국들이 금메달 우선순위의 종합우승을 매겨온 불합리성을 해결하기 위해서 논의가 시작된 것이다.

스포츠올림픽과는 달리 기능올림픽에서 금메달 우선순위의 가장 큰 문제는 은메달 10개를 획득한 국가가 금메달 1개를 획득한 국가보다 종합순위에서 밀리는 모순을 비롯하여 대규모 선수가 참가한 국가와 특히 일부 직종에만 참여하는 회원국 간의 기술과 직업교육 수준 등의 비교평가의 자료가 더욱 절실하게 필요했기 때문이다.

물론 종합우승국을 구별하기 위한 지표도 필요했지만 다양한 비교평가를 통한 회원국 간의 기술수준 향상은 WSI에서 추구하는 가장 큰 목표였기 때문이다. 1995년 비교평가의 필요성이 논의된 이후부터 WSI는 이런 문제 해결을 위해 그 방법을 꾸준히 연구하고 검토해 왔다.

마침내 1997년 스위스의 상갈렌에서 열린 제34회 대회에서 회원국 간의 평균점수(average point scores)와 총 메달점수(total medal point) 등의 비교평가에 대한 파일럿 보고서(pilot report)가 처음으로 소개되었다. 그리고 2001년 서울에서 열린 제36회 대회와 2003년 스위스 상갈렌에서 열린 제37회 대회에서는 회원국의 메달 획득과 평균점수에 의한 2가지 비교지표가 경기 결과로 같이 발표됐다. 그러나 이 발표가 경기규칙에 따른 공식 결과가 아니기 때문에 회원국들은 2003년까지는 관행적 기준인 금메달 우선순위로 국가별 종합 순위를 매겨왔다.

■ 2005년 'Total Medal Points' 평가제도 도입

마침내 2005년부터 회원국 상호간의 객관적인 순위(ranking)를 매기는 비교평가 제도가 도입됐다. 2005년 핀란드에서 열린 제38회 대회에서는 회원국 간의 순위가 매겨진 총 메달점수(total medal points)와 평균점수(average points scores)에 의한 2가지 비교지표가 결과로 발표됐다. 모든 회원국들과 마찬가지로 우리나라도 총 메달점수로 종합 순위를 발표했다. 금메달 우선순위의 모순을 해결한 정량적인 비교평가 지표를 회원국 모두가 긍정적으로 받아들였다. 따라서 2005년부터는 금메달 우선순위의 종합 순위 평가는 사라진 것이다. 다만 메달 획득은 회원국의 경기 내용과 결과를 설명하는데 자유롭게 이용될 뿐이다.

2007년 일본 시즈오카에서 열린 제39회 대회부터는 직업교육의 수준과 발전 정도를 비교평가할 수 있는 폭넓은 자료를 제공한다는 취지에서 공식지표를 추가한 것이다. 2005년에 발표한 2개의 지표인 총 메달점수(total medal points)와 평균점수(average points scores)에다 평균 메달점수(average medal points)와 총 점수(total points scores) 등 2종류의 지표를 추가한 것이다. 결과적으로 결과 발표의 공식지표는 4가지로 늘어났지만 내용 면에서 보면 2005년도의 결과 발표도 본질적으로 똑같다. 왜냐하면 추가한 지표인 총 점수는 기존의 평균점수를 구하기 위한 선(先)과정의 지표이며 또한 평균 메달점수는 총 메달점수를 참가한 직종 수로 나눈 결과의 지표이기 때문이다.

WSI에서는 2007년부터 2019년까지 경기규칙의 결과 발표 규정에 따라 각 직종별, 개인별, 금·은·동·우수 등을 포함하여 회원국 간의 비교지표인 4개 지표를 공식적으로 발표하고 있다. 비교지표가 도입된 2005년부터는 각 회원국이 취득한 메달(금·은·동·우수)은 단지 4개 지표를 산출하기 위한 기본 자료로만 활용될 뿐이다. 다만 취득한 메달 수는 회원국 자신의 경기 결과를 설명하는데 쓰일 뿐이며 금메달 우선순위의 발표는 결코 공식지표가 될 수 없다. 한국은 2005년도부터 스위스 등 여타 기능선진국들과 마찬가지로 총 메달 점수를 근거로 종합 순위를 일관되게 매겨왔다. 다른 비교지표는 종합 순위 산정에 반영된 바가 없으며 반영될 수도 없다.

역사와 전통 그리고 권위를 자랑하는 기능올림픽대회의 결과 발표는 철저하게 WSI의 경기규칙에 따른다. 모든 경기규칙의 개정은 필요에 따라 대회 때마다 논의되지만 반드시 WSI 총회의 승인을 받아야 발효된다. 총회를 거쳐 개정된 경기규칙은 홈페이지에 즉시 업데이트되며 회원국에 공개된다. 2017년과 2019년에 '우수선수 비율' 등의 비공식지표가 발표되긴 했지만, 2007년 이후 현재(Version 8.2 Date 22.07.19)까지 4개의 비교지표 외에 새로운 공식지표가 추가되지는 않았다.

현행 WSI의 경기규칙, 11. 9의 결과 발표(Competition Rules, 11.9 Publication of Results)에 대한 원문과 해석을 소개한다.

WSI 경기규칙의 결과발표 규정

【COMPETITION RULES, 11.9 PUBLICATION OF RESULTS : Members are provided with the Official Results for each skill competition listing all Competitors, their points, medals and medallions plus a series of results listing Member comparison "by average medal points", "by average points score", "by total medal points", "by total points score", and "alphabetical with total medal points and average medal points". These are provided to the Technical and Official Delegates at the Competitions Committee meeting and General Assembly meeting on the day of the Closing Ceremony. Delegates must not share these results with anyone until after the Closing Ceremony. The Official Results are posted to the WorldSkills International website as medal winners are announced at the Closing Ceremony(C+1).

경기규칙, 11.9 결과 발표 : 회원국에는 각 경기 직종에 참여한 모든 선수들의 취득점수와 메달(금·은·동·우수) 획득에 대한 공식결과를 제공한다. 이와 더불어 회원국 간의 비교 평가로 "평균 메달점수", "평균점수", "총 메달점수", "총 점수"를 제공한다. 그리고 알파벳 순서로 표시된 회원국의 "총 메달점수", "평균 메달점수"가 제공된다. 이 결과는 경기위원회와 폐막식 당일 열리는 총회에서 각 회원국의 기술대표와 공식대표에게 제공한다. 각 회원국 대표들은 폐회식이 끝날 때까지 이러한 결과를 다른 사람들과 공유해서는 안 된다. 폐막식 (C+1 ; 경기 종료 후 1일차)에서 발표된 메달 수상자와 함께 공식결과는 국제기능올림픽위원회 웹 사이트에 게시된다.】

WorldSkills Results and Reports(기능올림픽 결과 및 보고서)

https://worldskills.org/what/competitions/wsc2019/#results

WSI는 그동안 경기 결과로 발표되는 4개의 비교지표를 회원국 간의 직업교육과 기술수준을 분석 평가하는 자료 등으로 활용할 것을 적극 권장해왔다. 그리고 지표가 올바르게 사용될 수 있도록 그 의미를 꾸준히 설명하고 홍보해왔다. 마침내는 지표의 의미를 공식적으로 문서화하여 발표하였다. WSI는 2019년도 카잔대회의 경기 결과와 함께 '기능올림픽 결과 및 보고서(Version 1.0, Date 27.08.19)'를 통하여 그동안 경기규칙에서 언급됐던 모든 결과발표지표에 대한 정의를 명확하게 요약하여 정의한 것이다. 그림 1-2에 그 원문을 소개한다.

Member Comparison Reports

At the conclusion of each WorldSkills Competition, WorldSkills International produces five reports that enable Members to compare their performance to other Members. Each report uses a different metric for comparison. Where skill competitions have Competitors grouped in to teams, these teams are treated as a single Competitor for the purpose of these reports.

회원국 비교보고서

WSI는 경기가 끝나면 회원국 자신의 성과를 다른 회원국과 비교할 수 있는 5개 지표의 보고서를 제공한다. 각 보고서는 비교를 위해 다른 평가기준을 사용한다. 선수가 그룹의 팀으로 경기에 출전한 경우 하나의 팀을 단일 선수로 취급하여 보고서를 작성한다.

Comparison by Member(Alphabetical) : This report lists each Member in alphabetical order of their two letter Member code. For each Member, it shows the total number of points for medals, the average score for their Competitors on the WorldSkills Scale, the number of skills they competed in, and the number of each type of medal awarded to the Member. Members are not ranked in this report.

WorldSkills Results and Reports

Member Comparison Reports

At the conclusion of each WorldSkills Competition, WorldSkills International produces five reports that enable Members to compare their performance to other Members. Each report uses a different metric for comparison.

Where skill competitions have Competitors grouped in to teams, these teams are treated as a single Competitor for the purpose of these reports.

Comparison by Member (Alphabetical)

This report lists each Member in alphabetical order of their two letter Member code. For each Member, it shows the total number of points for medals, the average score for their Competitors on the WorldSkills Scale, the number of skills they competed in, and the number of each type of medal awarded to the Member. Members are not ranked in this report.

Comparison by Total Medal Points

This report ranks Members according to their total number of points for medals. Each medal awarded to a Member earns them a number of points – 4 points for gold, 3 points for silver, 2 points for bronze and 1 point for Medallion for Excellence. The highest ranked Member is the one with the most points.

Comparison by Average Medal Points

This report ranks Members according to their average medal points per skill. The average is produced by taking the sum of all medal points achieved by the Member (as outlined in the previous report) and dividing it by the number of skills the Member competed in.

Comparison by Total Point Score

This report ranks Members according to the total score on the WorldSkills Scale. This total is the summation of scores achieved by each of their Competitors across all skill competitions. Members that compete in the most number of skill competitions are usually at the top of this ranking.

Comparison by Average Point Score

This report ranks Members according to the average score their Competitors achieved on the WorldSkills Scale across all skill competitions. This is calculated by adding all Competitor scores for the Member, then dividing by the number of skill competitions the Member competed in. This provides an estimate of the level of excellence of an average Competitor from each Member.

Best of Nation

Each Member's Technical Delegate selects one of their Competitors to receive the Best of Nation award for their country/region. This is often the Competitor with the highest points on the WorldSkills Scale and/or the highest medal in their Member's team.

Albert Vidal Award

Named after the founder of WorldSkills International, Francisco Albert Vidal, this award is given to the Competitor(s) with the highest score on the WorldSkills Scale.

그림 1-2 WSI가 공식발표한 '기능올림픽 결과 및 보고서'

회원국(알파벳 순위) 비교 : 이 보고서는 각 회원국의 두 글자 회원코드(예, 한국 KR 등)의 알파벳 순서로 나열한다. 각 회원국에 대해 총 메달점수, WS 환산의 평균점수, 참가한 직종 수 및 회원국에서 획득한 각 메달 종류를 보여준다. 이 보고서에는 회원국의 순위는 매기지 않는다.

① Comparison by Total Medal Points : This report ranks Members according to their total number of points for medals. Each medal awarded to a Member earns them a number of points - 4 points for gold, 3 points for silver, 2 points for bronze and 1 point for Medallion for Excellence. The highest ranked Member is the one with the most points.

① 총 메달점수 비교 : 이 보고서는 회원국의 총 메달점수에 따라 회원국의 순위를 정한다. 회원국이 획득한 각 메달을 금메달 4점, 은메달 3점, 동메달 2점, 우수상 1점으로 계산한 점수다. 최고 순위국가는 총 메달점수가 가장 높은 국가다.

② Comparison by Average Medal Points : This report ranks Members according to their average medal points per skill. The average is produced by taking the sum of all medal points achieved by the Member (as outlined in the previous report) and dividing it by the number of skills the Member competed in.

② 평균 메달점수 비교 : 이 보고서는 직종당 평균 메달점수에 따라 회원국의 순위를 매긴다. 평균은 회원국이 획득한 모든 메달점수의 합계(이전 보고서에 요약된 대로)를 회원국이 경기에 참가한 직종 수로 나누어 산출한다.

③ Comparison by Total Point Score : This report ranks Members according to the total score on the WorldSkills Scale. This total is the summation of scores achieved by each of their Competitors across all skill competitions. Members that compete in the most number of skill competitions are usually at the top of this ranking.

③ 총 점수 비교 : 이 보고서는 WS 환산의 총 점수에 따라 회원국의 순위를 매긴다. 이 합계는 모든 직종에서 각 선수가 얻은 점수의 합이다. 가장 많은 직종에 참가한 회원국이 일반적으로 이 랭킹에서 1위가 된다.

④ Comparison by Average Point Score : This report ranks Members according to the average score their Competitors achieved on the WorldSkills Scale across all skill competitions. This is calculated by adding all Competitor scores for the Member, then dividing by the number of skill competitions the Member competed in. This provides an estimate of the level of excellence of an average Competitor from each Member.

④ 평균점수 비교 : 이 보고서는 모든 직종에서 WS 환산점수로 선수가 획득한 평균점수에 따라 회원국의 순위를 매긴다. 평균점수는 회원국 선수의 모든 점수를 더한 다음 회원국의 참가직종 수로 나눠서 계산한다. 평균점수는 각 회원국의 선수 평균 수준 평가를 위해 제공한다.

Best of Nation

Each Member's Technical Delegate selects one of their Competitors to receive the Best of Nation award for their country/region. This is often the Competitor with the highest points on the WorldSkills Scale and/or the highest medal in their Member's team.

회원국 최우수선수

각 회원국 기술대표는 자신의 국가/지역에서 최고의 국가상을 수상할 선수 1명을 선정한다. 이것은 회원국에서 통상 WS 환산점수로 가장 높은 점수를 얻은 선수 또는 가장 높은 메달을 획득한 선수 중에서 선정한다.

Albert Vidal Award

Named after the founder of WorldSkills International, Francisco Albert Vidal, this award is given to the Competitor(s) with the highest score on the WorldSkills Scale.

앨버트 비달상

WSI의 창립자인 프란시스코 앨버트 비달의 이름을 딴 이 상은 WS 환산점수로 최고 높은 점수를 받은 선수 1명에게만 수여된다.

〈Note : 위 내용 중, 원의 숫자(①, ②, ③, ④)는 원문에는 없는 것으로 설명을 위해 편의상 추가한 것임〉

■ '기능올림픽 결과 및 보고서'의 의미

다음은 WSI에서 2019년 처음으로 발표한 '기능올림픽 결과 및 보고서'에서 공식적으로 정의한 의미를 요약한 내용이다.

① 총 메달점수 : 회원국이 획득한 금(4점), 은(3점), 동(2점), 우수(1점)를 합산한 점수. 최고 순위국가는 총 메달점수가 가장 높은 국가다.

② 평균 메달점수 : 총 메달점수(①)를 참가직종 수로 나눈 점수. 1명만 출전한 회원국에서 금메달로 입상할 경우 그 회원국이 이 랭킹에서 1위가 된다.

③ 총 점수 : 참가직종에서 선수가 취득한 점수를 합산한 점수. 가장 많은 직종에 참가한 회원국이 일반적으로 이 랭킹에서 1위가 된다.

④ 평균점수 : 총 점수(③)를 참가직종 수로 나눈 점수. 평균점수는 각 회원국의 선수 평균 수준 평가를 위해 제공한다.

기능올림픽대회가 추구하는 주요목적 중 하나는 회원국 간의 직업교육의 교류를 위한 수준평가에 있다. 따라서 '평균 메달점수'와 '평균점수'는 대규모 선수가 참여하는 국가와 일부 직종에만 참가하는 소규모국가 간의 객관적인 기술과 직업교육 수준의 비교평가를 위해 마련된 지표다. 이 평균 메달점수와 평균점수가 도입된 동기는 작은 규모의 선수만 참가하는 리히텐슈타인(기술대표 Mr. Josef Nigsch) 등의 회원국에서 1995년부터 적극 주장하여 반영된 지표다. Mr. Josef Nigsch는 김재중, 이원복 한국기술대표와 함께 활동했던 기능올림픽에 정통한 원로 중 한 사람이다.

언급한 바와 같이 '평균 메달점수(②)'와 '평균점수(④)'는 예를 들어 1직종에 1명만 참가한 회원국의 선수가 월등한 기량으로 금메달을 획득할 경우, ②와 ④의 2개 지표는 당연히 모두 1위가 된다. 또한 ③은 전 직종에 참가한 국가가 통상 1위가 된다. 따라서 '총 메달점수'를 제외한 3개 지표는 앞서 언급한 회원국의 자체 평가분석이나 회원국 간의 기술 수준의 비교에 활용될 수 있는 지표임을 알 수 있다.

■ 총 메달점수는 국가별 종합순위의 기준

WSI가 문서로 언급한 의미로 볼 때 그동안 관행적으로 국가별 종합순위를 매겼던 총 메달점수가 종합순위를 결정하는 기준임이 더욱 명확해진 것이다. 따라서 '총 메달점수'는 금메달 우선순위의 종합우승을 매기는 모순을 개선한 합리적인 지표일 뿐만 아니라 관행적인 종합순위의 기준으로 무리 없이 적용돼 온 지표임을 알 수 있다. 한국은 이미 2005년부터 '총 메달점수'를 '국가별 종합순위(total medal points)'라고 적용해 온 것이다(2007년 보고서 P185 참조). 이처럼 한국은 '총 메달점수'를 '종합점수·종합순위'로 보고서에 기록해왔다.

한국은 WSI의 비교 평가제도가 시행된 2005년부터 2013년까지 스위스를 비롯한 여타 기능선진국들의 관행적인 종합순위 기준과 마찬가지로 총 메달점수로 일관되게 종합순위를 매겨왔다. 이는 2005년부터 성과 뻥튀기의 논란이 일어나기 직전 대회인 2013년 대회까지 한국위원회에서는 총 메달점수 기준의 종합순위를 매겨왔다. 또한 우리나라의 전국기능경기대회의 시·도별 종합순위 산정도 근본적으로는 WSI 총 메달점수의 순위 산정과 같다고 볼 수 있다.

다음의 내용은 기능올림픽 회원국의 종합순위와 관련한 정통한 전문가의 견해로 WSI의 기술위원장과 호주기술대표를 역임한 존 씨엘(John Shiel)의 경기규칙의 결과 발표에 대한 해설이다. 존 씨엘은 종합순위는 통상적으로 총 메달점수를 기준으로 하며 나머지 3가지 지표는 회원국 자신이 획득한 결과를 설명하거나 또는 회원국의 기술교육 증진과 기술력 비교에 이용될 수 있다고 설명하고 있다. 나 역시 언론의 기고문 등에 우리나라의 기술력을 설명할 때 총 메달점수 외에 나머지 3가지 지표를 자주 인용해 왔다.

원문 : 결과 발표에 대한 견해

"Similar to the sports Olympics, WorldSkills International(WSI) introduced the Medal Point System from 2005 for an objective evaluation of the results. In 2005, publication of results consisted only of the total medal points and average scores. From 2007, results were published in four different ways – average medal points, average points score, total medal points and total points scores were all announced. The all-around victory title awarded for the best country is generally based on total medal points. However, members can decide how to use the other three scores to interpret their own results. That is, these other three scores can be used for members' comparison in technical skills and for an improvement of technical education. Conversely, the average scores are meaningful for comparing the technical skills of different-scale countries."

해석 : 결과 발표에 대한 견해

"스포츠올림픽과 비슷하긴 하지만, 국제기능올림픽위원회(WSI)에서는 객관적인 결과평가를 위해 2005년에 메달점수 제도를 도입하였다. 2005년도에는 총 메달점수와 평균점수로만 결과를 발표했다. 2007년부터는 4가지의 서로 다른 보고서가 발표되었다. 즉 평균 메달점수, 평균점수, 총 메달점수, 총 점수가 공포되었다. 최우수 국가의 타이틀인 종합우승은 통상적으로 총 메달점수(total medal points)를 근거로 결정한다. 그러나 나머지 3가지 보고서는 회원국 자신이 획득한 결과를 설명하는데 사용된다. 즉, 3가지 보고서는 회원국의 기술교육 증진과 기술력 비교에 이용될 수 있다. 바꿔 말하면 평균점수는 규모가 다른 회원국 간의 기술력 비교에 의미가 있다."

※ 이상의 내용은 2019년 카잔대회에서 "기능올림픽 결과 및 보고서"에서 각각의 비교지표에 대한 정의를 언급하기 전(前)의 Mr. John Shiel의 견해다. 그러나 WSI에서 2019년에 발표한 보고서의 설명과 정확하게 일치하는 내용이다.

■ 총 메달점수로 종합순위를 정하고 있는 스위스

다음은 swissinfo.ch에서 다룬 2015년 브라질 기능올림픽대회 보도 내용이다. swissinfo.ch는 Swiss Broadcasting Corporation에서 제작한 10개 언어 뉴스 및 정보 플랫폼이다. 아래 내용은 스위스가 종합순위를 '총 메달점수'로 매기고 있는 내용의 기사다. Google에서 검색할 수 있다.

https://www.swissinfo.ch/eng/vocational-competition_4th-place-for-swiss-at-world-skills-championships/41607266

4th place for Swiss at World Skills Championships
스위스 기능올림픽대회에서 종합 4위(총 메달점수 기준)

"For the first time since 2001, Switzerland failed to place in the top three countries overall at the World Skills Championships, held August 11-16 in São Paulo, Brazil. But with 13 medals in 38 categories they were clearly the best European team."

"스위스는 2015년 8월 11일부터 16일까지 브라질 상파울루에서 열린 국제기능올림픽대회에서 2001년 이후 처음으로 종합 3위(총 메달점수 기준)에 오르는데 실패했다. 그러나 스위스는 38개 직종에서 13개의 메달을 획득하였으므로 변함없는 유럽 최고의 팀이다."

이상의 내용은 스위스가 총 메달점수로 종합순위를 매기고 있음을 확인할 수 있는 자료이다.

✪ 2008년 오스트리아 비엔나 WSI 총회 활동

나는 한국을 대표하여 2008년 9월 6일부터 9월 13일까지 오스트리아 비엔나에서 개최된 기능올림픽총회에서 회원국 상호협력 프로그램을 발표하였다. 발표 내용의 핵심을 요약 편집하여 다음과 같이 소개한다.

국제기능올림픽대회에서 처음으로 시도된 한국과 인도간의 상호협력 프로그램이다. 인도는 2006년 기능올림픽에 회원국으로 가입하였으며 2007년 일본 시즈오카대회에 처음으로 CNC밀링 등 5개 직종에 참가하였다. 당시 인도는 기능올림픽에 처음 참여한 국가로 경험이 전혀 없는 나라로서는 꼭 필요하고 유익한 프로그램이었다.

회원국 상호협력 프로그램은 기능강국인 대한민국의 가치 있는 기술 전수의 체계적인 지원으로 국익에도 크게 도움이 될 수 있는 기대했던 프로젝트였지만 체계화시켜 발전시키지는 못했다.

■ e-러닝 : 회원국 상호협력 프로그램

동료 대표님과 국제기능올림픽대회 관계자 여러분 안녕하십니까? 그리고 국제기능올림픽대회 조직위원회 회장님께 감사합니다. 저는 회원국 간의 상호협력을 위한 우리가 계획한 활동 내용을 공유하기 위해 특별한 임무를 부여받고 여러분 앞에 서 있습니다. 저는 한국의 기능올림픽 기술대표 서승직입니다.

Good morning, colleagues and friends. And thank you, Mr. President of Worldskills International. I am especially privileged to stand before you to deliver our planned activities for member to member collaboration. I am Seung-Jik Suh, Korea technical delegate.

올해, 2008년 7월 3일 한국산업인력공단에서 두 차례에 걸쳐 양해 각서(MOU) 체결식이 있었습니다. 하나는 숙련된 기술표준을 널리 보급하기 위한 '한국·인도 간의 기능올림픽 파트너십'에 관한 것이었습니다. 또 다른 하나는 국제기능올림픽대회 조직위원회와 한국산업인력공단의 국제심사위원 및 노하우 제공, 삼성전자의 e-러닝 교육 프로그램 개발 및 지원 그리고 e-러닝 개발자 Credu와 네 당사자 간의 'e-러닝 기술교육 프로그램 개발'에 관한 것이었습니다.

This year, there were two signing ceremonies of the memorandum of understanding (MOU) held in HRD Korea on July 3, 2008. One was about 'WorldSkills Partnership between Korea and India' to disseminate high performance skill standards. The other was about 'Development of e-learning skill training program' between 4 parties, WorldSkills International, HRD Korea, providing experts and Know-How, Samsung Electronics, developing and supporting e-learning training programs, and Credu, as e-learning developer.

서명식은 다음의 네 가지 핵심 아이디어를 기반으로 하고 있습니다. 첫째는 기술교육을 위한 e-러닝 프로그램 개발, 둘째는 기능올림픽대회와 관련한 정보 교환이며, 셋째는 기능올림픽 회원국에 국제심사위원 파견, 넷째는 기능올림픽의 각 직종에 있어서 최첨단기술 훈련 관리 또는 현행 기능올림픽의 적용 기술 제공입니다.

I believe that the signing ceremonies are based on four key ideas as follows : First, developing e-learning programs for Skills training ; Second, exchanging information related to the skills competition. Third, dispatching experts to Worldskills members ; Fourth, providing real-world Skills or state-of-the-art management training in the field of skills competition.

향후, 삼성전자에서 e-러닝 프로그램에 대한 추가 설명이 있을 예정입니다. 1967년에 시작된 이래 한국위원회는 국제기능올림픽대회에서 괄목할 만한 발전과 성공을 거두었습니다.

E-learning program will be additionally explained by Samsung Electronics, later on. Since it was launched in 1967, the Skills Korea has made considerable development and success at the international World Skills Competition.

이제, 우리는 우리의 경험과 지식을 회원국들과 공유하고 싶습니다. 어쨌든 이러한 협력 노력 중 일부는 기능올림픽대회의 개선뿐만 아니라 기능올림픽대회를 통한 창의력과 혁신에 대한 열망과 꿈을 가지고 있는 전 세계 젊은이들에게 도움이 되기를 진심으로 바랍니다.

Now, we would like to share our experiences and knowledge with members. Anyhow, It is my sincere hope that some of these collaboration efforts are helpful not only for the improvement of Worldskills Competition but also for the young people across the world who have aspirations and dreams for their excellence in creativeness and innovation through WorldSkills competition.

끝으로, 오스트리아에 머무르시는 동안 집처럼 편안하고 모든 일도 잘되시길 바랍니다. 경청해 주셔서 대단히 감사합니다.

In closing, I hope all of you are doing great, and feel at home while staying in Austria. Thank you very much for your attention.

🎖 2012년 대한민국 제주총회 유치 제안

나는 2010년 자메이카의 킹스턴에서 열리는 WSI 총회에서 다룰 아젠다(agenda)를 WSI로부터 메일을 통해 미리 받았다. 자메이카 총회에서는 2012년 총회 개최지 선정을 비롯한 중요 안건들이 이미 상정이 되어 있었다.

자메이카는 카리브해 북부 서인도 제도에 있는 인구 약 300백만 명의 작은 섬나라로 2004년 WSI 회원국이 되었다. 자메이카는 회원 가입 다음 해인 2005년 핀란드대회에 처음으로 웹디자인, 정보기술, 이·미용, 요리의 4개 직종에 출전하였다. 그렇지만 2007년 일본 시즈오카대회에서 2010년 총회 유치 제안을 하여 홍콩을 압도적으로 누르고 유치에 성공하였다. 회원국이 된 지 불과 3년 만에 이룩한 쾌거라고 할 수 있다.

나는 자메이카 총회에서 2012년 제주도 총회 유치를 위해 성공시켜야 하는 사명을 부여받고 무거운 마음으로 참가하였다. 총회에는 행정대표 자격으로 참가한 유재섭 한국산업인력공단 이사장, WSI의 전략위원회 부위원장 (Board Member) 자격으로 미국 체류 중 참가한 김유배 前 한국산업인력공단 이사장 내외분, 삼성의 기능올림픽을 총괄하는 삼성전자 부사장 송지오 박사 내외분 그리고 한국위원회 허상철 국장과 윤상인 차장을 비롯한 하상진, 홍혜미, 김준일 씨 등 직원들이 대거 참가하여 총회 유치에 힘을 쏟았다. 마침내 대한민국 제주가 2012년 총회 개최지로 선정되었다.

2012년 제주총회는 성공적이었다는 소식을 친분이 있는 회원국 대표들로부터 메일을 통해 들었다. 제주총회에서는 나의 WSI 명예회원 증명서 전달식도 열렸으나 나는 유감스럽게도 참석하지 못하고 대리 수령으로 전달받았다. 2010년 자메이카 킹스턴에서 회원국 대표들을 정중하게 그리고 공개적으로 초청하고도 참석하지 못하는 결례를 범한 것 같아 마음이 참 편치 못했다. 다음의 글은 제주총회 유치를 위해 발표한 내용의 전문이다.

■ 2010년 자메이카 킹스턴 WSI 총회 활동

Good morning, ladies and gentlemen. My name is Seung Jik Suh Technical Delegate from Korea and I'm here today representing worldskills Korea. Since 2001 Seoul WorldSkills Competition, Korea has been looking for an opportunity to invite such distinguished delegates from member countries once again. Therefore It is a great honor for me to be the person to stand here and present the proposal for 2012 WorldSkills General Assembly, Jeju, Korea.

신사 숙녀 여러분! 안녕하십니까? 저는 대한민국의 기능올림픽을 대표하는 기술대표 서승직입니다. 대한민국은 2001년 서울 국제기능올림픽대회 개최 이후 회원국의 저명하신 대표 여러분을 다시 한 번 초청할 기회를 모색해 왔습니다. 따라서 저는 2012년 대한민국 제주도에서 기능올림픽총회 유치를 제안하기 위해서 영광스런 이 자리에 섰습니다.

Today I am going to start with a brief introduction of WorldSkills Korea.

Then, I move on to the main contents of proposal and the introduction of venue. I believe many of you still remember what the venue and services are like in 2001 WorldSkills competition. I am sure your expectation comes from that experience will be satisfied with the more upgraded proposal than ever.

기능올림픽 한국위원회에 대해 간단히 소개하겠습니다. 그 다음 유치 제안의 주요 내용과 개최 장소를 소개하겠습니다. 저는 많은 회원국이 아직도 2001년 서울 국제기능올림픽대회의 개최 장소와 서비스 등이 어떠했는지 잘 기억하고 있을 것이라고 믿습니다. 나는 이전 대회의 경험보다도 한층 업그레이드된 제안에 만족할 것이라고 확신합니다.

Korea Committee of WorldSkills Competition established in 1966. Then the Prime Minister, Kim Jong Pil was inspired that how valuable and important WorldSkills Competition is to encourage young people to learn skills during his visit to Europe in 1965. He convinced Korea government and dispatched observers to 1966 Netherlands WorldSkills Competition with support of ex-President Park Jung Hee who was most interested in the development of national industry. The government confirmed the positive influence of WorldSkills Competition into industry and decided to join as a WorldSkills member.

국제기능올림픽대회 한국위원회는 1966년에 창립되었습니다. 1965년 김종필 국무총리는 유럽 방문 기간 동안 기능올림픽대회가 청소년들의 직업교육에 얼마나 중요한지에 대한 영감을 얻었다고 합니다. 그는 정부를 설득하여 국가 산업발전에 깊은 관심을 갖고 있는 박정희 전 대통령의 적극적인 지원을 받아 1966년 네덜란드에서 개최된 기능올림픽대회에 옵서버를 파견하였습니다. 정부는 기능올림픽의 산업발전에 대한 긍정적 영향을 확인하고 WSI 회원국으로 정식가입을 결정했습니다.

Since then, Korea has steadily participated in WorldSkills Competitions and still gives a significant meaning to WorldSkills Competition. As an expression of our interest, Korea hosted WorldSkills Competition twice in 1978 Busan and 2001 Seoul. Now, to take one step further toward WorldSkills family, we would like to host 2012 General Assembly.

그 이후 한국은 기능올림픽대회에 꾸준히 참여해 왔으며 여전히 기능올림픽대회에 중요한 의미를 부여하고 있습니다. 우리는 한국의 관심을 표현하기 위해 1978년 부산과 2001년 서울에서 기능올림픽대회를 두 차례나 개최했습니다. 이제 WSI 가족으로 한발 더 나아가려고 2012년 총회를 주최하려고 합니다.

Please, take a look at this chart. This is the structure of WorldSkills Korea. I think most member countries have similar organizational structures. In my opinion, a characteristic part is that WorldSkills Korea has 16 regional committee and they have their own responsibility to host Local Skills Competition. Mayor of cities and provinces become chairmen of regional skills competition. This stimulates regional officers to concern on the development of skills within their region.

이 차트를 보십시오. 이것은 기능올림픽 한국위원회 조직도입니다. 대부분의 회원국도 한국과 비슷한 조직도를 가지고 있다고 생각합니다. 한국위원회는 16개의 지방위원회를 두고 있으며 지방기능대회를 주관할 책임이 있습니다. 시장과 도지사는 지방기능경기대회의 회장이 됩니다. 지방기능경기위원회 임원들은 해당 지역의 기술 개발에 관심을 갖도록 자극합니다.

In Korea, there are Local and National Skills Competition. Each Competition takes place in every year with more and more participants. Medalists of Local Skills are qualified for National Skills Competition and winners of National Skills Competition compete against each other to be a representative for WorldSkills Competition.

한국은 지방 및 전국 기능경기대회를 개최합니다. 매년 실시하는 지방 및 전국기능대회는 참가자 수도 점점 증가하고 있습니다. 지방대회 입상자는 전국대회 출전권을 얻게 되며 전국대회 입상자는 경쟁을 거쳐 국제기능올림픽대회의 한국 국가대표가 됩니다.

Next, I will cover the main part of this presentation. WorldSkills Korea proposes Jeju, Korea as the host city for 2012 GA from May 13 to May 20.

다음으로 이 프레젠테이션의 주요 부분을 말씀드리겠습니다. 기능올림픽 한국위원회는 2012년 5월 13일부터 5월 20일까지 제주도를 2012년 WSI 총회 개최 도시로 제안합니다.

Korea, traditionally known as the Land of the Morning Calm, is now a modern, bustling hub of East Asia. Korea has its own distinctive culture that has been developed during its 5,000 year history. Incheon International Airport in Korea is one of the largest transport hubs in Asia. Its security facilities and medical inspection equipment is the most advanced, that is why Incheon International is awarded Asia's best airport 5 years in a row.

전통적으로 고요한 아침의 나라로 잘 알려진 한국은 현재 동아시아의 현대화된 활기찬 허브입니다. 한국은 5,000년의 역사를 바탕으로 발전된 차별된 문화를 가지고 있습니다. 한국의 인천국제공항은 아시아 최대의 교통 허브 중 하나입니다. 보안 시설과 의료 검사 장비가 최첨단화된 인천국제공항이 5년 연속 아시아 최고의 공항으로 선정되었습니다.

As one of the world's most sought-after convention destinations, Korea has proven its ability to successfully hold major international events, such as the FIFA World Cup and Asian Games in 2002, and APEC in 2005.

세계에서 가장 좋은 조건을 갖춘 컨벤션 장소 중 하나인 한국은 2002년 FIFA 월드컵 및 아시안게임, 2005년 APEC 등 주요 국제 행사를 성공적으로 개최할 수 있는 능력을 입증했습니다.

The success of international conventions is guaranteed with a variety of our world-class elegant convention experts. In addition, Korea is well-known for rich historical heritage and cutting-edge technologies. Proposed Program will change in the lead-up to the event and package pricing will be released on approval by WorldSkills International.

국제적인 컨벤션의 성공은 우리의 세계 최고 수준의 다양한 컨벤션 전문가들이 보장할 것입니다. 또한 한국은 풍부한 역사적 유산과 최첨단 기술로 유명합니다. 제안된 프로그램은 이벤트가 시작될 때 변경되며 패키지 가격은 WSI의 승인을 받아 발표될 예정입니다.

The proposed city, Jeju is the heart of Northeast Asia, located on the southern coast of the Korea. Jeju allows Visa Free Entry for 180 Countries and is famous for World Natural Heritage Site designated by UNESCO in 2007. Besides, Jeju is ranked 6th convention city in Asia as to it is now the most adequate place to host a congress. In addition, Jeju is renowned for resort island and popular tourist destination.

총회 장소로 제안된 제주도는 한국 남부 해안에 위치한 동북아시아의 심장부입니다. 제주도는 180개국을 대상으로 비자 면제를 허용하고 있으며 2007년 유네스코가 지정한 세계 자연 유산으로도 유명합니다. 제주도는 현재 아시아에서 컨벤션 시티 6위에 랭크될 만큼 가장 각광받는 총회 유치 장소입니다. 또한 제주도는 휴양지와 인기 있는 관광지로도 유명합니다.

For successful congress, many things are required. I will introduce you what Jeju could offer for successful congress. First element is accessibility. At Incheon International Airport, there are international flights from all over the world and frequent domestic flights to Jeju. In addition, in Jeju about 250 direct international flights arrive every day.

성공적인 총회를 위해서는 많은 조건들을 갖춰야 합니다. 저는 성공적인 총회를 위해 제주가 제공할 수 있는 것을 소개합니다. 첫 번째 요소는 접근성입니다. 인천 국제공항에는 전 세계에서 오는 국제선과 제주로의 국내선 운항이 빈번합니다. 또한 제주도에는 약 250여 개의 국제선이 매일 도착합니다.

Accommodation is one of the key elements for successful congress as well. There are 5 hotels included the proposed venue, Shilla Hotel in Jungmun resort complex. During the 2012 GA, hotels offer shuttle bus, free in-outdoor swimming pool, gym, etc. and premium activities.

숙박 시설은 성공적인 총회의 핵심 요소 중 하나입니다. 중문 휴양 단지에는 신라호텔을 포함하여 5개의 호텔이 있습니다. 2012년 총회기간에는 셔틀버스가 운행되며, 무료 야외 수영장, 체육관 그리고 프리미엄 활동 등을 할 수 있습니다.

The proposed congress venue is Shilla Jeju Hotel. Located on a hill facing the Pacific Ocean in the southern part of Jeju, Shilla Hotel is one of

Korea's best resorts. There are various type meeting rooms, restaurants, library bar, casino, Jacuzzi, business center, spa & fitness, souvenir shop, etc. Especially, the beautiful garden can also refresh you during the meeting.

제안된 총회 장소는 신라 제주 호텔입니다. 신라호텔은 제주 남부의 태평양을 마주보고 있는 언덕에 위치해 있으며 한국 최고의 리조트 중의 하나입니다. 다양한 유형의 회의실, 레스토랑, 라이브러리 바, 카지노, 자쿠지, 비즈니스 센터, 스파 및 피트니스, 기념품 가게 등이 있습니다. 특히 아름다운 정원은 회의 기간 중에 최상의 기분전환 공간이 될 것입니다.

As I mentioned, Jeju is renowned for resort island and popular tourist destination. World Natural Heritage sites, various leisure sports included water sports, golf, and olle, oreum trekking give you unforgettable experiences in Jeju.

언급한 바와 같이, 제주도는 휴양지와 인기 있는 관광지로 유명합니다. 유네스코가 지정한 세계자연문화 유산지, 수상 스포츠, 골프, 올레 등 다양한 레저 스포츠가 펼쳐지는 오름 트레킹은 잊지 못할 경험을 선사할 것입니다.

Korea with world class infrastructure, strong enthusiasm, sought-after destination in perfect harmony will make 2012 WorldSkills General Assembly a great success. Please give us a chance to prove that we are the best partner for a successful 2012 WorldSkills General Assembly. In closing, we are going to show short video clip about 3 minutes that we prepared. Thank you very much.

대한민국은 세계 수준의 인프라, 강렬한 열정, 모두가 만족해할 만한 준비된 인기 장소 등의 완벽한 조화를 갖추고 있어 2012년 WSI 총회를 성공으로 이끌 것입니다. 대한민국이 성공적인 2012년 WSI 총회를 위한 가장 좋은 파트너임을 증명할 수 있는 기회를 주시길 바랍니다. 마지막으로 우리가 준비한 약 3분의 짧은 비디오 클립을 보여드리면서 마치도록 하겠습니다.

대단히 감사합니다.

그림 1-3 자메이카, 킹스턴에서 열린 국제기능올림픽대회 총회에서 회원국
　　　　　 대표들에게 2012년 제주총회 유치 제안을 발표하는 서승직 한국
　　　　　 기술대표

　　그림 1-3은 2010년 10월 3일부터 10월 9일까지 자메이카, 킹스턴에서 열린 국제기능올림픽대회 총회에서 한국기술대표(Technical Delegate of Korea)인 서승직 교수가 2012년 제주도 총회 유치를 위한 제안 설명을 하고 있다. 국제기능올림픽 창립 60주년 기념행사를 겸한 이번 총회에서 서승직 한국기술대표는 대한민국을 대표하여 2012년 기능올림픽총회의 제주도 유치를 제안하여 회원국의 만장일치의 지지를 받아 유치에 성공하고 돌아왔다.

02

국가대표 선수 육성 이야기

🎖 국가대표 선수 육성

기능올림픽의 경기 직종은 산업의 트랜드에 따라 다양하게 변화해 왔다. 하지만 직종은 다르지만 대표선수 육성 과정은 유사하다고 할 수 있다. 따라서 배관 직종을 배관기술 강국으로 이끈 내용을 중심으로 다룬 것이다. 나는 그동안 1978년 지방기능경기대회 배관심사위원을 시작으로 기능올림픽과 인연을 맺었다. 이후 전국기능경기대회의 심사위원과 심사장으로 봉사하였다. 국제기능올림픽에서는 1991년 배관 직종 국제심사위원을 시작으로 2012년까지 한국기술대표로 활동한 후 2012년 WSI 명예회원(honorary member)으로 추대되었다.

따라서 다음 글은 배관 직종의 국제심사위원과 국제심사장 그리고 국제평가위원장과 한국기술대표로 활동했던 내용을 주제로 한 것이다. 특히 일본 시즈오카, 캐나다 캘거리 그리고 영국 런던대회까지 3회에 걸쳐 기능한국을 이끌었던 내용도 다루었다. 11번에 걸쳐 가슴에 태극기를 달고 국가로부터 부여받은 사명을 수행한 자랑스러운 기능올림픽 이야기를 기술한 것이다. 이것을 기록하는 이유는 지나온 역사적 사실을 통해 기능한국이 추구해야 할 올바른 방향과 혁신을 모색하는데 그 의의가 있으며 더 나아가 기능올림픽의 정체성 실종에서 일어난 실추된 기능한국의 위상을 정립하는데 기여하기 위함이다.

■ 배관기술 강국의 금자탑을 쌓은 사람들

배관 직종은 1969년 벨기에 브뤼셀에서 개최된 제18회 대회부터 참가했는데 첫해의 미입상을 빼고는 늘 우수한 성적으로 입상하여 대한민국의 종합우승에 크게 기여하고 있는 효자 종목이 되었다. 2019년 러시아 카잔대회까지 28명이 출전하여 금메달 15개, 은메달 2개, 동메달 3개 등 20개의 메달을 조국 대한민국에 바쳤다. 선수들의 영광에는 국제심사위원으로 이들을 지도한 지도자의 헌신과 열정이 있었다.

배관 직종의 한국국제심사위원의 계보와 업적은 다음과 같다. 1973년 독일대회 ▼ 강명순 교수(한양대, 초대 한국기술대표, 금메달 선수 1명 육성, 1967년 스페인 마드리드에서 개최된 16회 대회에서 판금 전경선 선수를 동메달로 입상시킴)로 시작하여 ▼ 김석윤 교수(홍익대학교 부총장, 금메달 선수 7명 육성), ▼ 서승직 교수(인하대, 제5대 한국기술대표, 금메달 선수 5명 육성), ▼ 박병철 차장(27회 오스트리아대회 배관 금메달리스트, 현대삼호중공업, 금메달 선수 1명 육성), ▼ 조성인 원장(삼성중공업기술훈련원, 배관명장, 배관 은메달 선수 1명 육성), ▼ 조철현 교수(폴리텍대학, 우수상 선수 육성), ▼ 서광옥 차장(28회 일본대회 배관 금메달리스트, 현대삼호중공업, 우수상 선수 육성), ▼ 이형구 기장(35회 캐나다대회 배관 금메달리스트, 현대중공업 기술교육원, 배관 금메달 선수 1명 육성)으로 이어져 내려오고 있다.

배관기술 강국의 노하우가 대를 이어 전수되고 있음을 볼 수 있다. 하지만 2007년 시즈오카대회의 금메달 이후 2017년 아부다비대회까지 금메달의 소식이 없었지만 드디어 2019년 러시아 카잔대회에서 현대중공업 소속 조우의(750점) 선수가 중국의 Yingzheng Yang(735점) 선수를 월등한 기량으로 따돌리고 금메달을 획득함으로 배관기술 강국의 명예를 회복하였다. 조우의 선수는 대한민국 최우수선수(Best of Nation)로 선정되기도 했다. 이는 이형구 심사위원의 2번째 도전 끝에 이룩한 쾌거다.

배관 직종의 국가대표 선수 출신의 활약도 대단하다. 특히 1978년 부산에서 개최된 24회 대회의 금메달리스트인 공건부 선수는 특성화 고교에서 교장으로 후학을 지도하고 있다. 또한 1983년 오스트리아 린츠에서 열린 27회 대회의 금메달리스트인 박병철 차장은 2007년 일본 시즈오카에서 개최된 39회 대회에서 국제심사위원과 국가대표 선수 지도위원으로 활약하여 금메달 선수를 육성하였다.

그리고 1985년 일본에서 개최된 28회 대회의 금메달리스트인 서광옥 차장은 2013년과 2015년 국제심사위원으로 활동하였다. 또 1999년 캐나다 몬트리올에서 개최된 35회 대회의 금메달리스트인 이형구 선수는 현재 국가대표선수 지도위원과 국제심사위원으로 활약하고 있다. 그리고 1993년 대만에서 개최된 32회 대회의 금메달리스트인 고상철 선수도 전국기능경기대회의 심사장으로 헌신 봉사하고 있다.

특히 현대중공업은 조선 산업의 핵심인 철골구조물, 용접, 배관, 동력배선, 옥내배선, 판금, CNC밀링, CNC선반 분야 선수를 집중 육성하였다. 1978년 24회 부산대회부터 2019년 제45회 러시아 카잔대회까지 모두 105명의 국가대표 선수를 육성하여 금 50명, 은 15명, 동 12명, 우수 23명 등 모두 100명의 입상자를 배출하는 전대미문의 경이로운 기록을 세웠다. 이런 차별된 기술인재 육성으로 현대중공업은 조선 산업의 메카로 세계 최고의 'Made in Hyundai'라는 차별된 명품 브랜드를 탄생시킨 동력이 된 것이다.

또한 한국이 명실상부한 세계 최고의 배관기술 강국으로 등극함에는 현대중공업의 기능올림픽에 대한 전폭적인 지원이 있었기에 가능했던 일이다. 배관 직종에서만 1983년 27회 대회부터 2019년 45회 대회까지 금메달 10명, 동메달 2명, 우수 4명 등 16명의 입상자를 배출한 것이다. 태극기와 현대중공업의 마크를 가슴에 달고 세계의 기능인들과 겨뤄 조선강국이라는 현대중공업의 브랜드 가치를 높인 것이다.

한편 삼성도 1995년부터 삼성중공업에서 취업을 못한 우수기능인을 선발하여 기능올림픽 선수를 육성하였다. 처음으로 원형, 용접 직종의 선수 육성을 시작하였는데 1997년 스위스 상갈렌에서 열린 제34회 대회에서 신맹수 군이 원형에서 560점이라는 월등한 기량으로 대만과 일본 선수를 이기고 금메달을 획득하였다. 삼성은 그동안 많은 메달리스트를 육성하여 우리나라가 종합우승을 하는데 크게 기여하였다.

삼성의 그룹 차원에서의 참여는 2007년 시즈오카대회에 기능올림픽 공식 후원사가 되면서부터 본격적으로 시작된 것이다. 삼성전자 부사장 출신의 송지오 박사가 삼성의 기능올림픽 사무국장으로 업무를 총괄했는데 2007년 시즈오카대회의 리더스 포럼에서 기조연설을 하는 등의 활발한 활동을 시작한 것이다. 특히 송 박사는 기능올림픽 총회 때마다 참석하여 후원사로서 뿐만 아니라 기능올림픽 지도자로서의 역할까지 수행하여 기능한국의 품격과 위상을 높이는데 크게 기여했다. 현재 삼성전자는 글로벌 프리미엄 파트너(Global Premium Partners)로 WSI에 통큰 후원을 하고 있다.

2009년 캐나다 캘거리에서 열린 제40회 대회에서는 공식 후원사인 삼성전자 이재용 전무가 대회장을 방문하여 "제조업의 힘은 현장에 있고, 현장의 경쟁력은 기능 인력에서 나온다"고 현장에서 선수들을 격려하기도 했다. 송지오 박사는 2010년 자메이카총회에서 2012년 제주총회 유치를 위해서도 크게 일조를 했다.

이처럼 현대와 삼성의 기능올림픽 선수 육성과 취업으로 연계되는 프로그램은 특성화고교생의 희망이 된 것이다.

❖ 국제심사위원, 국제심사장

　나는 1991년 네덜란드 암스테르담대회부터 2005년 핀란드 헬싱키 대회까지 모두 8번에 걸쳐 16년 동안 배관(Plumbing) 직종의 국제심사위원(Expert)과 국제심사장(Chief Expert)으로 봉사하였다. 아울러 이 기간 동안에 국가대표 선수를 선발에서부터 기능올림픽대회 출전 준비를 위한 전 과정을 책임지고 훈련시키는 정지도위원의 임무를 수행하였다. 나와 함께 가슴에 태극기를 달고 오직 국위선양과 세계 제패의 목표를 실현하기 위해 값진 땀을 흘렸던 자랑스러운 대한민국의 국가대표인 8명의 선수를 소개한다.

　▼1991년 31회 네덜란드 암스테르담대회 박호기 선수(부산기계공고 출신), ▼1993년 32회 대만 타이베이대회 고상철 선수(부산기계공고 출신), ▼1995년 33회 프랑스 리옹대회 오흥덕 선수(춘천기계공고 출신), ▼1997년 34회 스위스 상갈렌대회 이승재 선수(춘천기계공고 출신), ▼1999년 35회 캐나다 몬트리올대회 이형구 선수(춘천기계공고 출신), ▼2001년 36회 대한민국 서울대회 이은중 선수(나주공고 출신), ▼2003년 37회 스위스 상갈렌대회 황보배 선수(나주공고 출신), ▼2005년 38회 핀란드 헬싱키 강민호 선수(나주공고 출신)

　내가 지도한 8명의 국가대표 선수를 배출한 공업고등학교는 배관 직종의 세계적인 명문교가 되었다. 부산기계공고 조근래 선생, 춘천기계공고 추성환 선생, 나주공고 임언택 선생의 헌신이 있었기에 가능했던 일이다. 8명의 대표선수들은 다행스럽게도 모두 현대중공업에 취업되어 현대중공업만의 축척된 배관기술 교육을 받아 세계 정상에 우뚝 서게 된 것이다.
　이들은 태극마크를 가슴에 달기 위해 4~5년이라는 기간 동안 남

다른 고난의 길을 택한 것이다. 고교 1학년 때부터 하루 10시간 이상 기능반에서 훈련을 시작한 것이다. 8명의 선수들은 역경을 극복한 자랑스러운 대한민국의 진정한 국가대표다. 대표선수들이 다른 나라 경쟁자들과 똑같은 노력을 했다면 세계 제패라는 영광과 국위선양은 결코 이루어지지 못했을 것이다. 학벌만능주의라는 편견 속에서도 자신과의 싸움에서 이기고, 또 역경과 연단의 과정을 견디어 냈기 때문에 영광과 값진 국위선양을 한 것이다. 대표선수들에게 역경이 없었다면 이같은 영광 또한 없었을 것이다(No Cross, No Crown).

국가대표 선수를 지도한다는 것은 개인적으로는 정말 영광스러운 일이긴 하지만 참으로 부담도 많이 되고 어려운 일이다. 또한 누구나 하고 싶다고 할 수 있는 일은 더더욱 아닌 것 같다. 대학교수인 내가 배관 직종의 심사위원이 된 것은 결코 우연이 아닌 것 같다. 나는 1960년대 초에 한독기술협정에 따라 기능선진국인 독일의 직업교육 시스템인 기능인 양성 프로그램으로 운영되던 한독실업학교(Koreanish Deutsche Facharbeiter Schule)에서 독일식 직업교육을 받고 독일정부가 공인하는 배관(Installeteur) 기능공 자격증(facharbeiterprüfung)을 취득하였다.

내가 기능올림픽과 인연이 된 것은 1978년 인천지방기능경기대회의 배관(Plumbing) 직종 심사위원을 맡으면서 시작되었다. 그러나 국가대표 선수를 지도하기 위한 준비는 독일식 직업교육을 받을 때부터 시작된 것이라고 할 수 있다. 이후 전국기능경기대회 배관 직종 심사위원을 거쳐 1989년부터 전국기능경기대회 배관 직종 심사장으로 위촉되어 봉사하게 된다. 이후 배관 직종의 국가대표 선수 선발과 훈련 등을 16년간 담당하였다.

나는 1991년 네덜란드 암스테르담에서 열리는 제31회 국제기능올림픽대회 배관(Plumbing) 직종 국제심사위원(Expert)으로 위촉과 더불어 대한민국 배관 직종 대표선수인 박호기 군의 정지도위원을 맡게 되었다. 부지도위원으로는 정수직업훈련원 교사로 재직 중이던 조철현 선생이 위촉되었다. 그 전에는 홍익대학교 공과대학 금속공학과에 재직하시던 김석윤 교수님이 맡아왔다. 배관 직종은 앞서 언급한 대한민국의 종합우승에 크게 기여하고 있는 효자 종목이라는 것이 부담이 됐다.

배관 직종은 1989년 영국 버밍엄대회에서 입상하지 못했을 뿐만 아니라 그동안 국제심사위원을 맡았던 홍익대학교 김석윤 교수님이 영국 버밍엄대회에 참가하지 않은 관계로 대회 상황에 대한 어떤 자료나 정보도 얻지 못한 터라 국제심사위원이 무엇을 하는지, 경기 과제는 어떻게 누가 어디서 언제 정하는지, 걱정이 한두 가지가 아니었다. 당시에는 대회에 출전하는 선수 인원 수의 60%를 국가별 심사위원으로 배정하던 때였다. 현재는 1995년부터 국제심사위원 배정 쿼터 제도가 없어져 참가선수 직종 수만큼 국제심사위원이 참가하고 있다.

정지도위원은 국가대표 선수 선발에서부터 합숙훈련에 이르기까지 모든 것을 총괄하는 임무를 맡았다. 1991년 31회 대회에 참가할 국가대표 선수 선발은 1989년 24회 전국기능경기대회 27개 직종의 금메달 수상자 27명과 1990년 25회 전국대회 금메달 수상자 33개 직종 35명이, 33개 직종 62명으로 3차에 걸친 경합을 거쳤다. 90년 11월부터 91년 2월까지 3차 평가를 거쳐 1991년 2월 13일에 최종적으로 32개 직종 32명을 대표선수로 선발하였다.

배관 직종의 국가대표로 가슴에 태극기를 단 박호기 군은 부산기계공고 출신으로 1989년 제24회 전국기능경기대회에서 배관 직종에서 금메달을 획득한 훌륭한 선수로 평가 받고 있었다. 박 군이 대한민국 국가대표가 된 것은 1990년 제25회 전국기능대회에서 배관 직종에서 금메달을 획득한 동부산 공업기술학교 출신인 김종명 선수와 3차에 걸친 선발경기 결과에서 월등한 기량으로 김종명 선수를 이겼기 때문이다.

박 군은 300점 만점에 총점 269.3점을 획득하여 201.1점을 획득한 김 군보다도 무려 68.2점차나 앞서는 월등한 기량을 발휘하였다. 당시 박 군과 김 군은 현대중공업에 취업이 확정된 상태였다. 박 군은 회사에서 실시한 25차례에 걸친 평가에서도 한번도 1위를 놓치지 않을 만큼 우수한 선수였던 것이다. 한편 우수한 선수가 대표로 선발된 것은 환영할 일이지만 마음 속에는 박 군을 어떻게 세계 최고의 자리에 오르게 할 것이냐가 큰 부담으로 작용하고 있었다.

국제대회에서 배관은 건물에서 필요한 급수, 급탕, 배수, 통기, 가스설비와 관련한 서비스 설비를 말하는 것으로 세면기, 대변기, 가스히터 등의 접속에 필요한 각종 배관 작업을 수직 벽과 바닥에 장치하는 것을 주요 내용으로 하고 있다. 그러나 국내 기능경기에서는 여건상 주로 각종 관의 연결을 위한 가공과 접속을 축소된 판에 설치할 수밖에 없었다.

박 군은 소속 업체인 현대중공업에서 1991년 2월 8일부터 3월 26일까지 47일간 집중적인 기본훈련을 받았다. 이후 서울 정수직업훈련원에서 3월 27일부터 6월 24일까지 90일간의 합동훈련을 실시하였다. 나는 부지도위원인 조철현 선생과 정밀도 위주의 훈련에 집중하는 계획을 세웠다. 배관은 주관적 평가와 객관적 평가로 나눠져 있는데 주관적 평가는 한국에 대한 견제가 심할 것으로 예상돼 객관적 평가는 만점을 목표로 훈련시켰다.

배관의 정밀도는 ±2mm지만 훈련에서는 ±0.5mm로 훈련을 시켰으며 주관적 평가도 불리한 상황에서 점수를 평가했다. 합동훈련 과정 중 모두 3차에 걸쳐 자체평가를 실시하였다. 1차 87.9점, 2차 87.9점, 3차 93.2점이 결과로 나타났다. 혹독한 훈련을 이겨낸 박 군이 정말 대견스러웠다. 국제심사위원 경험이 없는 나로서는 결과를 예측도 비교도 할 수 없었지만 이런 나의 심정을 노출시킬 수는 없었다. 박 군을 격려하는 자리에서 더욱 분발할 것만을 독려하였다. 합동훈련 기간인 91년 6월 17일에는 정원식 국무총리께서 훈련장인 정수 직업훈련원을 방문하여 선수들을 격려하였다.

한국은 32개 직종 32명의 선수가 참가하였으며 국제심사위원은 선수 32명의 60%인 19명을 배정받았다. 한국위원회의 심사위원 선정 기준은 알 수 없지만 우승이 유력한 직종을 우선적으로 배정한 것으로 판단된다. 배관 직종 정지도위원인 나도 국제심사위원으로 대회에 참가하게 되었다. 19명의 심사위원 중 처음으로 참가한 국제심사위원은 서승직(배관, 당시 충북대 교수), 조성수(옥내배선, 홍천 직업훈련원 원장), 남승의(타출판금, 홍익대 교수, 홍익대학교 총장으로 재직 중에 별세), 이헌방(정밀기기제작, 회사 대표) 등 모두 4명이었다.

나는 남승의 교수와 룸메이트(당시에는 예산이 부족해 2인 일실을 사용하였음)를 했는데 저녁마다 작전 회의로 모이는 김재중(Zae Zung Kim : 외국인들은 Z Z Kim이라고 호칭했다) 기술대표가 주재하는 회의에서는 처음 참석하는 국제심사위원에 대한 주의와 당부가 자존심이 상할 정도로 언급이 많았다. 또 우리가 우승하기 위해서는 일본, 대만을 반드시 이겨야한다는 당부도 빼놓지 않았다. 당시 한국의 심사위원 모임의 총무는 3대 기술대표를 역임하신 살아있는 '기능올림픽의 전설' 청산 이원복 씨가 봉사를 하셨는데 열정이 대단한 분으로 개인적으로 '기술용어집(영어, 독어, 불어)' 이원복 편을 손수 만들어 한국의 국제심사위원에게 제공했다.

■ 김재중 WSI 기술위원장의 차별된 헌신과 활약

1991년 암스테르담대회는 당시 한국기술대표를 맡고 있던 김재중 씨가 WSI 기술위원장으로 대회기술을 총괄하고 있었다. 김재중 씨는 1989년 10월 26일 영국 버밍엄총회에서 WSI 기술위원장으로 피선되었다. 지금은 고인이 되셨지만 김재중 위원장은 영어와 독어가 아주 능통할 뿐만 아니라 용접 국제심사위원을 역임하였음은 물론 기능올림픽에 정통한 지식과 카리스마가 넘치는 리더십으로 전 세계 기능올림픽 지도자들로부터도 존경을 받으신 분이다. 31회 암스테르담 대회의 기술회의에서는 당시 통역 시스템이 여의치 않았던 시절이어서 김재중 기술위원장께서 영어 연설에 이어 내가 한국인이므로 한국말로도 연설을 하겠다고 말씀하시고, 한국어 연설을 하셨던 기억이 생생하다.

특히 내가 한국기술대표로 활동할 때 브라질기술대표이면서 WSI 부회장을 맡고 있던 Roberto Monteiro Spada 씨는 만날 때마다 Z Z Kim의 안부를 물어왔다. Spada는 Z Z Kim은 자기의 영원한 스승이자 보스였다고 자랑스럽게 말하곤 했다. 김재중 위원장은 불의를 보면 참지 못하는 불같은 성격을 지니신 분이었는데, 작금의 자신들이 쓴 보고서를 부정하는 자기모순과 또 경기규칙의 참뜻을 숙지하지 못함에서 일어난 '브라질 종합우승 주장'이나 'WSI의 종합우승의 지침이 없다'는 등과 같은 기능올림픽의 정체성 실종과 전문성 부재의 행태는 상상조차 할 수 없는 일이라고 여겨질 뿐이다. 영원하신 기능올림픽의 레전드인 김재중 대선배께서 지켜 오신 한국기술대표의 그 자리가 더욱 크게 느껴진다.

31회 암스테르담대회는 'RAI International Exhibition and Congress Center'에서 1991년 6월 20일부터 7월 5일까지 16일(C-9, C 4, C+3 : 경기 준비 9일, 경기 4일, 경기 후 3일)간 열렸다. 대회 규모는 참가국 25개국(유럽 15, 미주 4, 아시아 4, 대양주 2), 선수 430명, 심사위원은 참가선수의 60%인 258명이 참가하였다. 한국 심사위원들은 경기장과 가까운 노보텔에 숙소가 정해져 경기장까지는 걸어서 다녔다. 도착 이튿날 심사장 선출과 과제 선정 그리고 과제 번역과 수정작업을 했다. 나도 과제를 준비해 갔지만 스위스 심사위원은 모형까지 완벽하게 제작해 와 스위스에서 제안한 것이 경기 과제로 채택됐다. 내가 만들어간 내용과 거의 유사한 과제였다. 나는 스위스 심사위원과 함께 과제를 30% 바꾸는 수정작업을 맡았다. 수정작업을 하면서 그동안의 훈련 내용으로 볼 때 정밀도가 완벽한 박 군의 실력으로 봐서 자신감이 생겼다.

나는 23일 종교행사를 하지 못하고 대회 본부에서 한국의 심사위원이 참석하지 않은 직종의 한국선수를 위한 과제 번역에 참여하였다. 당시 한국 심사위원 중 50% 정도는 통역이 필요 없을 만큼 외국어 실력을 갖췄다. 경기 준비를 하는 동안 스위스의 Mr. Erwin Lauber, 프랑스의 Mr. Hume Patrick 심사위원과 친해졌다. 불어로 소통이 가능해서 자연스럽게 친해진 것이다. 다행히도 경쟁국인 일본은 선수만 참석하였지만 대만은 선수와 심사위원이 참가하였다.

배관 직종은 총 23시간 과제로 4일간 경기를 모두 끝낸 후 일괄 채점하는 직종이다. 채점은 그룹으로 하지 않고 모두가 함께하는 것으로 정했다. 7월 2일 경기를 마친 후 배관 직종의 심사위원 전원이 경기장 식당에서 저녁식사를 하고 19시부터 주관 채점을 시작하였다. 예상대로 한국에 대한 견제가 점수에서 나타났다. 주관 채점은 한 요소의 할당된 점수에 대하여 10점 만점의 카드를 들어서 심사위원 각각의 점수를 합하여 평균을 낸 다음에 요소의 할당된 점수에 평균점수를 곱하는 방식이다. 심사위원 간의 점수 차가 2점 이상 차이가 나면 다시 카드를 들어 재채점을 한다.

예상은 했지만 한국선수에 대한 점수는 상상을 초월할 정도로 인색하게 카드를 들었다. 나도 이에 대응하여 카드를 들었다. 저녁 늦게 주관(20점/100점 만점) 채점을 마치고 숙소로 돌아왔지만 잠이 오지 않았다. 채점 결과의 기록을 내가 맡았지만 채점 요소의 점수 배점 비중을 정확하게 알 수가 없었기 때문에 머릿속에서 경쟁국의 점수만이 오락가락하였다.

이튿날 아침 일찍부터 객관 채점을 하였다. 주관 채점에서 예상했던 점수를 얻지 못해 객관 채점에서는 완벽한 만점을 기대했다. 하지만 채점 요소의 점수 비중은 알 수 없지만 간혹 ±2mm를 벗어나는 채점 결과가 나왔다. 훈련 때는 ±0.5mm를 완벽하게 맞춰 작업을 했지만 실수를 한 것이다. 사실 배관작업에서 ±0.5mm 오차의 작업을 요구하는 것은 무리이긴 하지만 그래도 이런 훈련 결과로 ±2mm 오차를 90% 이상 맞출 수 있었다고 생각한다.

주관과 객관의 요소별 득점한 10점 만점의 점수와 측정 수치의 결과를 빈칸에 채우고 확인을 한 후 채점은 모두 마무리됐다. 100점 만점의 선수별 득점은 심사위원이 계산하지 않는다. 이 결과를 대회 본부에 넘기면 CIS에서 직종에서 각 선수가 취득한 점수에 대한 표준편차를 적용하여 400~600점으로 환산하여 결과를 발표하는 시스템이다. 500(평균)점 이상을 취득하면 우수(a skill proficiency diploma)상을 받는다. 박호기 군의 우승이 예상은 됐지만 확신은 할 수 없었다. 심사위원들끼리는 'Computer Say' 전에는 아무도 결과를 모른다고 농담을 들으면서 경기장을 나섰다.

■ 현대중공업 소속 박호기 군 세계를 제패하다

스위스 심사위원인 Mr. Erwin Lauber는 한국선수의 좋은 성적을 기대한다고 하면서 박호기 군의 작업은 불어로 'système de travail(체계적인 작업)'라고 말하면서 특히 극찬하였다. 한국선수의 작업 방식은 바닥에서 먼저 현치도 작업을 한 후 관 가공작업을 한다. 모든 관 작업을 마친 후 벽과 바닥에 일괄조립을 한다. 외국선수들은 현치도 없이 관 작업을 한 후 즉시 벽과 바닥 등에 조립을 한다. 따라서 한국선수의 작업은 노력도 많이 해야 하고 더디어 보이지만 한 번에 일괄 조립하는 작업방식으로 정밀도가 높고 깔끔하게 작업을 마무리할 수 있는 장점이 있다.

선수 격려차 배관 직종 경기장을 방문하신 한국선수단 이찬혁 단장님은 큰 걱정을 하시는 것이었다. "다른 외국선수들은 작업이 마무리 단계인데 한국선수는 무엇이 잘못돼서 작업이 늦었느냐"고 염려의 말씀을 하시는 것이었다. 대충 내용 설명을 드리자 "내가 시험을 보는 것 같다"고 웃으시면서 고개를 끄덕이시더니 안심하신 듯 다른 직종의 경기장으로 발길을 옮기셨다.

경기 후 2일차(C+2)에 관광 행사가 있었으며, 저녁에는 네덜란드 한국대사관저에서 최상섭 대사와 교민회 공동으로 한국선수단 초청 환영 만찬행사가 있었다. 만찬 도중 박호기 선수의 금메달 획득이라는 낭보가 날아왔다. 그러나 박호기 선수에게는 기쁜 소식을 알릴 수가 없었다. 왜냐하면 입상하지 못한 선수들의 심리적인 영향을 고려했기 때문이다. 현대중공업에서 선수 뒷바라지를 위해 참가한 김종엽 과장, 남승의 교수, 조성수 원장이 금메달의 감격을 함께 나누며 축하해줬다. 무엇보다도 현대중공업 김종엽 과장이 정말로 좋아했다.

박호기 군의 금메달 소식과 종합우승 승전보

정말 내가 지도한 박호기 군이 금메달을 딸 수 있을까하는 기대감, 책임감 속에서도 반신반의 끝에 전해 들은 소식이라 실감이 나지 않았다. 나중에 공식으로 발표된 결과를 보니 박호기 525점, 오스트리아 Golss Rudolf 524점, 프랑스 Guillemam David 523점으로 박호기 군이 참가 선수 14명 중 1위를 차지한 것이다. 경기규칙의 환산점수 2점차인 경우 동률로 인정하기 때문에 배관 직종에서는 3명의 금메달리스트가 배출된 것이다. 경기 기간 동안 절친해진 스위스 Mr. Erwin Lauber가 지도한 Steen Martin 선수는 520점을 획득하여 5위로 우수상을 획득하는 것으로 만족해야만 했다. 한국은 암스테르담 대회에서 금메달 13개, 은메달 2개, 동메달 3개를 획득해 종합우승을 차지했다.

대사관 환영행사가 끝나고 우리 일행은 숙소인 암스테르담 노보텔 호텔로 돌아왔다. 그 동안 여유가 없어서 늘 지나치던 호텔 기념품점에 룸메이트인 남승의 교수와 조성수 원장과 셋이서 들렀다. 주인은 연로하신 할머니셨는데 우리가 물건을 산 감사의 답례로 특별히 커피를 대접하고 싶다는 것이었다. 조금만 기다리면 자기 남편이 가게로 오는데 6·25전쟁 참전용사라고 설명하는 것이었다. 낯선 곳에서 뜻하지 않게 한국전쟁의 무용담과 커피까지 대접받고 방으로 돌아왔다.

남승의 교수와 나는 이번 대회에 국제심사위원으로 처음 참가했다. 남 교수 직종은 타출판금 직종이었는데 참가 9개국 중 최하위를 차지한 것이다. 국내에서는 타출판금 과제만을 다루었는데 이번 대회부터 자동차 차체수리(판금)로 바뀐 것이다. 첫날 경기장을 다녀온 남 교수 말에 의하면 볼보 자동차를 프레스로 찌그려놓고 커버를 씌워 놨다는 것이었다. 경기 당일 자리 추첨을 하고 커버를 벗겨 찌그려놓은 곳을 바르게 펴는 과제였다.

2년 전인 1989년 영국 버밍엄대회에서 타출판금에서 자동차 차체수리로 바뀐 사실도 모르고 타출판금 훈련만을 열심히 한 것이었다. 전임자로부터 제대로 변화 상황을 물려받지 못한 까닭이었다. 당시에 국내대회 타출판금 직종 심사장은 남 교수가 맡았지만 국제대회는 늘 최장우 교수가 참가했다. 지금과 달리 국제통화가 어려웠던 시절에 아직 출발하지 않은 선수에게 늦게나마 국제통화로 장시간 상황을 설명했지만 속수무책이었다. 첫날 경기 포기 상황이었지만 남 교수는 끝까지 기능올림픽 정신으로 작업을 하라고 독려했다고 한다. 하지만 결국 미완성으로 작업을 끝냈다고 한다.

우리 선수단은 폐회식을 마치고 6일부터 9일까지 로마, 파리 관광 후 암스테르담을 경유해서 10일 8시 30분 김포공항에 도착하여 환영식에 참석하였다. 최병렬 노동부 장관은 보딩 브릿지까지 와서 우승 직종의 선수와 심사위원을 정부를 대표해 환영했다. 이후 7월 16일

정부 포상과 노태우 대통령 초청 청와대 오찬행사와 오후에 해단식을 거행하는 것으로 제31회 네덜란드 암스테르담대회의 공식행사는 막을 내렸다.

✪ 기능올림픽을 이끌 글로벌 리더 육성 시급하다

기능한국은 1966년 창립하여 반세기를 훨씬 넘겼다. 국제대회만도 1967년 제16회 스페인 마드리드대회에 참가한 이후 2019년 제45회 카잔대회까지 모두 30번이나 참가하여 자타가 인정하는 기능강국이 된 것이다. 처녀 출전한 1967년 스페인대회에는 판금 강명순 교수님 (초대 한국기술대표), 주조, 동력배선 등 3개 분야의 전문가가 국제심사위원으로 참가하였다.

이후 참가 직종과 참가선수 수에 따라 국제심사위원의 수도 많아졌다. 1993년 대만대회까지는 참가선수 수의 60%를 국제심사위원의 참가 쿼터로 할당했으나 1995년 프랑스 리옹대회부터 쿼터 제도가 철폐되고 참가직종 수만큼 국제심사위원이 참가하게 되어 지금에 이르렀다.

특별히 국가대표를 열정적으로 지도하신 훌륭한 국제심사위원 (Experts)의 이야기를 다루는 것은 역경의 역사를 쓴 주역들이 주는 교훈을 통해 직업교육의 혁신을 모색하고 기능한국의 위상을 재정비하기 위함이다. 경기규칙 6.7.1에서 정의하는 국제심사위원은 '전문적 경험과 관련된 기능경기의 직종을 대표하는 구성원으로 해당직종의 기술, 직업 또는 공학적 경험을 갖춘 사람(a person with experience in a skill, trade, or technology who is representing a Member in the skill competition related to their particular expertise)으로 정의하고 있다.

기술대표가 돼서 다른 회원국의 심사위원과 한국의 국제심사위원을 비교해보면 능력이 출중함에도 불구하고 언어적인 장벽 등으로 국제무대에서 기능올림픽의 리더로서의 주도적인 역할을 못하고 있는 것이 참으로 안타까웠다. 2010년 자메이카 총회에서 WSI 전략위원회 부위원장 자격으로 참석한 김유배 전 한국선수단장도 "한국의 대표선수들은 선수 시절부터 집중적인 영어훈련이 필요하다"고 언급한 바 있다.

물론 리더십도 갖춰야 하지만 언어장벽 문제 등으로 인해 1999년 이후 2019년 카잔대회까지 국제심사장을 한 명도 배출하지 못하고 있는 것은 물론 국제심사위원 수만큼 통역을 동반하는 점 등은 시급히 혁신해야 할 문제다. 무엇보다도 메달을 많이 따는 기능강국 추구도 필요한 일이지만 기능강국으로서 기능올림픽을 이끌 글로벌 리더인 국제심사위원과 심사장 육성은 더 가치 있는 일로써 시급하다. 이것이 기능선진국의 역량을 키우는 핵심이다.

지난 2015년 브라질대회를 동행 취재했던 국영방송 PD는 그동안 종합우승도 가장 많이 했고 기능강국으로 알려진 한국의 위상으로 봐서 잔뜩 기대를 했었는데 총회가 열리는 장면을 취재하고 크게 실망을 했다고 한다. "국제대회를 리드할 지도자가 없음은 물론 국제심사장조차도 한 명이 없는 것이 창피하고 기능올림픽의 변방국가에서 메달만 따러 온 것 같다"고 토로한 바 있다.

또 '성과 뻥튀기' 논란이나 '국제기능올림픽조직위원회(WSI)의 종합 순위 산정 방법에 대한 명확한 지침이 없다' 등은 기능올림픽의 정체성 실종에서 비롯된 수치로 품격을 떨어트리는 일이지만 근본적으로는 기능한국의 전문성 부재와 국제심사위원의 자질과도 무관한 일은 결코 아니다. 반세기가 넘도록 지켜온 역사와 전통을 스스로가 무시하고 이제 와서 WSI의 종합우승의 지침이 없어 규정을 마련한다는 발상 자체가 기능한국의 품격에 맞지 않는 부끄러운 일이다.

실패한 선수, 성공한 지도자

1977년 네덜란드 유트리히트에서 개최된 제23회 대회에서 한국은 참가 10년 만에 금메달 12명, 은메달 4명, 동메달 5명, 우수 5명 등 28명이 28개 직종에서 21개의 메달을 획득하여 마침내 바라던 종합 우승을 차지했다. 또 5명이 우수(특상)상을 받는 등 철골구조물과 원형 직종을 제외한 26명이 모두 상을 받는 개가를 올렸다. 국민들은 열광하였으며 1977년 7월 11일자 조선일보 '國際技能(국제기능) 올림픽 韓國 綜合優勝(한국 종합우승)', 동아일보 '世界를 制霸(세계를 제패)하고 돌아온 技能韓國(기능한국)', 한국일보 「技能韓國 세계制霸(기능한국 세계제패)」' 등의 주요 언론은 대서특필했다.

범국가적 차원에서 국위를 선양하고 개선한 선수들을 김포공항에서부터 시청 앞까지 카퍼레이드를 벌이며 크게 환영했다. 하지만 우수상(참가 직종의 선수가 취득한 점수를 표준편차를 반영하여 400~600점으로 환산한 점수로 500점 이상이면 주는 상으로 이렇게 산출한 점수를 WorldSkills Scale이라고 부른다.)조차도 따지 못한 철골구조물 신충찬 선수와 원형 류병현 선수는 카퍼레이드 행렬 맨 뒤의 차에 앉아서 서로 붙잡고 한없이 울었다고 한다. 불과 만 20세의 어린 나이에 입은 상처가 매우 컸으리라 생각된다.

기술로 스펙을 이긴 의지의 숙련기술인. 고난 없이는 영광도 없다
(No Cross, No Crown)

하지만 신충찬 선수는 현대중공업 기술교육원에서 현대중공업의 국제기능올림픽을 총괄하는 부장으로 근무하면서 기능올림픽에 정통한 전문가로 타의 추종을 불허하는 세계 최고의 지도자가 되었다. 신 부장은 기술교육원 김종엽 원장의 정수직업훈련원 제자로 독일식 직업교육을 받은 김 원장으로부터 체계적인 실무교육을 전수받아 판금, 용접, 배관, 철골구조물 분야에 능통한 전문가로 성장한 것이다.

특히 기술교육원에 재직 중에는 이 분야의 선수를 집중 육성하여 현대중공업이 기능올림픽대회에서 금메달 48개, 은메달 15개, 동메달 11개를 획득하여 국위선양은 물론 현대중공업의 브랜드 가치를 높인 일등공신이자 의지의 숙련기술인이다.

그동안 신충찬 부장은 1993년 제32회 대만대회 때부터 옵저버로 참가하여 현대중공업 소속으로 출전한 선수들의 뒷바라지를 도맡아 왔다. 미처 선수들이 준비하지 못한 재료와 공구를 비롯하여 비상약까지 현지에서 선수를 위해 필요하다면 무엇이든지 수소문하여 구해 오는 일을 했다. 또 경기장을 수시로 돌면서 현대중공업 소속 선수들의 컨디션을 일일이 살피는 등의 세심한 일까지 전담해 온 것이다.

무엇보다도 1993년 대만대회에서 현대중공업 소속의 배관 직종 고상철 선수가 금메달의 정상에 오를 수 있었던 것은 신 부장의 눈물겨운 작품 관리를 위한 노력의 결과다. 당시만 해도 CCTV가 없어 완성된 작품을 주최 측에서 고의로 손을 대는 경우가 왕왕 발생했기 때문이다. 당시 나는 배관 국제심사위원으로 활동했는데 우리만이 소통할수 있는 채널을 가동해 완벽한 작품 지킴이 역할을 수행한 것이다.

마침내 선수 뒷바라지 12년 만에 2005년 핀란드 헬싱키대회에 판금·철골구조물 직종 국제심사위원으로 국제대회에 자신이 지도한 장길수 선수를 데리고 참가하게 된다. 누구보다도 기능올림픽에 노하우가 많고 판금·철골구조물 직종의 금메달 제조기라는 신 부장이었지만 국제심사위원으로 처음 참가한 2005년도에는 비록 바라던 금메달은 놓쳤지만 값진 은메달을 획득한 것으로 만족해야 했다.

부지도위원으로 선수를 뒷바라지할 때는 금메달을 쉽게 땄지만 정상의 벽은 높았던 것이다. 드디어 2007년도 일본 시즈오카에서 개최된 제39회 대회에서 현대중공업 소속 판금 직종 정진환 선수를 지도하여 마침내 자신이 이루지 못했던 금메달의 한을 풀게 되었다.

실패하는 사람은 과거 속에 살고 성공하는 사람은 미래 속에 산다
(과거를 말하지 말고 미래를 말하자 빌립 3-11)

한편 류병현 선수는 금형 관련 동구기업을 창업하여 연 매출 약 200억 원의 금형설계 및 제조기업인 ㈜동구기업(창원시 소재)의 대표가 되었다. 진주공업고등학교 졸업 후 금성사(현 LG전자)에 입사해 18년간 배운 목형과 금형기술만으로 1993년 금형 가공업체를 창업한 것이다. 결국 부품 가공만으로 회사 성장의 한계를 느낀 류 대표는 마침내 완제품까지 생산하는 사업 확장을 결단하게 돼 크게 성공을 거두었다. 역경을 딛고 화려하게 성공한 것이다. 기술의 힘으로 자신의 삶을 새롭게 창조한 것이다.

마침내 류병현 대표는 1995년 원형 직종 국제심사위원이 되었다. 선수 시절에 이루지 못한 한을 풀 수 있는 기회가 주어진 것이다. 류병현 대표는 1995년 프랑스 리옹에서 개최된 제33회 대회에 삼성중공업 소속 원형 직종 김철종 선수를 데리고 참가하였으나 안타깝게도 뜻을 이루지 못했다. 마침내 국제심사위원으로 대회에 참가한지 2번째인 1997년 스위스 상갈렌에서 열린 제34회 대회에서 삼성중공업 소속 원형 직종 신맹수 선수를 금메달리스트로 세계 정상에 우뚝 올려놓았음은 물론 우리나라가 종합우승하는데도 크게 기여하였다. 자신의 집에서 함께 기거하면서 세계 정상만을 바라보고 혹독하게 훈련을 시킨 결과다.

나는 류병현 대표와 상갈렌의 Bahnhofplatz 앞에 위치한 Hotel Metropol Garni에 같이 머물고 있었는데 1997년 7월 8일 채점 마지막 날 저녁 무렵 멀리서 류병현 심사위원이 걸어오는 모습이 보이는 것이었다. 얼굴의 미소로 짐작컨데 금메달이 확실한 것 같았다. 정말 감격스런 원형 직종 세계 제패의 낭보였다. 잠시 가방을 숙소에 놓고 내려와 호텔 바에서 맥주로 목을 축이면서 개선장군의 역경의 금메달을 만든 과정을 들으면서 시간을 보냈다. 나중에 들은 이야기지만 20

년 전인 1977년의 패배를 설욕한 값진 금메달이 너무나도 기쁘고 가슴이 벅차 눈물을 한없이 흘렸다고 한다.

류 대표는 이후에도 기능한국인으로 추대되는 등 후배기능인 육성을 위해 헌신하고 있다. 기능한국인으로 선정된 류 대표는 "기능한국인으로 선정된 이후 예비 숙련기술인은 물론 숙련기술인들에게도 '롤 모델'이 될 수 있다는 점에서 자부심과 책임감이 생겼다"고 한다. 류병현 대표는 소신이 있고 책임감이 투철한 가장 신뢰하는 전문가로 내가 전국기능경기대회 기술위원장을 할 때도 부위원장을 맡아 헌신 봉사하였다.

✖ 기고문

■ 기능올림픽 대표, 그들이 희망이다

"나는 제38회 국제기능올림픽대회 대한민국 대표선수로서 국위를 선양하고… 어떠한 역경과 어려움도 이겨내고 충실하게 훈련에 임하여 반드시 세계 최고가 될 것을 다짐합니다."

이달 19일부터 보름간 핀란드 헬싱키에서 열리는 제38회 국제기능올림픽에 참가하는 39명의 대표선수들은 매일 아침 이렇게 다짐한다. 정해진 일과 외에도 대부분의 선수는 밤 12시까지 고된 보충 훈련을 받고 있다. 얼마 전에는 정신 집중과 체력 단련의 일환으로 해병대 훈련을 받기도 했다. 어느 누구 하나 따뜻한 격려를 해주거나 관심을 갖는 이 없는 비인기 분야의 국가대표 선수의 현실을 지켜보면 어린 선수들이 대견스럽기도, 안쓰럽기도 하다.

국제기능올림픽은 1950년 서유럽 국가들이 중심이 돼 제1회 스페인 마드리드대회를 시작으로 2년마다 열리는 기능인의 세계 제전이다. 39개국이 회원으로 가입돼 있다. 한국은 1967년 제16회 스페인 마드리드대회부터 참가했는데 지금까지 종합우승 14번, 준우승 3번, 3위 2번을 차지해 자타가 인정하는 기능강국으로 떠올랐다. 그러나 최근에는 전통적 기능강국인 독일을 비롯해 스위스, 오스트리아, 프랑스, 일본 등이 부상하면서 기능올림픽은 더 이상 우리만의 무대는 아닌 것 같다.

국제기능올림픽에 참가하는 국가대표 선수들은 "나도 한번 세계 최고에 도전하겠다"고 다짐하는 수많은 실업계 학생들의 희망일 뿐 아니라 국가 발전의 원동력이 될 핵심 기능 인력이다. 지금의 실업교육이 직업교육이라기보다는 대학 진학이 주된 목표가 된 현실을 고려할 때 이대로 가다간 기능강국은커녕 국가 기간산업을 위한 인력조차도 양성하지 못하는 위기에 직면하게 될까 염려된다. 기능올림픽 금메달리스트가 일자리를 찾지 못해 방황하는 게 우리의 현실이다.

그동안 우리는 세계 최고의 기능 인적자원을 갖고 있으면서도 이를 국가 경제발전의 자원으로 활용하는 시스템을 구축하지 못했다. 아무리 세상이 변하고 발전한다 해도 기능 인력만이 감당할 수 있는 고유의 영역이 있는 것이다. 이공계 기피 현상은 비단 우리만의 문제는 아니지만 독일을 비롯한 서유럽 국가 대부분은 실업계의 직업교육 시스템을 시대 변화에 맞춰가며 능동적으로 대처해 왔다. 그 결과 국가가 필요로 하는 기능 인력의 저변을 확대하고 기능인의 사회적인 대우와 보장 등을 통해 국가 경쟁력을 높이고 있다.

이제 우리도 실업교육뿐 아니라 기능 정책에 대한 과감한 개혁을 해야 할 때다. 본질에 충실한 시스템 개혁만이 지금의 문제를 해결할 수 있기 때문이다. 그동안 우리는 가장 중요한 본질보다는 일시적인 현상의 변화만을 지나치게 추구해왔다. 우수한 기능강국의 자원이 국가 발전의 원동력이 되지 못하는 것도 우리 제도가 모순돼 있음을 보여주는 한 단면이다.

올림픽에서의 금메달도 중요하지만 더 중요한 것은 우수한 기능 인력을 국가 산업과 연계해 경제 발전의 원동력이 되도록 하는 일이다. 그리고 지금 당장 대표선수에게 필요한 것은 따뜻한 관심과 성원이다. 그들의 다짐대로 세계 최고가 되어 코리아의 브랜드를 높일 수 있도록 희망과 용기를 줘야 한다. 3%의 소금이 바닷물을 썩지 않게 하는 것처럼 이름도 없이 빛도 없이 자기 본분에서 최선을 다하는 사람들이 국위를 선양하고 국가 경쟁력을 높이고 있다는 사실을 결코 잊어서는 안 된다.

동아일보 2005년 5월 4일

■ '기능올림픽', 체계적 지원 필요하다

실업교육 · 기능인 우대, 전문가 단체 양성해야

지난 5월 하순 핀란드 헬싱키에서 열린 제38회 국제기능올림픽에서 기능한국의 추락은 국민적 실망일 뿐 아니라 많은 기능인에게도 큰 충격이 아닐 수 없다. 대회 때마다 금메달을 가장 많이 따 기능강국의 면모를 유감없이 보여줬던 터라 이번에도 당연히 좋은 결과를 얻을 것이라 기대했기 때문이었을 것이다. 그러나 우리가 기능강국에서 밀려나게 된 것은 어쩌면 이미 예견된 당연한 결과인지도 모른다.

이번에 새롭게 기능강국으로 부상한 스위스·독일·일본·오스트리아는 그동안 시대 변화에 맞춰 기능정책의 개혁과 변화를 꾸준히 모색한 나라들이다. 이번 대회에서 한국은 금메달 획득 수 6위(3개), 메달 포인트 2위(61점), 참가선수 평균점수 1위(520.20점)를 기록했다. 최우수 기능강국으로 등장한 스위스는 금메달 획득 수 1위(5개), 메달 포인트 1위(63점), 참가선수 평균점수 3위(519.18점)를 차지했다.

이 결과는 역대 어느 대회에서도 볼 수 없었던 결과로 분명히 추락하고 있는 기능한국의 실상을 잘 나타낸 것이다. 지금의 상황에서 밀려난 기능강국의 원인을 이번의 경기 결과에서 찾는 것도 필요하지만 이는 하나의 각론에 불과한 일이므로 다만 아직도 명실상부하게 기능강국이 되지 못하고 있는 보다 본질적인 문제점만을 지적하고자 한다.

첫째, 실업교육이 직업교육의 역할을 하지 못하고 있는 현실에서는 결코 기능강국이 될 수 없다는 사실이다. 국가산업 인력 양성의 산실은 물론 우수한 기능올림픽 대표선수 양성의 원천이 되어야 할 실업교육이 본질을 망각하고 포장만 달리 한 현상의 변화만을 계속 추구한다면 우리의 실업교육은 결코 설 자리가 없을 것이다. 이공계 기피와 실업교육의 경시 풍조가 원인이라고는 하나 지금의 현실 속에서는 우리의 직업교육에 대한 새로운 비전을 찾을 수 없다는 것이 안타까울 뿐이다.

둘째, 기능인이 자부심을 가지고 충실하게 일할 수 있는 여건과 제도를 마련하지 못한 점이다. 세계 최고의 기능 인적 자원을 갖고 있으면서도 국가 경제 발전의 자원으로 활용할 수 있는 시스템을 일찍이 구축하지 못한 것이다. 진작 기능 인력의 저변 확대와 기능인의 사회적인 우대정책이 조화를 이루는 제도를 정착시켜야 했다.

셋째, 기능올림픽에 대한 국민적인 관심과 성원이 너무나도 부족했다. 이번에 처음으로 후원회가 결성되어 그래도 힘이 됐다고는 하나 좀더 조직적이고 적극적인 후원과 성원이 필요하다. 그리고 각 분야별 전문가 협회나 단체 등에서도 우수한 기능 인력 양성에 대한 적극적인 관심과 참여가 필요하다. 이는 자기 분야의 전문성과 우수성을 스스로 발전시키는 일이기 때문이다. 특히 오스트리아의 원로 전문가에서부터 현직 기술자들이 모두 모인 협회 임원들의 선수를 격려하는 모습 등은 우리가 배워야 할 점이다.

이상의 실업교육 역할과 기능인의 사회적인 대우와 보장정책, 그리고 국민적인 관심은 기능강국이 되기 위한 필수요건이다. 아무쪼록 이번 올림픽을 계기로 과감한 기능정책의 본질적인 혁신과 변화로 새롭게 기능한국의 위상을 되찾고 명실상부한 기능강국으로 거듭날 수 있기를 기대한다.

조선일보 2005년 7월 4일

■ 뿌리산업 다시 살리려면

자동차·조선·전자·발전설비 등과 같은 기간산업의 기반이 되는 원천기술인 주조·금형·소성가공·표면처리·열처리·용접 등은 이른바 뿌리산업으로 불린다. 뿌리산업은 산업발전의 뿌리를 이루는 원천기술의 보고인 셈이다. 한국이 세계 최빈국에서 불과 60년 만에 세계 10위권의 경제대국으로 발전한 성장동력도 뿌리산업에서 비롯됐다. 외국 언론조차 "쓰레기통에서는 장미가 피지 않는다"고 비유할 만큼 결코 발전을 기대하지 않았지만 우리는 뿌리산업을 키워 경제대국의 신화를 창조했다.

그러나 지금 한국의 뿌리산업은 안정 속에서 더욱 심화된 기술력과 장인정신을 바탕으로 품격을 갖춰 도약하기보다 학벌만능주의에 눌려 기피직종으로 전락해 고사 직전에 이르렀다. 이는 뿌리산업의 강점을 간과한 정책에서 비롯됐다. 독일이나 일본의 경우 세계 경제의 장기 불황에도 불구하고 제조업만큼은 유독 강하다. 일찍이 뿌리기술의 인적 인프라 구축의 중요성을 깨닫고 뿌리산업의 뿌리기술을 사활을 걸고 육성했기 때문이다.

주조·금형 등 기술역량 쇠퇴 위기

뿌리산업 경쟁력의 핵심은 장인이 가진 숙련기술의 강점에서 비롯된다. 강점은 극한의 능력을 발휘하는 노하우다. 독일·일본·스위스 등은 숙련기술인이 대를 이어 뿌리산업을 이끌기 때문에 '넘버원(No. One)'을 넘어 '온리원(Only One)'을 추구할 수 있을 만큼 강점을 지니게 됐다. 온리원의 기술력은 마치 블랙박스와도 같은 생산자만의 노하우로 그 부가가치는 상상을 초월한다. 지구촌 모든 가정의 주방을 차지하고 있는 독일의 쌍둥이 칼을 비롯해 스위스의 아미 나이프, 시계 등은 뿌리산업의 본질에서 비롯된 온리원의 명품이다.

한국이 그동안 기능올림픽에서 18번이나 종합우승할 수 있었던 것도 뿌리기술의 역량에서 비롯됐다. 아이러니하게도 뿌리기술의 역량으로 이룬 세계 최고의 기능강국에서 넘버원을 온리원의 강점으로 키울 시스템을 구축하지 못하고 있으며 이는 국가경쟁력의 손실이다. 능력보다 학벌을 중시하는 교육정서와 원칙 없는 정책이 뿌리산업을 기피산업으로 몰고 간 탓이다.

병역특례 등 우수 기능인 혜택 늘려야

한국의 뿌리산업은 기능경시 풍조와 저임금에 따른 심각한 인력수급 문제를 비롯해 갑과 을의 관계에 종속돼 있는 구조적 모순과 불합리한 이익배분 문제, 환경을 이슈로 한 국민들의 뿌리산업 배척 등에 시달려 겨우 명맥만 유지하고 있다.

지난 2011년 1월 '뿌리산업 진흥 및 첨단화에 관한 법률' 시행을 계기로 뿌리산업을 적극 지원하기로 했다지만 절실한 것은 뿌리산업이 겪고 있는 고충을 해결하기 위한 혁신적인 제도 구축이다. 뿌리산업의 95% 이상이 열악한 중소기업인 현실을 감안하면 온리원의 명품을 만들 강점을 지닌 장인 육성은 힘에 부칠 뿐이다.

이제는 정부가 적극 나서 설득력 있는 비전을 제시해 뿌리산업을 외면하는 젊은 기능인을 돌아오게 해야 한다. 대기업 위주의 우수 기능인 병역 특례제도도 뿌리산업체에 혜택을 줄 수 있게 개선하는 것이 필요하다. 뿌리 없는 식물이 줄기를 뻗어 열매를 맺을 수 없는 것처럼 숙련 기술인 없는 뿌리산업 육성은 불가능하다는 점을 깊이 성찰해야 한다. 학벌이 아닌 능력중심사회는 결코 구호로 이뤄지는 것이 아님을 깨달아야 한다.

서울경제신문 2013년 9월 6일

▓ 전문계 고교 바로 서려면

한국은 아직도 기술과 기능의 가치를 제대로 인정하고 대우하는 명실상부한 기능선진국은 결코 아니다. 이는 한마디로 국제기능올림픽이나 기능경기대회의 결과가 본질(to be)에서 자연스럽게 나온 현상(to do)이 아니라는 사실과 우리 사회에서 기술과 기능의 가치를 아직도 제대로 인정하지 않고 있음을 뜻한다. 전문계 고교가 직업교육 완성학교로 제 역할을 다하지 못하고 교육의 양극화로까지 심화돼 우수한 기술 인적자원이 국가경쟁력이 못 되는 반증이기도 하다. 이런 현실에서 21세기 지식기반사회를 이끌 산업인력 양성의 메카로 전문계 고교를 신 성장동력으로 키울 수 있는 대책을 살펴본다.

첫째, 직업교육 완성 학교로서의 본질에 충실할 수 있는 시스템을 갖춰야 한다. 그동안 전문계 고교가 많은 개혁과 혁신을 했다고 하지만 여전히 직업교육의 본질에서 크게 벗어나 있다. 이는 모든 것이 대학으로 통하는 우리만의 교육정서에 편승해 본질에 충실하기 보다는 연계교육 같은 손쉬운 보여주기식의 사려 깊지 못한 정책으로 안주한 결과며 포장만 달리한 현상의 대책으로 본질을 치유하려 했기 때문이다. 문제가 표출될 때마다 임기응변적인 '언 발에 오줌 누는 식'의 처방만을 한 것이다. 이런 정책 처방이 쌓여 현재의 골이 깊은 교육 양극화에 이른 것이다. 최근 IT산업 경쟁력이 세계 3위에서 8위로 하락한 것도 직업교육과 무관하지 않다.

둘째, 가치에 합당한 대우와 안정된 일자리를 보장해야 한다. 정부는 기술자가 우대받는 사회를 만든다고 항상 외치지만 대우도 못 받는 실상을 전혀 파악하지 못하고 하는 말이다. 대우도 못 받는 현실에서 우대를 말하는 것은 그야말로 어불성설이다. 기능강국의 자원을 튼튼한 제조업을 떠받치는 국가경쟁력으로 흡수하려면 반드시 제대로 대우하는 일자리를 보장해야 하며 현실적인 고충도 국가가 적극 해결해줘야 한다. 실례로 2013년부터 폐지되는 산업기능요원도 국가경쟁력의 큰 틀에서 재고돼야 한다. 앞으로 21세기 지식기반사회를 이끌 신 성장동력은 역시 기술과 기능이며 이는 국가경쟁력의 핵심이기 때문이다. 우리 청소년들은 24회에 걸쳐 국제기능올림픽에 출전해 총 451개의 메달을 획득했지만 이 중 15% 정도가 국가 발전의 성장동력이 되지 못하고 있음은 안타까운 현실이다.

셋째, 전문가(마이스터) 양성 시스템을 구축해 국가경쟁력으로 키워야 한다. 전문가 탄생이나 신기술 개발은 저절로 되는 것이 결코 아니다. 올림픽에서 메달을 따는 것도 중요하지만 더 바람직한 것은 메달리스트나 우수한 전문계 고교 출신을 최고의 국가 브랜드를 갖는 글로벌 전문가로 육성하는 국가적 차원의 비전을 제시해야 한다. 우리는 수년 전부터 기능올림픽의 '회원국 간 상호협력' 프로그램의 하나로 베트남과 인도에 기능을 전수하고 있다. 기능 전수 프로그램은 우리 전문가들이 세계의 무한한 활동 무대로 진출하는 부가가치가 매우 높은 국가적 사업으로 적극 장려해야 한다.

이상 3가지 핵심을 '삼위일체 시스템'으로 하는 비전을 제시한다면 전문계 고교는 직업교육 완성학교로 거듭날 수 있다. 그리고 본질에서 나오는 우수한 기술과 기능은 국가 브랜드의 가치를 높이는 신 성장동력으로 21세기 지식기반사회를 주도할 수 있다. 기능올림픽은 직업교육의 본질에 대한 하나의 현상에 불과하지만 대회가 갖는 진정한 의미는 기능선진국으로 발전하는 직업교육 정보 교류의 장이며 청소년들에게는 희망의 엔도르핀을 솟아나게 하는 축제이기도 하다. 최근 설립하는 마이스터 고교도 앞서 언급한 3가지 핵심이 빠진다면 결국 요란하게 포장만 달리한 또 다른 학교가 된다는 것을 결코 잊어서는 안 된다.

한국대학신문 2008년 10월 20일

■ 기능올림픽 활성화 필요하다

지난 5월 호주에서 열린 국제기능올림픽(Worldskills) 총회에서 영국과 일본이 보여준 일련의 일들은 자국 실업교육에 큰 희망과 활력이 될 만하기에 충분하다. 왜냐하면 블레어 총리까지 나선 2011년 국제기능올림픽대회 유치와 2007년 시즈오카대회 종목을 일본에 유리한 51개 직종으로 늘린 로비력 등은 실업교육 활성화를 위한 국가적 정책 배려에서 나온 역량이다. 이는 우리의 실업교육 대책으로 내놓은 대입특별전형 확대나 전교생 장학금 지급과 같은 임기응변식 선심성 정책과는 매우 대조적이다. 기능올림픽은 실업교육이 얼마나 충실하게 직업교육기관으로 발전하고 있는가를 평가할 수 있는 객관적인 지표가 될 수 있다.

이번 호주 총회에서 영국과 일본의 노력은 기술과 기능을 기피하는 시대 변화에 능동적으로 대처하기 위한 매우 설득력 있는 실업교육 정책으로 볼 수 있다. 그동안 우리는 실업교육이 산업인력 양성이라는 본질에 충실한 능동적인 대처였다기보다는 그때그때 현상의 변화로만 문제를 해결했던 결과 지금의 심각한 교육 양극화를 초래한 것이다. 이런 상황에서 실업교육의 문제점과 가시적인 활성화 방안이 무엇인지를 짚어본다.

먼저 실업교육 현장에 뿌리 깊게 만연된 기술과 기능을 경시하는 계열별 교육 양극화 현상을 해소하는 것이 급선무다. 무엇보다도 선심성 정책이 아닌 실업교육을 근본적으로 살릴 수 있는 대책을 강구해야 한다. 또 최근에는 기능이라는 말은 멸시나 천대라는 낙인 (stigma)이 붙었기 때문에 다른 말로 바꾸자는 의견도 있다. 어디까지나 발전을 위한 새로운 변화는 대찬성이지만 겉만 바꾼다고 실업교육의 본질적 문제가 해결되는 것은 아니다. 이것이야말로 자칫 보여주기식의 또 다른 현상의 변질일 뿐 기능인의 사기 진작에도 전혀 도움이 되지 못할 것은 자명하다.

따라서 실업교육을 제도적으로 살릴 수 있는 비전을 제시해야 할 것이다. 지금이라도 정부가 진정한 '기능인 우대' 정책을 편다면 실업교육은 하루 아침에 살아날 수 있다. 그리고 당장 실업교육에 희망과 활력을 줄 수 있는 가시적인 정책도 필요하다. 따라서 기능올림픽은 정부가 나서서 적극 지원해야 한다. 왜냐하면 이는 산업인력 양성이라는 본질에 더욱 충실케 하는 것으로 기능 발전도 기대할 수 있다. 그리고 올림픽 대표선수 양성마저도 어려운 현실을 감안하여 기능 영재와 같은 꿈나무도 적극 발굴해 체계적으로 국가 핵심 기능 인력으로 키워야 할 것이다.

또한 우수 기능인을 경제 성장동력으로 흡수하는 정책은 실업고생에게 희망을 줄 수 있는 매우 설득력 있는 대안이다. 이는 국가 경쟁력을 높이는 일이기도 하다. 그동안은 기능올림픽 대표선수마저도 열악한 환경과 조건 속에서 어렵게 훈련을 해 국위를 선양해 왔지만 지금 시스템으로는 기능올림픽이 더 이상 실업교육의 희망이 될 수 없다. 이는 작년 핀란드대회 결과가 잘 대변하고 있다.

이상은 실업고가 '산업인력 양성'이라는 직업교육 기관으로 충실하게 발전하기 위해 근본적으로 해결해야 할 문제점과 가시적인 활성화 방안이다. 그리고 기능올림픽 활성화는 그 동안 정부가 내놓은 어떤 정책보다도 지금의 실업교육 발전에 희망을 줄 수 있는 유일한 대책이다. 왜냐하면 기능강국은 충실한 실업교육 바탕에서만 기대할 수 있는 자연스런 현상이 돼야 하기 때문이다.

그러나 이 모든 현안의 문제는 결코 쉽게 해결할 수 있는 일이 아니다. 예산 문제라면 최근 삼성그룹의 8000억 원 용도가 교육 사업에 쓰이기로 큰 가닥이 잡혔다니 이 기부금을 할애해서라도 우선 실업교육과 기능올림픽의 부활에 활력을 불어넣는 것이 어떨까 하는 생각이다. 왜냐하면 조건없는 독지가의 기부금이지만 무엇보다도 교육 양극화의 표본이 돼버린 실업교육을 살리는 데 투자된다면 이는 분명 미래 우리의 경제 성장동력을 30배, 60배, 100배로 키울 수 있는 값진 일이기 때문이다.

매일경제 2006년 6월 15일

■ 메달만 따는 기능강국에 머물러선 안 돼

"공부 못하면 기술이나 배워"라는 말은 만연된 기술경시 교육정서를 대변해 준다. 이런 기술경시 풍조 속에서도 금년 10월 런던에서 열리는 제41회 국제기능올림픽대회에 출전할 42명의 '국가대표'가 국위선양을 위해 구슬땀을 흘리고 있다. 국가대표 선수들은 공부를 잘했기 때문에 첨단기술을 배워 당당하게 태극마크를 단 것이다. 공부를 못하면 제대로 된 기술을 배울 수가 없다.

'기능강국 코리아'는 기능올림픽 회원국들이 한결같이 바라는 모델 국가다. 런던 국제기능올림픽대회에 출전을 앞두고 UAE 대표선수단이 기능강국 노하우를 배우기 위해 오는 7월에 한국을 방문하는 것도 이런 맥락이다. 하지만 우리는 기능강국에 걸맞는 직업교육 시스템이 아직도 자리 잡지 못했다. 즉 기능강국의 역량이 산업발전의 성장동력이 되지 못하는 현실이다. 제도의 모순 속에서도 기능강국의 자리를 지키는 것은 참 아이러니한 일이다.

지금까지는 직업교육 시스템이 정착된 서유럽국가와 신흥공업국의 도전을 이겨내고는 있지만 궁극적으로는 시스템의 본질에서 나오는 경쟁력은 결코 이길 수 없다. 더 이상 메달만 따는 기능강국에만 머물러서는 안 된다. 기능올림픽 역사상 16번의 종합우승은 전문계고의 본질에서 비롯된 현상은 결코 아니다. 이 업적이 본질의 현상이라면 전문계고는 직업교육의 완성학교가 됐을 것이다.

그런 측면에서 특성화고인 마이스터고의 출현은 전문계고의 본질을 회복시킬 희망이며 기술경시 풍조 타파에도 활력소가 되고 있다. 마이스터고의 성공 열쇠는 「우수한 기술인력 양성」, 「우대(優待)도 좋지만 실력대로 대우(待遇)하는 안정된 일자리 보장」, 「기술명장 같은 전문가 육성」 등을 로드맵으로 하는 '삼위일체' 시스템의 정착에 달려 있다.

또한 상생의 부가가치가 큰 우수기능인들의 대기업 특채는 크게 환영할 일이다. 이는 기능강국에서 기능선진국으로 가는 도약이며, 제조업의 경쟁력을 키우는 길이다. 한국은 학벌을 중시하는 정서에 편승한 정책으로 실속도 없는 대학 졸업자와 일자리의 미스매치 등으로 총체적인 국가시스템 효율이 OECD 선진국의 절반에도 못 미친다. '학벌보다 실력'을 중시하는 사회가 곧 품격 있는 기능선진국이다. 고질적인 기술경시 풍조라는 편견을 꼭 청산해야 우리도 선진국이 될 수 있다.

조선일보 2011년 5월 19일

■ 기능강국의 내실을 다지자

이공계 기피와 기능경시 풍조 속에서도 2011년도 기능인의 축제인 지방기능경기대회가 많은 기능인들의 희망과 기대 속에 16개 시도에서 4월 20일부터 6일간 열렸다. 이번 지방대회는 폴리메카닉스 등 48개 직종에서 총 9천34명이 참가해 그동안 갈고 닦은 실력을 겨뤘다. 입상자에게는 올 9월 충북 청주에서 개최되는 제46회 전국기능경기대회 참가 자격이 주어졌다. 전국대회 입상자는 대기업에 취업

할 수 있는 특전도 주어지며, 아울러 2013년 독일 라이프지그에서 열리는 제42회 국제기능올림픽대회 한국 대표선수 선발전에 참가하게 된다.

한국은 산업화의 표상이자 기능강국

지방기능대회 입상은 안정된 직장을 얻을 수 있는 기회임과 동시에 국제기능올림픽대회의 국가대표가 되기 위한 첫 관문이다. 상생의 부가가치가 매우 큰 우수기능인들의 삼성·현대·포스코 등 대기업의 특채 제도는 크게 환영할 일이다. 이처럼 기능올림픽대회는 전문계 고교생은 물론 많은 기능인들에게 희망의 무대가 되고 기능강국 코리아의 내실을 다지는 일이다. 실력보다는 학벌을 중시하는 교육정서 속에서도 매년 참가자 수가 증가하고 있어 단순한 대회 참여와 성공적 개최 의미를 넘어 고질적인 학벌을 타파하는 원동력이 될 것으로 기대된다.

지난해 창립 60년을 맞이한 국제기능올림픽위원회에서 한국의 위상은 가장 빠르게 산업화를 이룬 모범적인 국가의 표상일 뿐만 아니라 기능강국으로 자리 잡고 있다. 7월에는 10월 런던에서 열리는 제41회 국제기능올림픽 UAE 대표선수단 20여 명이 기능강국의 노하우를 배우기 위해 전지훈련차 한국을 방문한다.

기능올림픽 회원국들은 한국의 발전 노하우를 벤치마킹의 최우선 순위로 꼽고 있을 뿐만 아니라 언론 또한 관심이 높다. 지난 3월 말 런던에서 열린 국제기능올림픽 준비를 위한 기술대표 회의장을 방문한 영국 더 타임스의 제니 샤클톤(Jenny Shackleton) 기자가 한국의 기능올림픽 우승 비결과 직업교육 시스템 등에 대한 인터뷰를 요청할 정도로 기능강국 코리아는 외국 언론에도 깊은 인상을 주고 있다.

기능올림픽에서 종합우승을 하는 것은 정말 힘들고 어려운 일이다. 더구나 제도의 모순 속에서 대·내외적으로 기능강국의 자리를 지키고 있는 것은 참으로 기적 같은 일이다. 한국이 현재까지는 직업교육의 시스템이 잘 갖춰진 스위스와 독일을 비롯한 서유럽 국가들과 신흥 공업국인 브라질 등의 강력한 도전을 이겨내고는 있지만 이대로는 결코 기능강국의 자리를 계속 고수할 수는 없을 것이다.

이제는 기능강국에서 기능선진국으로서의 위치 다져야 할 때

더 이상 메달만 따서 국위를 선양하는 기능강국의 위치에만 머물러서는 안 된다. 이제는 기능강국에서 기능선진국으로서의 위치를 굳게 다져야 한다. 그러기 위해서는 국가 경쟁력과 품격을 다지는 명실상부한 차별화된 전략이 필요하다. 무엇보다도 교육의 양극화로 무너진 전문계고의 본질을 회복하는 개혁과 혁신이 필요하며 기능강국의 내실을 다지는 일로 기능인의 한결같은 꿈이다.

한국은 실력보다는 학벌을 중시하는 교육정서로 인해 잠재된 국가 경쟁력이 경제성장의 동력이 되지 못하고 있다. 무려 411개에 달하는 분별없는 고등교육기관의 난립과 넘쳐나는 대졸실업자를 양산하는 결과도 초래했다. 하지만 한국이 세계 230여 개 국가 중에서 GDP 10위권의 경제성장은 결코 학벌이 아닌 실력으로 이룩한 것은 분명한 사실이다. 이는 1960~70년대 국가 산업화의 기반을 다진 과학기술인들의 헌신과 열정이 있었기 때문이다.

한국의 기능올림픽대회 16번의 우승의 업적은 전문계고교의 본질에서 비롯된 현상은 결코 아니다. 이 결과가 전문계고의 본질에서 나왔다면 한국은 이미 기능선진국이 됐을 것이다. 전문계고의 본질을 살릴 마이스터고의 설립과 우수기능인의 대기업 특채는 기능인 꿈을 제도적으로 키우는 기능선진국의 초석을 다지는 일이다. 국가가 학벌에 밀려 기능인들의 꿈을 키워주지 못한다면 21세기 지식기반사회를 이끌 선진국이 될 수 없음을 결코 잊어서는 안 된다.

과학기술 2011년 4월 29일

03

일본 시즈오카대회의
알파와 오메가

우리나라는 지난 2005년 핀란드 헬싱키대회에서 종합 2위를 차지했으나 내용 면에서 보면 추락하는 기능한국의 실상을 여실히 보여준 대회였다. 핀란드대회에서는 새로운 평가제도인 총 메달점수(total medal points, 한국은 '종합점수 또는 종합순위'로 표기해 왔음)가 도입됨으로 기능올림픽 역사상 가장 적은 금메달 3개를 획득했음에도 불구하고 다행스럽게도 종합 2위를 차지했다.

시즈오카대회에서의 종합우승 탈환은 극복해야 할 난제가 많았다. 홈그라운드의 이점을 살려 야심찬 종합우승을 노리는 일본을 반드시 이겨야 하는 결코 만만치 않은 대회였다. 기술대표가 돼서 처음으로 기술한국을 총괄한다는 부담이 되는 대회였지만 상대를 알고 목표가 정해진 만큼 전략 수립에 있어서는 오히려 자신이 생겼다. 한편으로는 더 이상 잃을게 없다는 생각을 하니 편안한 마음도 들었다. 하지만 그 동안의 경험을 살려 최선을 다할 수밖에는 다른 특별한 방도가 없었다. 일본에서 종합우승 탈환을 하기까지 역경의 과정을 간략하게 소개한다.

✪ 국가대표 선수 선발과 합동훈련

2007년 일본대회의 준비는 한국대표 선수 선발로부터 시작됐다. 국가대표 선수 선발은 원칙적으로 2005년과 2006년 전국기능경기대회 1위 입상자가 3차에 걸친 후보 선수 평가경기를 통해 총점에서 앞서는 선수가 대표로 선발된다. 또한 우리나라의 전국기능경기대회에 없는 직종이면서 국제대회에 선수를 파견할 때는 파견 후보선수 선발경기를 통해 대표선수를 선발한다.

우리나라가 등록한 일본대회의 파견 직종과 파견 선수는 42개 직종 47명이다. 선발경기로 대표선수를 선발해야 하는 통합제조, 조경, 모바일로보틱스, 통신망분배기술, 제빵 등 5개 직종을 제외한 37개 직종은 평가경기를 통해 선발해야 했다. 대표선수는 적어도 2007년 2월 말 이전에 모두 결정이 돼야 하는 상황이다.

일부 직종은 한국대표 선수로 선발되는 것이 곧 국제대회의 금메달을 보장받을 정도이므로 평가경기는 치열하고 수준도 높았다고 할 수 있다. 당연히 소속 학교나 기업에서의 평가경기를 위한 준비도 열심이었다. 마침내 3차에 걸친 평가경기와 선발경기 그리고 인성평가를 거쳐 42개 직종 47명의 대표선수가 확정되었다. 국가대표 선수 확정과 더불어 이들을 지도할 국제심사위원(정지도위원) 42명과 부지도위원 54명도 위촉되었다.

이들이 국가대표 선수로 선발되기까지는 대부분 특성화고교의 '기능반'에서 적어도 4~5년이라는 혹독한 훈련 과정을 거친 결과로 태극마크를 달게 된 것이다. 거의 대부분의 특성화고교에서는 '기능반'이라는 이름의 특별활동반의 운영을 통해 전국 및 지방기능경기대회와 기능올림픽대회를 위한 선수를 집중 육성해 왔다. 대부분의 학교가 1학년 때부터 중간고사와 기말고사 기간 2~3주를 빼고는 훈련에 전념해 왔다고 할 수 있다.

대표선수 확정과 더불어 한국위원회에서는 훈련 계획을 수립하였다. 우선 합동훈련에 앞서 정지도위원과 부지도위원 그리고 대표선수 간의 팀워크를 다지기 위한 워크숍을 2007년 3월 8~9일까지 1박 2일간 천안의 계성원에서 가졌다. 위촉장 수여와 대표선수 소개에 이어 직종별 분임 토의가 밤 늦게까지 진행됐다.

워크숍에는 한국위원회 김용달 회장, 삼성전자 송지오 부사장, 한국위원회 Staff 등이 참석하여 한국선수단의 우승을 향한 힘찬 결의를 다졌다. 특히 삼성전자 윤종용 대표는 기능 장려금으로 9억 7천만 원을 후원하였다. 삼성전자는 지금도 기능올림픽대회가 열리는 해마다 변함없이 같은 금액을 후원하고 있다.

합동훈련은 서울공고의 실습장을 이용하고 선수 숙소는 학교 합숙소 건물을 보수하여 이용하였는데 50평도 채 안 되는 아주 열악한 환경이었다. 식당은 외부 식당을 이용하기도 하였다. 장소의 협소함도 있지만 장비 등이 문제가 돼서 42개 직종 중 메카트로닉스 직종 등 28개 직종만 합동훈련에 참가하였다.

합동훈련 기간은 1차와 2차로 나누어 총 204일간 약 7개월 동안 실시했다. 훈련 일정은 아침 6시 기상과 더불어 선수 전원이 참가하는 2km 구보로부터 시작된다. 아침 6시부터 저녁 22시 30분까지 명상의 시간, 오전훈련 그리고 오후훈련, 야간훈련, 정신훈련, 이론학습 등으로 꽉 짜여진 계획에 따라 진행됐다. 때로는 직종에 따라 개인적으로 자정을 넘기면서까지 훈련에 임하는 선수도 있었다.

나는 학교 강의가 있는 날만 빼고는 다른 일은 일단 뒤로 미루고 합동훈련장을 방문하여 훈련 상황을 살피고 대표선수들을 격려하는 일에 주력하였다. 국제심사위원을 하면서 8명의 국가대표 선수를 지도했던 경험에 비춰볼 때 어느 정도의 입상 선수를 예측할 수 있는 노하우도 생겼다. 대표선수들의 훈련장에는 선수 자신의 '나의 각오'라는 구호를 적고 매일매일 각오를 다지도록 독려했다.

새로운 학기가 시작된 합동훈련 장소인 서울공업고등학교 교정에는 대형 현수막(플래카드)이 걸려 있었다. 명문대학 입학을 알리는 자랑스러운 학교 홍보였는데 '4년제 대학 000명 합격' 등의 내용을 포함하여 하단 끝에는 아주 작은 글씨로 '삼성전자 등 38명 합격'이라고 적혀 있었다. 특성화고교의 명문 서울공고의 자랑할 만한 내용임에는 틀림이 없다. 왜냐하면 특성화고교인 서울공고가 인문계고교보다도 더 월등한 진학률을 보이는 것은 개교 100년을 훨씬 넘긴 전통에 빛나는 명문학교의 브랜드 가치를 높일 수 있는 일이기 때문이다.

하지만 나는 이 현수막을 볼 때마다 아직도 어린 대표선수의 심정을 생각하지 않을 수 없었다. 과연 대표선수들은 이 현수막을 바라보면서 매일 아침 구보를 할 때마다 어떤 생각을 했을까(?) 직접 선수들에게 물어보지는 않았지만 다만 심리적인 갈등으로 국가대표 선수의 다짐과 나의 각오가 흔들리지 않기만을 바랐다.

우대(優待)와 대우(待遇)는 다르다

나는 서울공고에서 2007년 일본대회와 2009년 캐나다대회를 위한 2차례에 걸친 국가대표 선수 합동훈련을 하면서 직업교육에 헌신하신 교장 선생님들을 만나 학벌만능주의를 타파할 수 있는 직업교육에 대해 진지하게 의견을 나눈 적이 여러 번 있었다. 특히, 나는 평소 언론 기고를 통해 기능인 우대(優待)와 대우(待遇)의 차이를 구별하여 강조한 적이 여러 번 있었다. 대우도 못 받는 현실은 정작 간과한 채 우대를 외치는 직업교육 정책의 허구성을 지적하고 비판한 것이다. 교장 선생님들은 내가 쓴 기고문에 적극 공감하고 "국제대회에서 우승할 때만 기능인 우대를 외치는 말잔치가 돼서는 안 된다"고 직업교육 현장의 문제 등을 토로한 바 있었다.

지난 일이긴 하지만 교장 선생님에게 '서울공고를 제조업 공장에 비유한다면 서울공고에서 출하하는 제품인 'Made in 서울공고'는 무엇입니까? 그리고 서울공고가 대학 진학이 목적이냐 아니면 우수한 산업인력 양성이 목적이냐는 질문도 하고 싶었다. 하지만 결국에는 마음 속으로만 질문을 한 적이 있다. 그러나 현수막의 내용 중 '삼성전자 등 38명 합격'이 제일 앞에 큰 글자로 써야 되지 않느냐고 느낀 소감은 그대로 말씀드렸다. 질문의 요지를 금방 이해하신 당시의 교장 선생님은 학부모들이 진학을 더 선호한다는 것을 이유로 말씀하셨다. 며칠 뒤 현수막은 거둬졌지만 이것이 우리 사회의 만연된 학벌만능주의의 뿌리 깊은 현실을 말해주는 반증이며 직업교육의 실상인 것이다.

★ 국가대표 선수의 다짐과 나의 각오

다음은 합동훈련 기간 동안 국가대표 선수들이 매일 오전 훈련에 임하기 전 10분간의 명상의 시간에 하는 '국가대표 선수의 다짐'과 '나의 각오'에 대한 내용이다. '나의 각오'는 대표선수 스스로가 정한 2007년 시즈오카대회를 준비하는 자신만을 위한 차별된 각오다. 나는 훈련장을 방문할 때마다 대표선수들의 각오가 깊은 신뢰로 다가왔을 뿐만 아니라 한국기술대표로서도 분발과 도전받는 계기가 되었음은 물론 강한 팀워크 구축의 동력이 됐다고 생각한다. 선수들의 훈련 성과가 작품을 통해서 나타나는 것을 보고 점점 '타도일본'에 대한 자신감이 들기 시작했다.

당시 이상수 노동부 장관의 선수 격려 방문의 날이었다. 이상수 장관께서는 일일이 합동훈련 중인 대표선수를 격려하시면서 드레스메이킹 이성순 선수의 각오에 대한 문구인 '결과는 과정의 거울이다'를 보시더니 "정말로 맞는 말이다"라고 격려하시던 모습이 지금도 생생하게 떠오른다.

당시 나는 수첩에 적어 놓은 선수들의 '나의 각오'를 믿음으로 함께 기대했기에 더욱 간절함으로 그들을 위해 기도하지 않을 수 없었다. '우리도 대한민국의 국가대표다'라는 이 글을 쓰는 중에 빛바랜 수첩에 적혀 있는 소중한 기록을 다시 보니 당시 대표선수들의 역경의 합동훈련이 추억으로 회상된다.

기능올림픽 국가대표 선수들의 '나의 각오'가 너무나도 자랑스럽고 또 대견
스럽게 느껴져 그 내용을 그대로 소개한다.

〈국가대표 선수의 다짐〉

'나는 제39회 국제기능올림픽대회 대한민국 대표선수로서 국위를
선양하고 나 개인의 명예를 드높이기 위하여 합동훈련 기간 중 어떠한
역경과 어려움도 이겨내고 충실하게 훈련에 임하여 반드시 세계 최고
가 될 것을 다짐합니다.'

〈나의 각오〉

- 드레스메이킹, 이성순 : 결과는 과정의 거울이다.
- 조적, 송세훈 : 이미 시작한 일 끝까지 가보자.
- 석공예, 기성훈 : 부지런한 자만이 금메달
- 이미용, 임옥진 : 연습이 전체를, 훈련이 기적을, 노력이 꿈을 이룬다.
- 귀금속, 강가람 : 목표를 위해서 최선을 다하자.
- CNC선반, 이명규 : 국제기능올림픽 금메달 단상 위에 올라 만세를
  부르리라.
- CNC밀링, 여혁동 : 시작은 미약하나 끝은 화려하다.
- 기계조립, 최광표 : 불가능이란 노력하지 않는 자의 변명에 불과하다.
- 컴퓨터 정보통신, 전수현 : 자는 동안은 꿈을 꿀 수 있지만, 깨어 있
  는 동안은 꿈을 이룰 수 있다.
- 그래픽디자인, 손인혜 : 지는 게 싫으면 이기면 된다.
- 목공, 주대열 : 부끄럽게 살지 말자.
- 원형, 유종현 : 과거는 잊고 지금부터가 시작이다.
- 모바일로보틱스, 김재봉 : 초지일관
- 모바일로보틱스, 한선용 : 자만심과 나태함을 버리고 항상 처음과

같은 마음으로 훈련에 임하자.
- 동력제어, 조성환 : 지방 정복! 전국 정복! 세계 정복!
- 옥내배선, 공민철 : 게으르면 No 메달, 부지런하면 금메달
- 창호, 임채범 : 승리하여 웃어보자.
- 타일, 윤민석 : 이미 시작한 일의 분야에서는 최고가 되고 싶습니다.
- 미장, 김종민 : 인간 한계의 최선을 다하고 노력하고 도전한다면 하늘은 나를 배반하지 않는다.
- 냉동, 김태현 : 항상 겸손하자.
- 화훼, 안희은 : 보다 더 나은 정상에 서기 위해 노력할 것이다.
- 통신망분배기술, 이강균 : 노력한 만큼의 결과는 얻기 마련이다.
- 장식미술, 유인홍 : 뭐든지 노력해야 빛을 발한다. 죽도록 노력해서 황금빛 메달을 내 목에 걸어 보겠다.
- 몰드메이킹, 이동교 : 목숨 걸고 하자.
- 가구, 김명준 : 쑥스럽게 살지 말고, 금메달 받고 떳떳하게 살자.
- 기계제도 CAD, 정형진 : 10년 후, 20년 후 나의 미래를 생각하며 현재의 삶을 보다 열심히 살아가자.

이상은 서울공고 합숙소에서 합동훈련에 참가했던 대표선수들의 자랑스러운 '나의 각오'다. 국가대표 선수의 '나의 각오' 하나하나를 살펴보면 정말로 대한민국의 미래가 희망으로 다가오는 뿌듯함을 느끼게 한다. 어린 나이에도 불구하고 속이 꽉 찬 성숙함을 보여주는 과연 기능영재다운 예비 숙련기술인들의 차별된 각오다. 이들이 앞으로 학습과 실무경험을 통한 노하우가 축적될 때 진정한 숙련기술인(명장)으로서 'Only One'의 진정한 국가경쟁력이 될 것을 확신하고 또 기대한다.

어느 누구 하나 관심을 가져주지 않는 비인기 분야의 국가대표라는 설움을 딛고 나의 각오대로 국가대표 선수의 다짐을 실현하기 위한

노력이 정말로 대견스러웠다. 나는 한국기술대표로서 이 현실과 상황을 언론에 호소하기 위해 '기술과 열정이 세계 일류 만든다(동아일보), 기능올림픽 대표선수들은 우리의 희망(조선일보)'이라는 기고문으로 이들을 위로했다. 능력의 한계를 통감하면서 그래도 기술대표로서 할 수 있는 것이 이것 밖에는 없다고 생각했기 때문이다.

✪ 시즈오카대회 준비

▪ 기술과 열정이 세계 일류 만든다

"오로지 하나만 쳐다보고 살다 보니 어느새 세계 1등이 됐네요." 엔드밀 세계 시장 점유율 60%를 달성한 세계 일류의 절삭공구 제조기업 'YG-1' 송호근 사장의 성공의 변이다. 뛰다 보니 1등이 됐다는 말이다. 뛴다고 모두 1등이 되지는 않는다. 세계 최강 미니기업이 오늘의 성공을 거두기까지는 물 위에 떠서 아름다운 자태를 연출하는 백조의 보이지 않는 물갈퀴질처럼 열정적으로 사력을 다해 개발한 신기술이 있었다.

'세계 최강 미니기업' 中企에 희망

동아일보가 특집으로 기획해 1월부터 40여 회에 걸쳐 연재한 '세계 최강 미니기업'의 성공 신화는 국민과 기업에 신선한 충격을 주는 삶의 활력소다. 무엇보다 활로가 보이지 않아 좌절과 실의에 빠진 중소기업에 새로운 도전 의욕과 희망을 갖게 하는 성공 노하우를 총망라한 바이블과 같다. 국민에게는 오랜만에 갈증을 해소하는 후련함과 가슴 뿌듯한 자부심을 느끼게 한다.

이번에 소개한 20개의 세계 최강 국내 미니기업이야말로 실패의 역경을 딛고 불굴의 도전정신으로 세계 일류가 됐다. 우리 모두 아낌없는 찬사를 보낼 일이다. 마사이 신발을 만드는 MBT 설립자 카를 뮐러 씨는 한국의 시골에서 요양하던 중 논두렁을 걷다가 푹신한 흙을 밟을 때 통증이 완화되는 데서 아이디어를 얻었다. 그리고 무릎 관절과 허리 통증으로 고생하는 사람이 하나쯤 갖고 싶어 하는 '꿈의 신발'을 개발했다. 세계 최고가 된 경영자들은 준비된 자의 신비한 능력과 거기서 나오는 열정으로 세계 일류 제품을 만들었다.

국내외 40개 세계 최강 미니기업의 공통적인 성공 키워드는 글로벌 마인드, 고객 신뢰, 발로 뛰는 열정적 최고경영자(CEO)로 집약되지만 무엇보다도 기술과 기능이 고객의 이상을 실현하는 경쟁력의 핵심이었다. 이들 기업은 끊임없는 연구개발 투자와 혁신, 틈새를 노리는 전략, 국제적 분업을 통한 효율성을 중시했다.

이들 기업은 단어가 모여 문장이 되고 문장을 모아 최고의 스토리를 만드는 마법과도 같은 '조합의 노하우'를 갖고 있었다. 최고의 스토리는 마침내 멜로디, 리듬, 하모니가 어우러져 세계를 감동시키고 있다. 하지만 오늘날 세계 최고의 위치와 감동은 영원할 수 없다. 시장은 안주하는 기업을 외면한다. 새로운 감동은 오로지 기술력에서 비롯되며 기술력의 기본은 전문교육에서 나온다.

정부는 세계 최고를 만드는 기술력의 원천인 전문교육의 본질을 회복시켜야 한다. 국내 전문교육은 심각한 위기에 직면해 있다. 간혹 전문계 고교 육성책이 나오긴 했지만 대부분 선심성이거나 임기응변적이라 전문교육의 본질을 회복시킬 만큼 지속적이고 체계적이지 못했다. 한마디로 '언 발에 오줌 누는 식의 안일한 정책'만 있었다.

기능올림픽에 더 관심 가질 때

이런 현실에서 기능올림픽도 그들만의 일로 제쳐 둔 채 관심을 기울이지 않았다. 11월 일본에서 열릴 국제기능올림픽 대표선수 47명이 땀 흘려 훈련하는 중이다. 대표선수의 각오와 열의는 세계 최강 미니기업을 이룬 경영자나 연구진과 비슷하다. 이들은 전문계 고교생의 희망이자 세계 최고 전문가로 키워야 할 소중한 자산이다.

열정만으로 세계 최고가 되지는 않는다. 세계 최고의 감동은 기술교육의 기본에서 비롯된다는 사실을 결코 잊어서는 안 된다. 세계 최고 수준의 기술과 기능은 우리의 자산이며 코리아의 브랜드 가치를 높이는 국가 경쟁력이다. 기능올림픽 대표선수를 국민 모두가 열정으로 성원하기 바란다.

동아일보 2007년 7월 17일

■ 기능올림픽 대표선수들은 우리의 희망

"국제기능올림픽 금메달 단상 위에 올라 만세를 부르리라." 이는 금년 11월 8일부터 15일간 일본의 시즈오카에서 열리는 제39회 국제기능올림픽대회 'CNC선반' 분야 국가대표로 선발되어 훈련에 임하고 있는 이명규 군의 '나의 각오'다. 그리고 대표선수 47명 모두는 매일 아침 명상의 시간을 통하여 어떠한 어려움도 이겨내고 충실하게 훈련에 임하여 반드시 세계 최고가 되어 국위를 선양할 것을 다짐한다. 언제부턴가 국제기능올림픽은 관계자 외에는 별로 관심조차 없는 일이 돼버렸다. 그러나 대표선수들의 훈련 열의와 지도위원들의 열정만큼은 세계 최고의 기술강국 꿈을 실현하는 미래의 성장동력으로 느껴져 그래도 믿음직스럽다.

이번 제39회 국제기능올림픽대회에 우리나라는 42개 분야에 47명의 선수가 참가를 준비하고 있다. 일본은 이번 대회에서 주최국의 이점을 발휘하여 기존의 38개 정식 종목 외에도 일본에 유리한 부활 직종 5개 분야와 시범 직종 4개 분야를 늘리는 등 모두 47개 직종으로 역대 최대 규모의 대회 준비와 우승을 꿈꾸고 있다. 기능강국으로의 부활에 사력을 다하고 있는 것이다. 이에 따라 정부의 강력한 지원으로 작년에 이미 대표선수를 선발하여 훈련에 돌입했다.

한편, 우리의 전문계 교육 실상에서 보면 과거 찬란했던 기능강국의 체면을 유지하는 것은 결코 쉬운 일이 아니다. 국가 산업인력 양성이 어려운 현실에서 국제기능올림픽 대회에 참가할 국가대표 선수 선발조차 어려움을 겪는 실정이다. 이는 아직도 기능선진국으로서 다양한 산업분야의 전문가를 양성할 수 있는 직업교육 시스템을 구축하지 못하고 사회에 새로운 비전도 제시하지 못하고 있기 때문이다.

때때로 전문 고교교육 육성을 위한 대책이 나오긴 했지만 그때마다 선심성 정책이었거나 임기응변적인 대책이었기 때문에 중병을 앓고 있는 전문교육 시스템의 본질을 바꿀 만큼 지속적이거나 체계적이지 못했다.

우리는 지금까지 23회에 걸쳐 국제기능올림픽에 678명이 참가하여 424개의 메달 획득과 14번의 종합우승을 차지한 세계가 인정하는 기능강국이다. 그러나 아직도 기능선진국이 되지 못하고 있으며 전문교육도 젊은 청소년들의 매력을 끌지 못하고 있다. 이제는 전문교육을 체계적인 시스템 속으로 끌어들여 국가발전의 성장동력으로 키워야 한다.

무엇보다도 지금의 현실에서 우리의 '전문계 교육'을 살릴 수 있는 핵심 키워드는 직업교육 시스템 구축, 기술자의 대우정책, 전문가 육성정책으로 집약할 수 있다. 이것을 하나의 시스템으로 연계하는 정책이 진정한 기능선진국이 되기 위한 로드맵이다. 그리고 이 시스템의 구축은 기술력의 원천적 자산을 키우는 것이며 이는 세계 일류 제품을 만드는 국가 경쟁력의 핵심이다. 기능올림픽 대표선수 양성이 전문계 교육의 본질이 될 수는 없다. 금메달리스트는 전문교육의 과정에서 자연스럽게 나올 수 있어야 한다. 이것이 명실상부한 기능선진국이며 직업 교육의 경쟁력이다.

국제기능올림픽대회는 대표선수나 관계자들만의 행사가 되어서는 결코 안 된다. 47명의 국가대표 선수는 전문계 고교생의 희망이자 앞으로 핵심 성장동력으로 키워야 할 소중한 기술인적 자원임을 결코 잊어서는 안 된다. 그리고 세계 최고의 기술은 코리아의 브랜드 가치를 높이는 국가 경쟁력의 핵심이다. 기능올림픽 대표선수들을 열정적으로 성원해 우리의 희망으로 키워야 한다.

조선일보 2007년 7월 28일

■ 팀워크를 다지기 위해 드리는 당부입니다

이 내용은 2007년 일본 시즈오카에서 개최될 제39회 국제기능올림픽대회 개최 6개월 전인 4월 11일부터 16일까지 일본 동경과 시즈오카에서 열린 기술대표회의를 다녀와서 우리나라의 국제심사위원, 부지도위원 그리고 관계자에게 보낸 글이다.

친애하는 국제심사위원, 부지도위원 그리고 관계자 여러분, 그동안 국가대표 선수 지도에 얼마나 노고가 많으십니까? 우리는 지난 3월 천안에서 있었던 워크숍에서 42개 직종의 47명의 대표 선수와 함께 금년 11월 일본의 시즈오카에서 열리는 제39회 국제기능올림픽대회에서 기필코 기능한국의 자존심을 되찾기 위한 새로운 각오와 필승의 의지를 함께 다진 바 있습니다.

이미 아시는 바와 같이 3월 20일부터 제1차 대표선수 합동 훈련이 실시 중에 있으며 또한 지난 4월 19일부터 3일간 1차 평가전도 치렀습니다. 그리고 4월 26일부터 3일 동안 선수들의 정신무장과 체력단련의 일환으로 해병대 훈련도 무사히 마치고 돌아왔습니다. 이 모든 과정들은 우승을 향한 우리 선수단의 계획된 프로그램으로 여러분들의 헌신적인 노력과 뜨거운 성원, 그리고 관심으로 이루어지고 있다는 사실에 기술대표로서 진심으로 감사와 치하의 말씀을 전하고자 합니다.

저는 지난 4월 11일부터 16일까지 일본의 Tokyo와 Numazu에서 열린 제 39회 국제기능올림픽대회를 위한 기술위원회(Technical Committee) 회의에 참석하여 많은 도전을 받고 돌아왔습니다. 무엇보다도 이번 일본대회는 우승을 향한 각국의 치열한 각축전이 예상되며 그만큼 금메달의 길도 매우 험난할 것으로 예측됩니다.

참가 선수의 규모도 지난 헬싱키대회 660명보다 약 30%가 증가한 857명이 등록한 것으로 파악되며 경기 직종 수도 정식 직종 38개, 시범 직종 4개, 부활 직종 5개 직종 등 모두 47개 직종이나 됩니다. 아마도 우리 선수단은 주최국 일본과 프랑스 다음으로 큰 규모가 될 것으로 판단됩니다.

따라서 저는 국제기능올림픽대회 한국위원회의 기술대표로서 제 39회 국제기능올림픽대회를 준비하고 있는 국제심사위원, 부지도위원 그리고 관계자 여러분들께 당부의 말씀을 전하고자 합니다.

첫째, 이번 대회는 주최국의 이점을 살린 일본이 우승을 목표로 사력을 다하고 있으며 유럽의 강호들 역시 치밀하게 준비하고 있습니다. 따라서 우리도 과학적이고도 빈틈없는 전략 수립과 강도 높은 훈련이 요구됩니다. 특히, 지난 대회의 실패 원인 분석과 경쟁국을 이길 수 있는 필승 전략을 마련하고 철저하게 준비해야 합니다.

둘째, Worldskills의 Forum에 수시로 방문하여 이번 대회에 필요한 정보 수집에 만전을 기함은 물론, 회원국 Expert들과의 친교의 장이 되도록 최대한 활용하여야 합니다. 이 Forum만큼 정보 수집에 유익한 곳도 없다고 판단됩니다.

셋째, 국제기능올림픽대회의 흐름은 가능한 한 Module화와 더불어 투명한 경기 진행을 위해 끊임없이 시스템이 개선되고 있습니다. 따라서 훌륭한 Expert는 포상하여 칭찬하며 자질이 없는 Expert는 징계하는 안이 논의되고 있습니다. 따라서 어떠한 부정행위도 절대로 해서는 안 되며 오로지 실력으로만 승부해야 합니다.

넷째, 우리만의 강점이 될 수 있는 국제대회 직종을 적극 개발하여 새로운 직종을 제안하는 것이 꼭 필요합니다. 그리고 우리의 제안이 꼭 실현되기 위해서는 회원국을 설득시켜 끌어들이는 전략도 마련해야 합니다.

다섯째, 앞으로 국제기능올림픽대회의 Expert는 가급적 공식 언어인 영어, 독어, 불어 중 반드시 하나를 구사할 수 있는 전문가를 지명하도록 권장하고 있습니다. 우리도 글로벌화에 적극 대비해야 할 것입니다.

여섯째, 직종 정의와 경기 규칙은 기능올림픽대회의 헌법과도 같으므로 반드시 숙지하고 선수 지도에 임해야 합니다. 앞으로 온라인 테스트를 통하여 Expert의 자질을 검증하게 되며 우리나라는 그동안 평가 결과 최하위권에 머물고 있습니다. 이는 기능강국으로서 자존심에 관한 것으로 매우 부끄러운 일이기도 합니다.

이상은 기술대표회의를 통하여 느낀 내용의 일부입니다. 그동안 우리는 국제기능올림픽대회에서 자타가 인정하는 기능강국이면서도 아이러니하게도 국내적으로는 아직도 기능선진국이 되지 못한 것을 비롯하여 국제적으로는 국제기능교육 등의 문제를 선도적으로 리드하는 새로운 주역의 자리에 서지 못하고 있음은 매우 안타까운 일이 아닐 수 없습니다. 이는 아마도 미래를 위한 우리의 비전이 없었던 것으로 어쨌든 우리들이 풀어야 할 숙제가 아닌가 생각됩니다.

"세계는 모든 것이 변한다"고 21세기를 예견한 역사학자 '폴 케네디'와 '말콤 글래드웰'의 "2초의 판단"이 시사하고 있는 것처럼 항상 변화에 대비하고 준비한 자의 판단만이 새 역사의 주역이 된다는 사실입니다.

친애하는 국제심사위원, 부지도위원 그리고 관계자 여러분, 이러한 변화의 시대에 국가가 우리들에게 준 사명은 결코 아무에게나 주는 우연히 찾아온 기회가 아닙니다. 아무쪼록 여러분이 흘린 땀과 피나는 노력이 11월 시즈오카의 영광과 승리로 나타나길 기대합니다.

우리 모두 11월 시즈오카의 영광의 주역이 되어 기능한국의 자존심을 되찾읍시다. 끝으로, 지금까지 여러분들이 보여준 헌신적인 노력에 거듭 감사드리며 앞으로도 선수 지도에 최선을 다해 주실 것을 간곡히 당부 드립니다. 감사합니다.

2007년 4월 30일
국제기능올림픽대회 한국위원회
기술대표 서승직 올림

■ 2007년 일본 시즈오카대회 종합우승 탈환 이야기

나는 2006년 7월에 제5대 한국기술대표의 중책을 맡았다. 2005년 핀란드대회에서 최악의 성적으로 참패 이후 2007년 일본에서 열리는 39회 대회에서의 종합우승 탈환이라는 무거운 책임을 지게 된 것이다. 우선 2006년 경남 창원에서 열린 전국기능대회에서 기술을 총괄하는 기술위원장으로서 국제대회 방식인 기능인과 일반인이 함께하는 혁신적인 열린 대회를 개최하여 기능경기 활성화를 통해 기능한국의 부활을 위한 힘찬 시동을 걸었다. 이것은 전국기능경기대회에서 국제기능올림픽대회의 존재 가치를 알릴 수 있다고 생각했기 때문이다.

한국기술대표의 중책을 맡다

2007년 11월 일본 시즈오카에서 열리는 제39회 대회의 본격적인 준비는 2007년 3월 국제심사위원과 부지도위원이 함께하는 Workshop 개최로부터 시작됐다. 나는 2007년 4월 동경에서 열린 회원국 기술대표회의에 처음으로 한국기술대표 자격으로 참가하였다. 한국위원회에서는 강수인 씨가 기술대표를 보조하고 또 대회 정보 수집을 위해 동행했다. 나는 회의 첫날 한국기술대표로서의 스피치를 하였다. 당시 WSI 기술위원장은 아일랜드 기술대표인 Mr. Liam Corcoran이 맡고 있었는데 Corcoran은 나를 기능올림픽에 정통하고 경험이 아주 많은 전문가라고 회원국 기술대표들에게 소개하였다.

동경에서 열린 기술대표회의 참석

Corcoran은 2003년부터 2011년까지 기술위원장을 역임했다. Corcoran은 회원국 증가로 인한 심사위원의 자질이 떨어지자 심사위원의 자격시험을 강조했다. 온라인 테스트 등을 통하여 심사위원의 수준을 레벨 업시키기 위한 수단이었다. 당시 심사위원의 온라인 테스트 결과는 기술대표에게만 알려줬는데 한국은 최하위권에 머물고 있어 크게 당황하였다. 또 Corcoran은 2007년 대회에서 특히 기능올림픽 정신과 경기운영 윤리로 규정한 '5 Pillars of Worldskills'인 정직(integrity), 공정(fairness), 투명(transparency), 혁신(innovation), 협동(partnership)을 강조했다. 기능올림픽 정신은 개막식의 국제심사위원의 대표선서 시에도 자주 인용되는 내용이다.

그림 3-1　5 Pillars of Worldskills

첫날 저녁에 열린 환영행사에서 특히 에스토니아 기술대표인 Mr. Tonis Arvisto, 룩셈부르크의 Mr. Francois Ortolani가 크게 나를 환영해줬다. 이날 행사장에서 처음으로 일본 기술대표인 Mr. Koich Nishizawa 교수를 만났으며 또한 일본 기능올림픽 관계자들과도 인사를 했는데 벌써부터 한국에 대한 견제가 심하게 느껴졌다. 일본은 정규 직종 외에도 시범 직종 4직종, 주최국 직종 5개를 신설하여 야심차게 한국 타도를 외치며 종합우승을 목표로 준비하고 있었다.

나는 처음 기술대표가 됐지만 그동안 Expert와 Chief Expert의 경험이 많다고 해서 Jury President를 맡았으며 간혹 소그룹 회의를 이끌어야 하는 책무가 부여되기도 했다. 나는 8차례 국제심사위원을 하면서도 비록 외국어 실력은 변변치 못했지만 한 번도 통역을 대동하지 않고 국가가 준 사명을 모두 성공적으로 완수하였다. 하지만 일본대회 기간만큼은 나와 같이 항상 동행하면서 다각도에서 나를 도울 수 있는 일본통의 사람이 꼭 필요했다. 동경에서 기술대표회의를 하는 동안 마침 동경대학에서 근무하고 있던 제자인 주용선 박사에게 도움을 청했더니 11월에 시간을 내어 기꺼이 돕겠다고 연락이 왔다. 천군만마를 얻은 기분이었다.

동경에서 열린 기술회의의 주요 내용은 직종별 경기 준비사항에 대한 점검이었는데 준비가 매우 미진하여 각국 기술대표들로부터 불만이 쏟아졌다. 동경에서 회의를 마치고 경기장과 숙소를 방문하였다. 경기장은 시즈오카현 누마주시의 시립기술학교 근처 공터에 가설건물을 만들어 대회를 치를 예정인데 겨우 부지 조성이 끝난 상태였다. 주최 측에 완벽한 준비를 당부하면서 통상 경기 6개월 전에 열리는 기술회의는 마무리됐다. 나는 기술대표회의를 마치고 귀국 즉시 국제심사위원, 부지도위원 그리고 관계자들에게 기능한국의 팀워크를 다지기 위한 당부의 말을 전했다.

한국선수단은 일부 직종인 원형 직종의 대표선수 교체와 몰드메이킹 직종의 국제심사위원 교체 등은 있었지만 워크샵으로부터 시작된 204일간의 정신강화훈련, 정신교육을 포함한 합동훈련과 일부 직종의 전지훈련까지 차질 없이 모두 마쳤다. 마침내 한국선수단의 42개 직종 47명의 대표선수는 2007년 10월 31일 이상수 노동부 장관, 김용달 선수단장 등 관계자 300여 명이 참석한 가운데 결단식과 출전신고를 마치고 11월 11일 일본 시즈오카에 입성하였다.

한국선수단의 일본 시즈오카대회의 참가 목적은 '① 제39회 국제기능올림픽대회 종합우승, ② 기능강국으로서의 국제사회에 우수성 과시, ③ 국제무대에서 대한민국의 지위 향상'이었다.

출 전 신 고

신고합니다.

오는 11월 8일부터 22일까지 일본 시즈오카에서 개최되는 제39회 국제기능올림픽대회에 참가하는 우리 선수단 일동은 그동안 갈고 닦아온 최고의 기량을 충분히 발휘하여 우수한 성적을 거둠으로써 국위를 선양할 것을 굳게 다짐하며 이에 신고합니다.

2007. 10. 31

선수 대표 정형진, 이성순

노동부 장관 귀하

❂ 종합우승 탈환을 위한 힘찬 시동

나는 기술대표가 되어서는 처음 참가한 대회였던 만큼 기대도 됐지만 종합우승 탈환이라는 사명 완수가 무엇보다도 무거운 책임감으로 다가왔다. 국제심사위원(장)으로 참가할 때와는 전혀 달랐다. 특히 문제가 발생할 때마다 어떤 판단을 하는 것이 대한민국의 국익을 위하는 것인지를 스스로 결정할 때마다 참 힘들었다.

나는 대회 기간 동안 가급적 일찍 잠을 자고 매일 새벽 3시경에 일어나 어제 일을 다시 살펴보고 오늘의 전략을 수립하고 난 후 제일 먼저 식사를 했다. 그리고 매일같이 셔틀버스 운행 전에 걸어서 경기장으로 누구보다 일찍 출근을 했다.

한국위원회의 주요 참가자는 단장이면서 공식대표인 김용달 이사장, 공식참관인 김동회 이사, 사무국장 조영일 기능진흥국장, 선수감독 정성훈 기능경기팀장이었다. 경기장에서 만난 김용달 이사장님은 "나는 잘 모르는 분야이므로 교수님께 잘 부탁한다"고 편하게 말씀하셨다. 김동회 이사는 기능올림픽에 대한 차별된 열정과 합리적 사고로 운영업무를 총괄하였다. 또한 기능올림픽에 경험이 풍부하고 정통한 조영일 국장은 국제심사위원과의 소통이 원만하여 항상 든든했다.

좋은 결과를 만들 수 있었던 최상의 팀워크로 기억되며 전투사령관 격인 기술대표를 한마음으로 적극 지원하였다. 나는 기술대표로 취임하면서 한국위원회와의 최상의 팀워크를 강조하고 이를 구축하기 위해 노력했다. 특히 국제심사위원이 편안한 마음으로 대표선수를 지도할 수 있도록 환경을 만드는데 주력했다. 또 한편으로는 언론 기고 등을 통해서 기술·기능의 멸시천대 풍조의 타파는 물론 기능인들의 차별 없는 대우(待遇) 등을 위해 적극 대변해왔다.

공식적인 대회 기간은 C-7(경기 준비기간 7일), C1~C4(경기 기간 4일), C+3(경기 종료 후 3일)로 총 14일이다. 현재는 경기 비용 절감 차원에서 채점방법을 개선하여 C+1에 시상식과 폐회식을 진행하고 있다. 나는 한국 심사위원의 원활한 대회정보 파악과 공유를 위해 옥내배선 직종 심사위원인 이상국(1981년 미국 아틀란타 옥내배선 금메달리스트 출신) 사장을 간사로 하는 연락망을 구성하고 운영하였다. 하지만 직종마다 직종 정의가 다르고 경기 운영시간이 달라 계획처럼 연락망 운영이 여의치는 않았다. 따라서 나는 전날 상황 보고가 들어오지 않은 직종은 직접 그 직종의 경기장으로 가서 상황을 파악하는데 주력하였다.

대회를 준비하면서 다소의 문제가 발생했다. 특히 한국선수단의 공구가 일본 공항에서 통관이 지연된 것과 각 직종별로 크고 작은 문제가 생겼다. 급기야 주용선 박사가 동경까지 가서 공구와 재료를 구해오는 일까지 벌어진 것이다. 나는 냉동기술 직종의 Jury President(평가위원장)를 맡았는데 수시로 경기장을 방문하여 경기 운영을 감독하고 승인해주는 임무를 수행하였다. 하지만 머릿속에는 늘 한국선수단에 대한 생각뿐이었다.

내가 평가위원장을 맡은 냉동기술 직종의 심사장은 호주 출신 Mr. John Kuilart가 맡았는데 직종 운영은 크게 나쁘지는 않았지만 경험이 많은 전문가라고 치켜세워 줬더니 충실하게 노력하여 큰 문제는 되지 않았다. 다행히도 경기가 끝날 무렵에는 진행이 원만해져서 Jury President로서 최종 경기결과를 승인 사인하면서 그래도 좋은 평점을 주었다. 경기 기간 중에도 매일 오후 2시부터 3시까지 1시간 동안 Jury President 회의가 열리는데 회의 때마다 긴장의 연속이었다. 왜냐하면 이 회의에서는 모든 직종의 문제를 보고하는데 모두가 '타도 한국'을 외치고 있었기 때문이었다.

기술대표는 경기규칙상 모든 직종의 경기장 방문과 자국 선수는 물론 자국 심사위원과의 접촉을 자유롭게 할 수 있는 특권이 있다. 나는 경기 첫날 한국선수가 참가하는 전 직종 경기장을 방문하였다. 드레스메이킹 직종의 양민석(1977년 네덜란드 유트리히트대회 양장 금메달리스트) 한국 심사위원은 전문가로서 줄자를 목에 걸고 한 손에는 가위를 들고 심사위원들에게 시범을 보이면서 직종을 리드하고 있는 모습을 보니 든든하였다. 그리고 내가 한때 심사위원으로 봉사했던 배관 직종의 박병철(1983년 오스트리아대회 배관 금메달리스트) 심사위원도 침착하게 최선을 다하고 있는 모습이 좋은 결과가 있을 것이라는 예감이 들었다.

또한 믿음직한 대학 선배로 조적 직종 심사위원인 황규섭 ㈜ED 고문도 계획대로 작업이 잘 진행되고 있었다. 그러나 경기 마지막 날 황규섭 고문으로부터 매우 급한 전화가 왔다. 한국 대표선수인 송세훈 군이 작업 마무리 과정에서 잘못하면 감점을 받을 수가 있는데 내용을 모르고 작업하는 것 같아 매우 걱정이라는 것이었다. 기술대표가 방문하여 한번 선수를 격려하면서 확인해 줬으면 하는 부탁이었다. 급히 경기장을 방문하여 다행히 해결이 되었다. 황규섭 고문은 조적 직종 한국 최초로 금메달 선수를 육성한 조적 분야의 전설로 통하는 한국선수단의 최고 연배의 심사위원인데 천신만고 끝에 마침내 송세훈 군을 금메달리스트로 만들었다.

그러나 일부 직종에서는 심사위원이 포럼 활동을 하지 않은 결과로 정보 부족 등으로 안타깝게도 입상권에서 멀어지고 있는 경우도 보였다. 경기 중에는 매일 기술대표로 구성된 Jury President 회의를 하는데 타국 선수에 대한 문제가 거론될 때마다 매우 긴장이 되었다. 직종마다 타도 한국을 외치고 있었기 때문이다.

대회 마지막 날 경기가 거의 끝날 무렵인 11월 18일 오후쯤에 일본 기술대표인 Nishizawa 교수가 한국기술대표인 나를 급히 찾는 연락이 왔다. 서로 영어가 신통치 않아 일본통인 주용선 박사를 데리고 급히 약속한 장소로 갔다. 왜냐하면 며칠 전에도 한국선수에 대한 문제를 제기한 적이 있어서 무슨 일인지 매우 궁금했다. 뜻밖에도 제7회 국제 장애인 기능올림픽대회 시상식을 TV로 같이 시청하고 싶어서 찾았다는 것이었다. 왜 갑자기 Nishizawa 교수가 나에게 호의를 베푸는지는 알 수 없으나 그래도 다행이었다. 챙겨야 할 일은 많았지만 호의를 박차고 바로 자리를 뜰 수가 없었다. 얼마 후 감사 인사를 하고 자리를 떴다.

　시즈오카대회에서는 경기 종료 후인 1일차(C+1)와 2일차(C+2)에 채점을 하고 3일차(C+3)에 시상식 겸 폐회식이 열렸다. 일부 직종 심사위원의 채점 결과로 볼 때 일본을 누를 것으로 다들 기대를 하고는 있었다. 나도 나름대로 집계자료를 분석한 결과 일본보다 우위를 차지할 것으로 확신은 했지만 이 내용을 밖으로 말할 수는 없었다. 이상국 사장은 컴퓨터 분야에 특히 재능이 많은 보배 같은 전문가였는데 CIS(대회 정보시스템)에서 운영하는 프로그램을 갖고 있어서 경쟁국과의 100점 만점의 정확한 자료만 있으면 직종마다 표준편차를 반영한 400~600점으로 환산 점수(Worldskills Scale)를 정확히 산출할 수 있었다. 그러나 직종의 전 선수에 대한 결과를 아는 것은 결코 쉬운 일이 아니다.

✪ 감격의 종합우승 탈환

　결과 발표는 총회에 앞서 기술회의에서 먼저 발표되고 총회에서 인준을 받는다. 그리고 총회가 끝난 당일 저녁에 시상식이 열린다. 기술회의에서는 CIS에서 출력된 경기 결과를 회원국 대표에게 1부씩 배포하는데 이 순간을 'Computer Says'라고 말한다. 각국 기술대표로 구성된 기술회의장 뒤에서 결과를 기다리던 조영일 국장은 자료가 배포되자마자 다가와 종합순위 기준인 총 메달점수로 종합우승임을 함께 확인하고 자료를 가지고 즉시 밖으로 나갔다(규정대로 하면 밖으로 반출해서는 안 되는 시간이다).

　아마도 종합우승의 쾌거를 정부에 알릴 보고서 작성과 언론 발표자료를 만드는 것이 급했던 것 같다. 예상대로 한국은 주최국 일본을 누르고 목표했던 종합우승을 차지한 것이다. 김용달 공식대표와 나는 감격의 인사를 나누었다. 그리고 2010년 기능올림픽총회 개최지를 자메이카 킹스턴으로 결정한 투표를 끝으로 일본 시즈오카에서의 총회는 모두 마무리됐다.

한국은 '총 메달점수' 88점(금 10, 은 9, 동 5, 우수 11을 점수로 반영한 결과)을 획득하여 74점(금 12, 은 4, 동 3, 우수 8)을 획득한 일본을 누르고 종합우승을 차지했다. 일본은 우리보다 금메달을 2개나 더 땄지만 2005년부터 금메달 우선순위의 모순을 개선한 '총 메달점수' 제도가 적용됐기 때문이다. 관행적으로 종합 순위를 결정하는 총 메달점수 비교지표 외에도 기능올림픽이 추구하는 회원국의 기술교육 증진과 기술력 비교와 분석에 이용될 수 있는 3개의 비교지표가 발표됐다.

나에게 있어서 2007년은 지난 2005년 핀란드대회에서 정상에서 밀려난 자리를 탈환한 특별한 추억이 담긴 대회다. 그리고 시즈오카 대회는 한국이 기능강국다운 풍성한 기록을 세운 성공적인 대회였다. 금메달리스트인 한국의 이미용 임옥진, 드레스메이킹 이성순, 웹디자인 박주헌, 배관 이영신, 귀금속공예 강가람 선수 등이 상위 20명(Top Twenty)에 뽑히는 기록도 세웠다. 나는 기술대표 권한으로 결정하도록 돼 있는 한국최고선수(WSC2007 Best of Nation)로 이미용 직종의 임옥진 선수를 선정했다. 국가별 최고선수는 환산점수가 가장 높거나 가장 최상위 메달을 획득한 선수 중에서 선정한다.

알리고 싶은 담화도 참 많다. 일부만 거론하는 것이 미안할 따름이다. 그동안 유럽국가에 밀려 입상하지 못했던 제빵 직종에서 리치몬드과자점 소속의 조주희 선수가 처음으로 값진 동메달을 획득했다. 이는 한국제과협회 회장을 역임하고 코른베르그 과자점 대표인 서정웅 명장의 열정으로 만든 작품이다. 서 명장은 나와는 동년배라서 그런지 항상 든든했다. 한편 모바일로보틱스 직종에서도 ㈜디엠비에이치 대표인 카이스트 출신 로봇박사 박용길 박사가 지도한 구미전자공고 한성용, 김재봉 선수가 처음 출전하여 동메달을 획득하는 개가를 올렸다.

이처럼 결과의 내용이 말하듯이 한국은 명실상부한 세계 최고의 기능강국의 자리를 탈환하는데 성공했다. 이것은 오로지 한국 선수단의 시스템에서 얻은 승리라고 생각한다. 42개 직종에 참가한 47명의 선수와 42명의 국제심사위원이 적재적소의 필요한 지원을 받아 이룩한 나의 업적이 아닌 우리 대한민국의 업적인 것이다.

하지만 정부가 꼭 알아야 할 교훈은 한국이 비록 종합우승을 차지해 일본과 유럽의 기능선진국을 이겼다고 해서 당장 제조업 무대에서 'Made in Korea'가 'Made in Japan'보다 월등한 것을 의미하는 것은 결코 아니라는 사실이다. 일본대회에서 우리가 목표로 했던 종합우승은 탈환했지만 종합우승이 남긴 숙제는 참 많다. 좋은 성적을 거둘 때마다 기능인이 제대로 대우받는 사회를 만든다고 약속은 쉽게 했지만 말잔치로 끝난 것이 한두 번이 아님도 되돌아봐야 할 것이다.

기능경기를 통해 본 기능한국의 시급한 혁신의 과제는 기능강국에서 기능선진국이 되기 위한 시스템 구축이다. 이번 대회도 마찬가지지만 기능강국을 내세우기 위한 메달만을 따는 대표선수 육성보다는 직업교육의 본질의 현상에서 표출되는 결과가 진정한 기능선진국임을 결코 잊어서는 안 된다. 이것이 진정한 명품 'Made in Korea'를 만드는 동력으로 제조업의 경쟁력인 것이다. 또 42개 직종에서 42명의 통역을 대동하는 것도 정말 창피한 일이다. 글로벌 전문가로서의 국제심사위원 육성도 선수 육성 못지않게 중요한 사항이다.

끝으로 종합우승의 쾌거로 국위를 선양한 영광의 주역이 되신 선수단 여러분! 정말 감사합니다. 그리고 정말 수고하셨습니다. 여러분은 '역경'을 딛고 종합우승 만들기의 노하우를 쌓았고, 이는 좋은 '경력'이 되어 선수단 여러분들을 한층 업그레이드시켰다는 사실을 꼭 기억해 주십시오. 마지막으로 한국선수단에 보내온 노무현 대통령의 축하 메시지를 소개한다.

✪ 기고문

■ '기능강국 코리아' 벼락치기론 어렵다

　한국 선수단은 지난달 21일 일본의 시즈오카에서 폐막된 제39회 국제기능올림픽대회에서 주최국 일본을 누르는 통쾌한 승리로 종합우승을 차지했다. 이번 대회 결과는 핀란드대회 참패 이후 이루어낸 설욕일 뿐 아니라 기능한국의 저력을 유감없이 보여 준 쾌거다.

　기능올림픽 역사상 이번 대회만큼 힘든 대회는 없었다. 왜냐하면 일본이 이번 대회를 유치하면서 기존의 정식 직종 38개와 시범 직종 4개 분야 외에도 일본이 절대 유리한 5개 분야를 주최국 직종이라는 명목으로 새롭게 추가하면서 우승을 노리고 있었기 때문이다. 그러나 우리는 모든 분야에서 월등한 기량으로 일본을 압도했다.

　당초 우리가 승리하리라고 믿는 사람은 거의 없었다. 우리의 쾌거는 핀란드대회 참패 이후 새로 구성한 합동훈련단의 시스템 승리라고 말할 수 있다. 특히 204일이라는 합동훈련을 잘 견디어낸 선수는 물론 선수 지도에 헌신과 열정을 다한 지도위원의 노력과 후원업체들의 정성어린 지원, 그리고 그동안 14번이라는 우승을 한 기능강국의 노하우를 하나의 시스템으로 결집시킨 한국위원회의 계획이 값진 결과를 가져왔다.

이제 한국선수단의 임무는 끝났지만 끝은 아니다. 이번 대회를 통해 본 기능강국이 명실상부한 기능선진국이 되기 위한 조건을 살펴본다.

첫째, 지금과 같은 기술교육 시스템으로는 기능강국 유지가 어려운 것은 물론 더는 전문교육이 경제성장의 동력이 될 수 없다. 기능올림픽은 단순한 기능만을 겨루는 경기가 아니며 더욱이 단기간의 훈련만으로 참가할 수 있는 것이 아니다. 시대에 따른 첨단 산업설비의 운용이나 정비 등에 필요한 고도의 기술력을 경쟁하는 경기로 발전되고 있는 것이 현실이다.

따라서 현재와 같은 전문교육 시스템으로는 기능올림픽에서의 경쟁은 물론 새 시대를 위한 산업인력 양성마저도 기대하기 어렵다는 게 이번 대회를 경험한 지도위원들의 한결같은 지적이다. 그동안 우리는 직업교육의 본질적인 문제를 해결하기보다는 손쉬운 현상의 변화만으로 해결책을 모색하려 했다. 무엇보다 제대로 된 '산업인력 양성'을 위한 교육 시스템 구축이 시급하다.

둘째, 지도자의 헌신과 열정은 어떤 교육 인프라를 갖추는 것보다도 중요하다. 경기기간 중 경기장에서 선수와 호흡을 같이한 아름다운 프로정신을 가진 지도자들이 있었기에 우승이 가능했다.

셋째, 메달리스트와 같은 우수한 자원으로 전문가 양성 시스템을 구축해 국가 발전의 핵심 동력으로 키워야 한다. 전문가 탄생이나 신기술은 저절로 개발되는 것이 결코 아니다. 숙련된 기술자의 양성과 신기술 개발은 우리의 생존과도 직결되는 국가 경쟁력이며 세계 일류를 만드는 경쟁력의 핵심이다.

따라서 이번 대회에 기능강국의 위상을 과시한 것도 중요하지만 더 중요한 것은 올림픽 메달리스트나 우수 기능 인력을 국가 핵심 전력으로 육성하는 일이다. 이런 현실적인 대책이 전문계 고교생은 물론 기능인에게 큰 희망이 될 것이다. 무엇보다도 이번 대회의 종합우승은 값진 쾌거지만 더 중요한 것은 기능강국에서 명실상부한 기능선진국이 되기 위한 시스템을 갖추는 일이다.

특히 산업인력 양성을 위한 시스템 구축, 지도자의 열정 그리고 전문가 양성 프로그램 등은 외면하는 직업교육을 새롭게 육성할 수 있는 핵심 키워드다. 아무쪼록 현실의 문제가 제도적으로 정착돼 기능강국에서 기능선진국으로 발전하길 기대한다.

동아일보 2007년 12월 3일

■ 기능 선진국의 조건

금년에 41번째를 맞이하는 전국기능경기대회는 역사와 전통을 자랑하는 기능인의 제전으로 매년 16개 시·도를 순회하면서 개최하고 있다.

그 동안 기능경기를 통해 배출된 우수한 기능 인력은 국위선양은 물론 산업발전의 성장동력으로 크게 기여해왔다. 그러나 작년 핀란드 국제기능올림픽대회에서 기능한국의 추락은 많은 국민에게 충격과 실망을 안겨주기도 하였다. 이는 어쩌면 열매를 보면 나무를 알 수 있는 것처럼 본질을 망각하고 있는 우리 실업교육 실상의 한 단면이라고 해도 결코 과언은 아니다.

더욱 안타까웠던 것은 때때로 실업교육이 정치권에서 뜨거운 이슈가 되어 실업고 껴안기식 선심성 정책만 난무했다는 사실이다. 결과적으로 이는 또 다른 기이한 현상의 변화로 본질적인 실업고의 문제 해결만 더욱 어렵게 하였을 뿐이다.

아이러니하게도 우리는 국제기능올림픽대회에서 14번씩이나 종합 우승한 전대미문의 기능강국이면서 아직까지도 기술과 기능의 가치를 제대로 인정하고 대우하는 명실상부한 기능선진국 풍토를 조성하지 못했다는 사실이다. 지금 우리 현실에서 본 '기능 선진국' 조건을 살펴본다.

첫째, 실업교육은 '산업 인력 양성'이라는 본래 목적에 충실해야 한다. 그동안 우리는 기술의 시대적 변화에 대처하는 실업교육의 본질적 문제마저도 임기응변적인 현상의 변화로만 그 해결책을 모색해온 것이다. 그 결과 지금 실업교육은 그 설립 목적조차도 퇴색해버린 교육 양극화 지경에까지 이르게 된 것이다.

이는 모두의 방관 속에 성장동력을 스스로 무너뜨린 것이다. 때로는 현상의 변화는 본질의 혁신과 개혁을 촉진하기 위한 방법은 될 수 있으나 결코 본질의 목적을 벗어나서는 안 된다. 따라서 기능올림픽은 적극 장려하여 성장동력으로 육성해야 하지만 이것이 실업교육 본질의 목적이기보다는 충실한 실업교육의 결과에서 비롯될 수 있는 정책이 필요하다.

둘째, 말뿐인 기능인 우대정책보다는 제대로 대우하는 현실적인 정책이 더 절실하다. 우대정책은 차치하더라도 기능인을 제대로만 대우했다면 우리 실업교육은 결코 지금에 이르지 않았을 것이다. 또 최근에는 기능이라는 이름은 천대·멸시 등 낙인(stigma)이 붙었기 때문에 다른 말로 바꾸자는 의견이 있으나 이는 본질의 시스템 개혁이 이루어지지 않는 한 자칫 포장만 달리한 보여주기 식의 현상의 변화에 불과한 것이다.

따라서 이공계 기피라는 시대적 현실 속에서 만연된 기술과 기능 경시 풍조를 해소하는 길은 오로지 기술과 기능을 제대로 인정하는 가치의 존중과 보상이 있어야 한다는 사실과 여기에다 기능인 우대라는 정책의 가미는 기능인들의 매력을 끌기에 충분할 것이다.

셋째, 우수한 기능 인력은 경제발전의 성장동력으로 흡수해야 한다. 왜냐하면 기술과 기능 인력은 우리 생존과도 직결되는 국가경쟁력의 핵심이기 때문이다. 따라서 세계 일류제품 경쟁에서 절대 우위의 점유는 우수한 기술과 기능 인력을 확보하지 않고는 불가능한 일이다.

그러므로 기능올림픽에서 금메달을 따는 것도 중요하지만 더욱 중요한 것은 무엇보다도 기능올림픽 메달리스트는 물론 우수한 기능 인력을 국가 핵심 성장동력인 숙련된 전문가로 육성하는 시스템이 구축돼야 한다는 것이다. 그리고 이와 같은 설득력 있는 비전의 제시는 실업고생과 기능인들에게 큰 희망이 될 것이다.

이상의 조건은 무엇보다도 3조건을 하나의 시스템 속에서 연계하는 삼위일체의 기능 활성화 정책만이 기능선진국을 가능케 한다는 사실이다.

이번 제41회 전국기능경기대회는 여타 대회보다도 다른 의미를 갖는 것은 무엇보다도 국제대회 방식인 기능인과 일반인이 함께하는 열린 대회의 원년으로 기능 활성화를 위한 의지뿐 아니라 내년 일본에서 열리는 제39회 국제기능올림픽대회에서 실추된 기능한국 부활을 위한 열정이 담겨 있기 때문이다.

그러나 모두가 바라는 궁극적인 목적은 우리나라가 명실상부한 기능선진국이 되어 국가 경쟁력을 한층 높이는 것이다. 아무쪼록 이번 기능경기대회가 실업교육 부활을 위한 새로운 전기가 됨은 물론 침체된 기능인의 사기 진작과 기능풍토 조성에 있어서도 금메달이 나올 수 있는 명실상부한 기능인들의 축제 한마당이 되길 기대한다.

매일경제 2006년 9월 26일

■ 기능강국이 '기능선진국' 되려면

한국이 지난달 21일 일본 시즈오카에서 폐막된 제39회 국제기능올림픽대회에서 주최국 일본을 누르고 종합우승을 했다. 기능올림픽 역사상 이번만큼 힘든 적은 없었다. 일본이 정식 직종 38개와 시범 직종 4개 분야 외에도 주최국 직종이란 명목으로 자신들이 절대 유리한 5개 직종을 추가하는 등 우승을 위해 치밀하게 준비했기 때문이다.

그럼에도 우리 선수는 유럽의 강호는 물론 일본을 모든 분야에서 월등한 기량으로 압도했다. 메달 포인트(한국 88점, 일본 74점), 참가 선수 평균 점수(한국 527.38점, 일본 515.59점), 평균 메달 포인트(한국 2.38점, 일본 1.80점) 등의 결과가 말해주듯 완벽한 승리였다. 당초 우리가 우승할 것이라고 예상한 사람은 거의 없었지만 우리는 지난번 핀란드대회에서 참패한 이후 새롭게 구성한 합동훈련단 시스템 덕분에 우승할 수 있었다. 그러나 이번 우승이 우리가 기능선진국이 됐다는 것을 대변하는 건 결코 아니다. 이번 대회와 우리 전문계고의 실상에 비춰 명실상부한 기능선진국이 될 수 있는 조건이 무엇인지 살펴본다.

첫째, 지금과 같이 기초 없는 기술교육 시스템으로는 기능강국을 유지할 수 없다. 전문계 교육도 더 이상 경제성장 동력이 될 수 없다. 기능올림픽은 과거와 같이 단순 기능만을 겨루는 경기가 아니다. 첨단 산업설비 운용·정비 등 고도의 기술력을 경쟁하는 경기로 발전하고 있다. 따라서 설립 목적마저 퇴색하고 교육 양극화로까지 심화된 우리의 전문교육 시스템으로는 기능올림픽 경쟁은 물론 새로운 산업인력 양성마저 기대하기 어렵다는 게 이번 대회를 경험한 지도위원들의 한결같은 지적이다. 그동안 우리 직업교육의 문제는 본질 해결보다 손쉬운 현상 변화에서 해결책을 모색한 데 있다. 그 결과 모두가 외면하는 불량품만을 양산하게 됐다. 이제는 산업인력을 양성하는 제대로 된 교육 시스템을 구축해야 한다.

둘째, 지도자의 헌신과 열정은 어떤 교육 인프라보다 중요하다. 이번 대회에는 기능올림픽 역사상 가장 많은 선수와 각국 관람자가 몰렸다. 우리나라의 많은 관계자도 경기장을 방문해 선수들을 지도하고 응원했다. 그러나 불과 20~30분의 시간 할애로 출장 목적을 마치고 경기장을 떠난 지도자가 있는가 하면, 경기 기간 내내 경기장에서 선수와 호흡을 같이한 지도자도 있었다. 무엇보다 지도위원들의 헌신과 열정이 금메달리스트를 탄생케 한다는 것을 새삼 느꼈다.

셋째, 전문가 양성 시스템을 구축해 메달리스트와 같은 우수 자원을 국가 발전의 핵심 성장동력으로 키워야 한다. 전문가나 신기술은 저절로 탄생하지 않는다. 숙련된 기술자 양성과 신기술 개발은 우리 생존과도 직결되는 국가 경쟁력이며 세계 일류를 만드는 경쟁력의 핵심이다. 따라서 이번 대회에서 기능강국의 위상을 과시한 것도 중요하지만 올림픽 메달리스트나 우수 기능 인력을 국가 핵심 성장동력으로 육성하는 일이 더 중요하다. 이 같은 대책은 전문계 고교생은 물론 기능인에게 큰 희망이 될 것이다.

가장 중요한 것은 명실상부한 기능선진국으로서 본질적인 시스템을 갖추는 일이다. 특히 기초가 튼튼한 산업인력 양성 시스템 구축, 지도자 열정, 전문가 양성 프로그램 등은 갈수록 외면당하는 직업교육을 새롭게 육성할 수 있는 핵심 키워드다. 이런 현실 문제가 제도적으로 정착돼 기능강국에서 기능선진국으로 발전하길 기대한다.

중앙일보 2007년 12월 4일

■ 기능과 실력을 중시하는 공정사회를

제45회 전국기능경기대회가 역대 최대 규모인 56개 직종에서 2151명의 기능인이 참가한 가운데 7일부터 일주일 일정으로 인천시에서 열리고 있다. 전국기능경기대회는 기능인 최고의 축제로 특히 전문계 고교생에게는 희망의 무대로 통한다. 나도 한번 최고의 기술자가 되겠다는 기능인만의 소박한 꿈을 담고 있다. 이런 열정이 원동력이 돼 한국은 세계 10위권의 경제성장을 이뤘고 기능올림픽에서 16번이나 종합우승하는 쾌거를 이룩했다. 학벌이 아닌 실력으로 이룩한 진정한 국가경쟁력이다.

한국은 세계가 인정하는 기능 최강국이다. 그러나 기능강국의 역량을 제조업으로 끌어들이지 못한 시스템의 부재로 기능선진국이 되지 못했다. 기능인재가 국가발전의 성장동력이 되지 못한 큰 걸림돌은 학벌을 중시하는 만연된 교육정서 때문이다. 실력은 무한한 경쟁력의 보고임에 틀림없지만 우리의 현실은 여전히 실력보다 학벌을 중시한다. 실력을 중시하는 품격 있는 사회를 만들기 위해서는 본질을 바꾸는 단계적인 개혁을 이루지 않고서는 불가능하다.

전문계고를 살리고 우수한 기능인재를 경쟁력으로 끌어들여 실력을 중시하는 사회를 만들기 위해서는 기능인재를 제대로 육성할 직업교육시스템을 구축하고 기능인을 우대하는 안정된 일자리를 창출해야 한다. 우수한 기능인을 마이스터(명장)로 육성하는 시스템 구축과 실력보다 학벌을 중시하는 교육정서 타파도 중요하다.

전문계고가 많이 개선됐다고 하지만 아직도 직업교육의 본질에서 크게 벗어나 있다. 모든 것이 대학으로 통하는 교육정서에 편승해 본질에 충실하기보다 연계교육 같은 임기응변적인 정책에 안주한 결과다. 마이스터고가 최고의 숙련전문가인 마이스터 육성을 목표로 한다면 본질에 충실하는 교육 시스템을 구축해야 한다.

말로는 항상 기능인을 우대해야 한다고 하지만 제대로 대우(待遇)를 하지 못하는 것이 현실이다. 기능강국의 우수한 자원을 산업현장의 경쟁력으로 흡수해야 한다. 이를 위해서는 기능인을 제대로 대우하는 안정적인 일자리를 보장해야 하며 산업 현장에서의 고충도 국가가 제도적으로 해결책을 모색해야 한다.

매월 기능 한국인을 선정해 격려하는 일이나 최고의 숙련전문가를 선발해 '대한민국 명장' 칭호를 주는 제도는 품격사회를 다지는 초석이므로 적극 장려해야 한다. 올림픽에서 메달을 따는 일도 중요하지만 메달리스트나 우수한 전문계고 출신을 숙련전문가로 육성해 국가적인 브랜드로 키워야 한다. 전문가의 탄생이나 신기술은 저절로 얻어지는 것이 결코 아니다. 우리 청소년들은 25회에 걸쳐 국제 기능올림픽대회에 출전해 총 482명이 메달을 획득했지만 15% 정도가 국가발전의 성장동력이 되지 못했다. 안타까운 국력 손실이다.

품격있는 사회는 학벌보다 실력을 중시하는 사회다. 경쟁력 있는 품격 사회는 앞서 언급한 본질적인 핵심을 로드맵으로 하는 시스템을 구축해야 이룩할 수 있다. 이는 국가 브랜드의 가치를 높이는 성장동력으로 21세기 지식기반사회를 주도할 부가가치가 큰 경쟁력이기도 하다.

아무쪼록 이번 전국기능대회가 학벌보다 실력을 중시하는 사회를 만들기 위한 교육정서 전환의 계기가 되기를 기대한다. 국가경쟁력을 키우는 일이나 품격 사회를 이룩하는 일은 학벌이 아닌 실력임을 결코 잊어서는 안 된다.

동아일보 2010년 9월 11일

■ 전문가 키우는 '마이스터 고교'의 성공 조건

정부는 미래형 직업 분야의 전문가 양성을 위해 마이스터고 20개를 키울 계획이다. 전문계 고등학교인 마이스터고는 기존 우수 특성화고 중에서 지정하고, 학교당 25억 원(총 500억 원)씩 지원한다고 한다. 정부 계획대로라면 2011년까지 50개의 마이스터고가 생긴다. 마이스터고의 설립은 전문계 고교의 본질 회복이라는 의미에서 크게 환영할 만한 일이다. 현재의 전문계 고교는 본질이 변질돼 더 이상 직업교육의 완성 학교가 되지 못하고 있기 때문이다.

마이스터고는 이명박 정부의 '고교 다양화 300 프로젝트' 중 핵심 과제다. 마이스터고가 21세기 국가 발전을 위한 새로운 희망의 성장 동력이 되도록 하기 위해 정책 당국은 무엇보다 우리의 교육정서와 전문계 고교의 실상부터 정확히 파악해야 한다. 기능올림픽에서 15번이나 종합우승한 기능강국이면서도 기능선진국이 되지 못한 것은 무슨 이유인지 곱씹어 보는 일부터 시작해야 한다는 뜻이다. 마이스터고의 성공을 위해선 세 가지 조건이 충족돼야 한다는 게 필자의 생각이다.

첫째, 21세기 국가 핵심 전략 산업을 예측하고 이를 위한 산업기술 전문가를 양성한다는 전제를 세워야 한다. 이런 전제에 충실할 수 있는 교육시스템을 우선 구축해야 한다. 둘째, 졸업생을 제대로 대우하는 확실한 직업을 제도적으로 보장해야 한다. 전문계 고교생 10명 중 7명이 대책 없는 진학의 길을 택하는 것도 제대로 대우하는 직업이 보장되지 않았기 때문이다.

셋째, 우수한 졸업생을 분야별 최고의 마이스터로 육성하는 시스템을 구축해야 한다. 전문가 탄생이나 신기술은 저절로 개발되는 것이 아니다. 마이스터고의 우수한 졸업생을 국가나 기업이 나서서 전문가로 양성해 브랜드의 가치를 높이고 이들의 기술력이 국가의 성장동력이 되도록 해야만 독일과 같은 존경받는 마이스터가 탄생될 수 있다.

이들 세 가지 조건은 한결같이 중요하다. 이들을 하나의 시스템으로 연계하는 '삼위일체의 정책'으로 추진할 때 명실상부한 마이스터고가 될 것이다. 아무쪼록 이번 마이스터고의 설립이 늘 그랬던 것처럼 명칭이나 간판만 바꾸는 보여주기식의 변화가 아닌 새롭고 효율적인 개혁이 되기를 기대한다.

중앙일보 2008년 5월 14일

헌신과 열정이 만든
캘거리의 영광

2009년 캐나다대회 6개월 전 캘거리에서 열린 WSI 총회에서는 환경 친화적인 대회 운영과 운영비 절감을 위한 통역시스템(WSI의 공식회의에서는 영어, 불어, 독어가 동시통역되었음. 일본은 자국 부담으로 일본어 통역을 해 왔음) 개선방안이 논의됐다. 친환환경적인 기능올림픽대회 운영은 내가 제안한 4R-Reuse(재사용하기), Reduce(절약하기), Recycle(재활용하기), Regenerate(재생하기) 운동이 채택되었다. 통역시스템 제안에 대해서는 스위스가 자국의 4개 언어(영어, 불어, 독어, 이태리어) 소통을 예로 들면서 반대하여 더 논의하기로 하였다.

캐나다대회의 총회 빅 이슈로는 독일과 프랑스가 경합을 벌이는 2013년 43회 기능올림픽대회 유치전이었다. 프랑스는 이미 오래전부터 유치에 공을 많이 쏟았으며 주한 프랑스대사가 한국위원회를 방문하여 지지를 부탁할 정도였다. 또한 나에게도 지지를 부탁하는 메일을 보내왔다. 독일은 뒤늦게 유치 신청을 하고 경합에 합류한 것이다. 프랑스는 WSI 부회장이며 전략위원회 위원장인 마담(Mme) Marie-Thèrése Geffroy가 유치 제안 발표를 하였다. 회원국마다 1표만을 행사하여 결정하는 투표가 시작됐다. 나는 프랑스에 마음을 두고 있었으나 유재섭 단장과 우리나라에 더 많이 직업교육에 도움을 준 독일을 지지하기로 하였다. 투표 결과 23 대 22로 독일로 결정된 것이다. 우리의 한 표가 이렇게 운명을 바꿀 줄은 정말 몰랐다.

제40회 캐나다 캘거리 기능올림픽대회에서는 공식 후원사인 삼성전자 이재용 전무가 미국에 업무수행을 위해 체류 중에 캘거리 경기장까지 방문하여 선수들을 격려한 것은 일찍이 볼 수 없었던 일로 종합우승 수성의 동력이 됐음은 크게 감사할 일이다. 또한 이 전무가 선수들을 격려하는 자리에서 "제조업의 힘은 현장에 있고, 현장의 경쟁력은 기능 인력에서 나온다"고 한 말은 매우 고무적인 일로 기억된다. 우수 기능 인력 없이는 제조업 강국이 될 수 없다는 현장에 정통한 경영자의 목소리다. 이는 국가의 정책 입안자들이 깊이 새겨들어야 할 말이다.

✖ 캐나다 캘거리에서의 세계 제패

승리의 감동과 영광은 잠시지만 그 감동과 영광은 결코 단시간에 만들 수 없으며 또 영원할 수도 없다. 내일의 영광과 감동은 이미 계획되고 지금 만들어가고 있다. 제40회 국제기능올림픽대회의 쾌거는 한마디로 한국선수단의 헌신과 열정으로 일궈낸 값진 결과다. 이번 캘거리대회의 마무리는 어느 때보다도 분주했다. 바쁘게 돌아가는 일정 속에서도 다음 대회를 위한 자료 수집과 기능강국의 노하우를 배우려는 각국 지도자들의 열정은 경기를 하는 선수들 못지 않았다.

한국은 이번 대회에서 기능올림픽의 역사를 새롭게 쓰는 통산 16번 종합우승이라는 전대미문의 기록으로 기능강국 코리아의 위상을 온 세계에 과시했다. 더욱이 산업인력 양성을 해야 할 전문계고가 교육의 양극화로 심화돼 있고 기능인이 제대로 대우받지 못하는 기능경시 풍조 속에도 기능선진국인 제조업 강국들을 물리치고 기능올림픽의 역사를 새로 쓴 것은 기적 같은 일이다.

한국이 기능강국이라지만 캘거리의 영광은 당연하거나 우연하게 이룬 것은 결코 아니다. 지난 수년 동안 이들을 발굴하고 지도한 지도자의 헌신과 열정이 있었기에 가능한 일이다. 이공계 기피와 만연된 기능경시 풍조로 인한 사회의 무관심 속에서도 비인기 분야 대표선수라는 자신과의 싸움과 갈등을 극복할 수 있도록 정신적인 지주가 돼 생사고락을 함께 한 숨은 지도자의 피나는 노력이 마침내 결실을 맺은 것이다. 국가대표 합숙소로는 도저히 믿어지지 않는 열악한 환경을 딛고 선수들의 다짐대로 마침내 세계 최고가 돼 국위를 선양한 것이다.

한국선수단은 이번 캘거리대회에 45개 직종 중 40개 분야 45명의 선수를 비롯하여 심사위원 40명, 통역요원 40명 그리고 한국위원회 관계자 등 모두 144명이 참가하여 모든 평가 부문(금메달 13개, 메달 포인트 86점, 평균 메달 포인트 2.21점 등)에서 역대 최고의 기량을 발휘해 종합우승을 차지했다. 2위 스위스(금메달 7개, 메달 포인트 60점, 평균 메달 포인트 1.91점)와 3위 일본(금메달 6개, 메달 포인트 52점, 평균 메달 포인트 1.33점)을 비롯하여 유럽 기능선진국들의 집중 견제에도 불구하고 압도적인 점수 차로 완벽하게 이겨 더욱 값진 우승이다.

시상식이 임박해서도 입상자를 결정하지 못할 정도로 각축전을 벌인 치열한 경기를 했다. 이번 대회에서 한국은 모두 23개의 메달(금 13, 은 5, 동 5)을 획득했지만 메달을 따기까지의 각고의 노력은 참으로 눈물겹다. 지도자로서의 사명과 프로다운 직업정신이 없었다면 불가능한 일이다. 사소한 실수 하나로 메달의 색깔이 달라지며 큰 실수 하나는 입상권에서 멀어지는 것이 국제경기의 현실이다.

이번 대회는 산업화 시대 일부의 편중된 분야에서만 메달을 획득했던 것과는 달리 모바일로보틱스·CNC밀링·CNC선반·귀금속공예·공업전자기기·자동차차체수리·통합제조·금형·실내장식·철골구조물·요리·조적·타일 등 모든 분야에서 고르게 금메달을 석권해 21세기 지식기반사회를 주도할 인재강국임을 입증한 것이다. 모든 직종에서 메달의 영광을 얻기까지 지도자들의 헌신과 열정은 한결같았다.

선수에게 배우는 교훈

한국선수단은 유감없이 기량을 발휘하여 값진 국위선양을 함으로 국가대표로서의 책임을 완수한 것이다. 45명의 선수들은 평균 5년이라는 준비를 통해서 오늘의 영광을 표출한 것이다. 45명의 대표들에게는 성공한 선수는 성공한대로 또 실패한 선수는 실패한 대로 많은 아쉬움과 새롭고 더 큰 도전에 대한 자신감을 갖게 한 동기부여의 대회라고 생각한다. 대부분의 선수들은 멸시와 천대의 낙인이 찍힌 실업계 고등학교에서 교복보다는 작업복을 더 많이 입고 학창시절을 보냈다고 추억을 말하곤 한다.

요리 분야에서 아시아 최초로 금메달을 획득한 요리 직종 박성훈 선수는 "캘거리가 고지대여서 조리 방법에 신경을 써야 한다"는 관계자와 교포의 자문을 받고 즉시 주변 마트에서 쌀을 사서 밥까지 지어보는 준비까지 했다고 한다. 경기 중 2일 동안 박군의 작업 과정을 유심히 살펴본 독일 심사장 Mr. Ctefan Wohlfeil은 3일차 경기를 끝난 날 4개의 사과를 가져와서 박군에게 사과를 깎는 과정을 심사위원과 선수들 앞에서 보여 달라고 요청했다고 한다.

박 군은 기회라고 생각해서 주저하지 않고 당당하게 시범을 보여 주자 환호와 함께 박수가 터져 나왔다고 한다. 심사위원은 물론 선수들까지 "네가 금메달을 딸 것이다"라고 격려하면서 악수를 청하기도 했다고 한다. 이는 한 마디로 불안과 긴장감을 자신만의 담대함과 실력으로 극복한 차별된 예비 숙련기술인이 보여준 값진 국위선양을 한 단면이다. 박 군은 롯데호텔에서 정규직 사원으로 채용돼 세계적인 셰프를 꿈꾸며 실력을 다지고 있다고 한다.

최선을 다한 김봉호 선수에게 박수를

목공 직종 국가대표 김봉호 군은 비록 그토록 바라던 메달 획득에는 실패했지만 우수상으로 만족해야만 했다. "저는 제 인생의 첫 기회는 놓쳤습니다. 그러나 다음 번에는 또 이런 기회가 온다면 정말 놓치지 않고

잡을 것입니다." 이는 한순간의 실수로 금메달을 목에 걸지 못한 김 군의 말이다. 김 군은 목공의 불모지인 경북 상주공업고등학교에서 목공 분야의 국가대표가 된 선수다.

서울공고의 합동훈련장에서도 유난히도 먼지도 많이 나고 작업 환경이 좋지 않았지만 김 군의 최선을 다했던 훈련 모습이 지금도 눈에 선하다. 또한 김 군은 캘거리대회에서 4일간의 경기 중 1일과 2일차 경기에서는 완벽에 가까운 기량을 발휘하여 부동의 1위를 달리고 있었던 모습을 직접 확인하고 격려했던 기억이 새롭다. 김 군은 정말 자신감이 넘쳤다. 하지만 3일차 경기 30분을 남겨놓고 실수를 한 것이다. 1mm 오차를 다투는 목공 직종에서 실수로 28mm의 오차를 내고 만 것이다. 작품이 대칭이 되다보니 17점의 감점으로 메달권에서 멀어진 것이다. 4일차 경기를 훌륭하게 마무리했지만 끝내 만회하지 못한 것이다.

김 군은 기능올림픽대회 참가 소감문을 통해 당시의 심정을 이렇게 말하고 있다.

"저는 울지 않았습니다. 억울한 것도 없었고 후회도 없습니다. 그저 아쉽기만 할 뿐입니다. 그런데 시상식 때는 울음을 참았지만 저희 소속 학교 선생님과 통화를 하는데 너무나 눈물이 났습니다. 그리고 마음에 병도 생긴 것 같습니다. 그동안 훈련한 5년, 합숙훈련하면서 힘들었던 것들, 날 지켜봐주시고 지도해주신 주위 분들이 생각나 계속 머릿속이 복잡했습니다. 그러나 저는 이번 대회를 발판으로 앞으로 더 성숙해져서 나갈 것입니다. 꼭 금, 은, 동메달이 아니어도 제가 국제 기능올림픽에서 배운 점이 참 많기 때문에 메달보다 값진 그 무엇을 가져왔다고 생각합니다. 앞으로 소속 학교에서 후배들을 지도할 것입니다. 제가 못한 목표를 후배로 인해 이루도록 힘쓸 것입니다."

김봉호 군의 어린 나이에서 나오는 성숙함과 다짐은 금메달보다도 더 값진 실현가능한 의지의 표출임을 느낄 수가 있다. GE의 최연소 CEO가 된 잭 웰치 회장으로부터 배우는 교훈은 '실패는 성공으로 가는 가장 빠른 지름길'이라는 사실이다. 이 말은 수많은 사람들을 통해서 과거에도 증명이 됐고 그리고 현재에도 증명이 되고 있고 또 미래에도 증명이 될 것을 확신한다. 왜냐하면 '실패는 성공의 어머니'라는 말이 단순한 교훈이 아니기 때문이다. 1977년 유트리히트에서 열린 23회 대회의 쓰라린 실패를 경험한 신충찬, 유병현 선수를 통해서도 성공으로 가는 지름길임이 확인된다. 나는 김 군의 실패의 심정이 담긴 글을 읽고 신충찬, 유병현 선수의 또 다른 미래를 보는 듯하여 김 군의 앞으로의 삶이 무척이나 기대가 된다. 아무쪼록 이루지 못한 꿈도 후배를 통해 이루고 실패가 성공의 지름길임을 보여주는 숙련기술인으로 새로운 시대의 주역이 될 것을 확신한다.

헌신과 열정은 선한 결과를 낳는다

지난 시즈오카대회부터 정식 종목으로 채택된 모바일로보틱스 분야에서의 세계 제패 영광은 카이스트 출신 로봇박사 박용길 국제심사위원의 보이지 않는 땀과 헌신의 열매다. 한국기술대표로서 세계 제패의 영광을 얻기까지의 전 과정을 지켜본 소회를 밝힌다면 '파란만장, 천신만고, 우여곡절'이라고 말한다고 해도 4일의 경기 기간에 겪었던 심정을 다 표현할 수가 없을 뿐이다.

내가 박용길 심사위원에게 제일 먼저 금메달 소식을 전해야 했던 것도 이런 특별한 이유 때문이다. 급한 마음에서 전화를 걸어 '박 사장! 모바일로보틱스 금메달이야!'라고 전하자 "예?"라는 박사장의 감격스런 목소리가 들렸다. 나중에 알게 된 일이지만 "날아갈 것 같았다"고 한다.

박 박사는 기능올림픽 참가 소감문에 다음과 같은 말을 남겼다. "국제심사위원으로 참석하여 기능대회에 대해 다음과 같은 마음의 정리를 하게 되었다. 첫째는 선수들이 금메달 수준으로 열심히 훈련을 하고, 둘째는 지도위원이 금메달 수준으로 지도하고, 셋째는 기능올림픽 한국위원회와 소속기관 또는 동일직종의 사람들이 금메달 수준으로 후원할 때 최고의 성적은 이뤄진다는 사실을 실감하였다"고 전쟁에서 승리하고 돌아온 개선장군처럼 의미심장한 일성을 남겼다.

30년 만에 공업전자기기를 세계 정상으로 끌어올린 것은 전자공학박사 김봉수 국제심사위원의 수년간 실패의 원인을 끊임없이 연구 분석한 억척의 뚝심이 빛을 발한 것이다.

또한 유럽의 독무대였던 조적 분야를 새로운 측정공구 개발과 과학적인 훈련 기법을 통하여 한국을 조적의 메카로 만든 황규섭 국제심사위원의 노력 등은 모두 기능한국의 역사에 길이 남을 지도자 정신에서 비롯된 것이다.

1978년 제24회 국제기능올림픽대회 창호 직종 은메달리스트 선수 출신인 권혁율 K2ID 대표는 2005년부터 창호 직종 국제심사위원으로 봉사하면서 선수 때 이루지 못한 금메달의 한을 푼 대회이기도 하다. 마침내 국제대회 참가 3번 만에 경상공고의 공금석 선수를 실내장식 분야의 세계 정상에 올려놓은 것이다.

권 대표의 금메달 선수 육성의 노하우와 좌우명은 "첫째, 준비는 철저히, 둘째, 훈련은 가혹하게, 셋째, 경기(전투)는 치열하게, 넷째, 그리고 무대 뒤로 조용히 사라지자"로 요약된다. 그리고 권 대표는 캐나다 캘거리 대회의 금메달 선수 육성의 감격과 영광의 소회를 이렇게 전하고 있다. "좌절의 시기에 입상한 심사위원들의 무용담을 듣고 있으려니 불편하다는 생각을 많이 했었는데 이제는 실패한 심사위원들의 이야기를 경청해 줄 만한 아량도 생겼고 정상의 위치에 설수록 겸손해야 되겠다는 늦은 깨달음도 경험했습니다"라고 한층 숙련되고 품격 있는 명장다운 내면을 보여줬다.

이들이야말로 기능한국의 영광을 일궈낸 진정한 지도자이자 또한 국가대표다. 헌신과 열정에 무한한 박수를 보낸다.

상처받은 기능강국의 자존심

이런 헌신과 열정으로 국가로부터 받은 사명을 완수한 지도자가 있는가 하면 기능강국 대한민국의 품격을 떨어트린 부끄러운 지도자도 있었다. A직종의 P심사위원은 포럼 활동을 전혀 안하고 엉뚱한 주장만(용접 와이어를 1.2ϕ로 훈련했으나 포럼과 대회에서는 0.9ϕ로 이미 결정된 것 등)을 하여 마침내 기술대표회의에도 내용이 보고돼 망신을 당하는 일까지 벌어진 것이다. 5년 동안 이 순간만을 위해 지도위원을 믿고 온갖 역경을 참고 훈련했지만 지도위원의 실수로 선수를 영광의 길로 인도하지 못한 것이다.

또한 B직종에서는 부지도위원의 부정행위가 발각되어 징계위원회에 회부되는 초유의 일까지 벌어진 것이다. 모든 상황을 조사한 위원회에서는 증빙자료와 함께 한국 심사위원의 자술서까지 받아낸 것이다. 마지막으로 한국기술대표의 서명만을 기다리고 있었다. 평소 친분이 두터웠던 아일랜드 기술대표로 WSI 기술위원장인 Mr. Liam Corcoran은 내가 진술서 서명을 위해 들어서자마자 자기의 사물함에서 아일랜드에서 가져왔다는 위스키를 꺼내더니 한잔 따라주면서 오히려 나를 위로하는 것이었다.

기능강국 대한민국의 기술대표로서 자존심은 상했지만 난생 처음 치욕적인 서명을 할 수 밖에 없었다. 이 부정행위를 한 부지도위원은 한국에서 몇 년 후에 국제심사위원으로 추천되었지만 WSI에서 끝내 인준이 거부되었다. 국제적인 망신을 한 것이다. 문제를 일으킨 두 직종은 만약에 정당한 경기를 했더라면 충분히 메달권에 입상할 수 있는 직종이었다. 심사위원의 사려 깊지 못한 행동으로 선수에게는 일생의 단 한번의 영광의 기회를 놓쳐버린 것이다. 이런 상황에 대하여 무슨 말로 선수를 위로할 수 있을까? 정말 안타까울 뿐이다.

보이지 않는 자의 헌신이 빛을 발하다

제40회 캘거리대회의 영광을 당연한 결과로 생각하는 사람들이 많다. 더욱이 한국은 대회에 나가기만하면 우승을 했던 터라 그런 생각을 하는 사람들이 많다. 하지만 절대 그렇지 않다고 단언하고 싶다. 물 위에서 유유히 자태를 뽐내는 백조를 보면 당연한 일로 여기지만 백조의 수면 아래를 보면 떠 있기 위한 쉬지 않는 물갈퀴질이 계속되고 있다는 사실을 잊어서는 안 될 것이다. 캘거리대회는 차별된 준비를 한 대회였음을 밝히고 싶다. 그리고 그 땀의 결과를 얻었을 뿐이다.

　우선 선수들의 일치된 목표가 어디에서 비롯됐는지를 살펴봐야 할 것이다. 국가대표 선수 선발 이후 실시한 KSA에서의 정신강화 훈련과 육군 36사단에서의 극기훈련은 한계에 부딪쳤을 때 극복할 수 있는 영과 육의 자신감을 갖게 한 일이다. 무엇보다 대표선수를 위해 헌신한 사람들이 많지만 특히 대표선수들을 때로는 형과 같이, 때로는 아버지와 같이 이들을 한결같이 보살핀 윤상인 차장(당시 직급)의 보이지 않는 차별된 헌신을 잊을 수가 없다.

　지금도 대표선수들 간에는 특히 2009년, 2011년 힘들었던 역경을 추억으로 떠올리는 이유를 보면 그의 마음으로부터의 헌신을 짐작할 수 있다. 목공 직종 김봉호 선수는 당시의 상황을 이렇게 회상하고 있다.

　"윤상인 차장님께서도 저희 때문에 많이 힘드셨는데 특히 제가 말썽을 많이 피운 것 같아서 지금 생각하면 너무나도 죄송합니다. 서울공고에서 훈련하던 시절이 대회가 끝나니까 너무 그립고, 매일 같이 먹고 자고 했던 동기들도 너무 보고 싶습니다."

　이처럼 윤 차장은 휴일과 휴가도 잊은 채 선수들의 훈련을 관리한 것이다. 기술대표로서 늘 훈련장을 방문할 때마다 일일이 대표선수들에 대한 정보를 공유하고 특히 시차 적응 등을 비롯한 주도면밀한 작전 계획을 수립했던 일들이 주마등처럼 스쳐 지나간다. 권한이 없는 비상임 기술대표로서 늘 감사하다는 말로만 위로했을 뿐 개인적으로 소주라도 나누면서 위로하지 못한 것이 늘 크게 빚진 것 같은 마음이 들 뿐이다. 이제는 빚을 갚을 길이 없는 것이 정말 아쉽다.

　지금처럼 주 52시간을 의식한 자율 훈련이라는 이름으로는 결코 세계 제패를 기대할 수 없었을 것이다. 이는 마치 훈련을 선택해서 받게 하고 용감한 병사가 태어날 수 없는 이치와도 같다고 말하고 싶다. 서울공고의 합숙소와는 비교할 수 없을 정도로 발전된 좋은 환경과 물질적 지원이 만들어낸 2019년 카잔대회 결과를 보면 기능한국은 정신력에서부터 무너진 것이다. 이런 결과가 말해주듯 기능한국은 무너진 정체성 회복을 위한 일대 혁신이 절실할 뿐이다.

늘 강자는 도전을 받고 모든 국가의 집중견제의 대상이다. 그러나 기능강국의 심사위원일수록 경기규칙에 대한 완벽한 이해는 물론 경기규칙을 준수해야 할 사명을 지녀야 한다. 또한 동료 심사위원들로부터 절대 신뢰를 받을 만큼 정직해야 한다. 일부 직종의 심사위원의 과욕이 불러온 정당하지 못한 행동의 결과로 선수가 올라야 할 영광의 자리에 서지 못하는 걸림돌이 된 것은 어린 선수에게는 평생을 두고 씻을 수 없는 상처다.

결코 용서할 수 없는 가슴 아픈 일이다. 이는 기능강국의 수치로 지도자로서의 뼈아픈 성찰이 있어야 할 것이다. 이는 분명 기능강국의 브랜드의 가치를 떨어트린 일이며 국제기능올림픽 역사에 기록될 오점이다. 한국이 16번씩 종합우승을 했었고, 메달을 따는 것도 중요하지만 더 큰 안목으로 국제화된 시스템을 갖추는 것은 무엇보다도 중요하다. 특히 국제심사위원의 역량을 한층 업그레이드해야 한다.

한마디로 20세기의 낡은 아날로그적인 사고를 버리고 21세기 디지털적인 사고로 바꾸는 혁신적인 변화가 있어야 한다. 그리고 인재대국 기능강국의 역량을 시스템으로 결집시켜야 한다. 지금 우리가 해야 할 일은 내일의 기능강국 코리아를 위해 지금 해야 할 일이 무엇인지를 정확히 알아야 한다. 오늘의 영광과 감동은 과거에 계획하고 만든 결과이기 때문에 지금은 더없이 중요하다.

한국은 세계 최고의 기능강국이지만 아이러니하게도 아직도 제조업 선진국이 되지 못했다. 이것이 '실력보다 학벌'을 우선하는 우리의 교육정서 때문이라면 결코 틀린 말일까. 이번 제40회 기능올림픽대회 공식 후원사인 삼성전자 이재용 전무는 경기장을 방문하여 선수들을 격려한 것은 일찍이 볼 수 없었던 일로 크게 감사할 일이다. 또한 이 전무가 선수들을 격려하는 자리에서 "제조업의 힘은 현장에 있고, 현장의 경쟁력은 기능 인력에서 나온다"고 말한 것은 매우 고무적인 일로 우수 기능 인력 없이는 제조업 강국이 될 수 없다는 현장에 정통한 경영자의 목소리다. 이는 국가 정책 입안자들이 새겨들어야 할 말이다.

지금까지 우리 청소년들은 모두 25회에 걸쳐 국제기능올림픽대회에 출전하여 총 468개의 메달을 획득했지만 메달리스트의 15% 정도가 국가발전의 성장동력이 되지 못하고 있음은 매우 안타까운 일이며 한편 국력의 손실이다. 올림픽 금메달리스트가 대졸자도 들어가기 어려운 국내 일류 기업에 취업을 하고도 간판을 위해 무작정 대학 진학의 길을 택하고 있는 것도 현실이다. 무엇보다도 기능인들이 제조업 현장에 매력을 갖게 하고 제대로 대우하는 일은 제조업 강국을 다지는 초석이며 '학벌보다 실력'을 중시하는 사회를 만드는 지름길이다.

이번 국위선양의 쾌거를 단지 기능인을 포상하고 격려하는 일로만 그쳐서는 결코 안 된다. 기능강국의 역량을 국가 성장동력으로 흡수해 제조업 강국을 만들어야 기능선진국이 될 수 있다. 기능한국의 영광을 만든 지도자들의 한결같은 헌신이 국가경쟁력으로 빛을 발하도록 시스템을 구축하는 개혁과 혁신이 있어야 한다. 일부 대기업이 정부와 기능장려 협약을 맺어 기능올림픽 입상자를 특별채용하고 있는 것이나 우수 기능인을 공무원으로 채용하는 계획을 추진하고 있는 것은 매우 고무적인 일로 기능선진국을 다지는 초석이다. 바라는 것은 채용만으로 그치지 말고 제대로 대우해 전문가로 키워야 한다. 올림픽은 끝났지만 기적을 이룬 역량이 신성장동력으로 흡수돼 국가경쟁력을 키우고 국가 브랜드의 가치를 높여야 한다. 이것이 기능인을 제대로 대우하는 일이며 실업교육의 본질을 회복할 수 있는 대안이다.

이영희 노동부 장관의 격려

이영희 당시 노동부 장관은 결단식 격려사에서 "우리나라가 6·25전쟁의 폐허를 딛고 놀라운 경제성장을 이룩한 것은 여러분과 같은 우수한 기능인들의 땀과 노고가 있었기 때문에 가능했다고 생각합니다. 21세기 지식기반사회에 있어서도 국가 경쟁력은 우리가 보유한 기술 인력의 양과 질에 의해 결정될 것입니다"라고 기능인의 자긍심을 고취시켜줬음은 물론 또한 "기능 인력들이 정당한 평가와 대우를 받으며 보람과 긍지를 느낄 때, 기술한국의 미래는 더욱 밝게 열릴 것입니다"라고 선수들의 긴장된 마음도 풀어주고 희망을 한껏 불어넣어 준 것이다.

지금은 고인이 되셨지만, 이영희 장관님이 서울공고 합숙소를 방문하여 대표선수들을 격려하시던 일이 새롭게 떠오른다. 또 인하대학교 법과대학 교수로 재직 시에는 대학 구내식당에서 종종 자리를 같이했던 스승 같은 각별한 선배 교수셨다. 봉사를 하다 보니 노동부 장관으로 그리고 기능올림픽 한국대표로 우연하게도 만나게 된 것이다. 이 교수님은 정년퇴임을 앞둔 시점에 저술하신 《삶 죽음 의식》이라는 인생을 성찰하신 저서를 친히 보내주시기도 하셨다. 대충 목차와 서문만 읽었던 책을 지금 다시 접하고 보니 교수님의 차별된 인생철학을 어렴풋이나마 새롭게 이해할 수 있었고, 그래도 짧은 기간이긴 하지만 기능인을 위해 함께 했던 일이 추억으로 다가온다.

기능인 출신 한국선수단장의 차별된 헌신

또한 유재섭 한국선수단 단장도 결단식사에서 "열여섯 번째 종합우승이라는 전무후무한 금자탑을 쌓아서 기능강국 코리아가 곧 대한민국의 국가 브랜드임을 전 세계에 다시 한 번 보여주시길 바랍니다"라고 선수단 수장으로 캘거리 출정의 의지를 다졌다. 우리 선수단은 약속대로 그리고 그토록 바라던 목표대로 세계를 제패하고 국위를 선양했다. 경기를 모두 마친 9월 5일 저녁 아직 공식발표는 하지 않았지만 한국의 종합우승이 확실시되자 한국선수단은 캘거리 시내 한인 식당에서 세계 제패의 기쁨을 자축하기 위해 모였다.

자축을 위한 축배의 잔을 들려는 순간 급한 전화를 받았다. 동력제어 직종에서 채점 과정 중 문제가 생겨 기술대표를 찾는다는 내용이었다.

나는 즉시 경기장으로 달려가 기술대표로서 상황을 파악하고 정식으로 어필을 하였지만 경기규칙에 따른 결정이라는 논리에는 승복하지 않을 수 없었다. 이처럼 나는 경기기간 내내 긴장 속에서 보냈다. 하지만 이런 고충을 아는 사람은 아마도 없을 것이다. 그러나 나는 종합우승이라는 영광과 가슴 벅찬 선물로 생애 최고의 값진 위로를 받았을 뿐이다.

9월 6일 저녁 시상식 진행 중에 동아일보 데스크로부터 원고 청탁 의뢰 전화를 받았다. 피곤도 하고 아직도 많은 일정이 남아있어서 거절하고도 싶었지만 기능인을 위한다는 신념에서 흔쾌히 승낙하였다. 공식 일정인 폐회식만을 마치고 급히 호텔로 돌아가서 『(현장에서) 기능인 대우받는 '기능선진국' 만들자』라는 제목의 약속한 글을 보내는 것으로 캘거리 대회에서의 모든 일정을 마무리했다. 하지만 기능선진국의 표상인 능력중심사회의 실현은 아직도 더욱 멀게만 느껴지는 것이 안타까울 뿐이다.

끝으로, 그동안 선수단이 함께 흘린 땀이 국가 브랜드의 가치를 높인 영광과 감동의 쾌거를 되새기며 영광과 감동을 위해 모두를 바친 한국선수단에게 보내온 이명박 대통령의 종합우승 축전을 소개한다.

이명박 대통령의 종합우승 축전

"너무나 장하고 자랑스럽습니다. 제40회 국제기능올림픽에서 종합우승을 차지한 한국선수단에게 온 국민과 함께 축하의 박수를 보냅니다. 이번 종합우승은 여러분의 열정과 노력이 일궈낸 값진 성과이자, 우리 국민의 우수성과 인재대국·기능강국의 위상을 온 세계에 떨친 자랑스러운 쾌거입니다. 앞으로도 기능 연마에 더욱 정진하여 우리 기술과 산업 발전에 크게 기여해주기 바랍니다."

✪ 기고문

▪ [현장에서] 기능인 대우받는 '기능선진국' 만들자

캐나다 캘거리에서 1일부터 열린 제40회 국제기능올림픽대회에서 우리 청소년들이 기능강국 코리아의 저력을 유감없이 발휘했다. 45개 개최 직종 중 40개 분야에 참가하여 23개의 메달(금 13, 은 5, 동 5)을 획득해 기능올림픽 역사상 16번 종합우승이라는 쾌거를 이뤘다. 훈련 기간에 다짐했던 대로 세계 최고가 됐다.

이번 우승은 열악한 훈련환경과 역경 속에서, 누구도 관심을 보이지 않는 비인기 분야의 설움을 딛고 달성한 결과라 더욱 자랑스럽고 값지다. 지난 산업화시대 기능올림픽 우승은 국가적 경사였다. 태극기와 오색종이가 휘날리는 가운데 손을 흔들며 도심에서 카퍼레이드를 했던 일은 지금 생각해도 가슴 뿌듯하다.

한국은 국제기능올림픽에서 가장 많이 우승한 기능강국이지만 아이로니컬하게도 기능선진국은 결코 아니다. 기능강국의 역량을 경제발전의 성장동력으로 흡수하지 못했다. 이번 대회를 공식 후원한 삼성전자의 이재용 전무는 4일 경기장을 방문한 자리에서 "제조업의 힘은 현장이고 현장의 경쟁력은 기능 인력에게서 나온다"고 선수들을 격려했다.

이는 기능선진국의 시스템을 갖춰야 가능해진다. 우선 전문계고가 직업교육의 본질에 충실할 수 있어야 한다. 모든 길이 대학으로 통하는 상황에서 직업교육에 충실하기보다는 임기응변적 교육에 치중하면 기능인을 양성할 수 없다. 또 능력 있는 기능인에게 합당한 대우를 하고 안정된 일자리를 보장해야 한다. 정부와 기업은 올림픽 메달리스트나 우수한 기능인을 채용하여 전문가로 키우는 시스템을 만들어야 한다.

우리는 수년 전부터 기능올림픽의 회원국간 상호협력 프로그램의 하나로 베트남과 인도에 기능을 전수하고 있다. 세계의 넓은 무대로 진출하는 부가가치가 매우 큰 사업이므로 적극 지원하고 장려해야 한다. 기능올림픽 우승은 국가경쟁력을 키우는 일이다. 하지만 국가경쟁력을 더 강화하려면 기능 인력을 경제발전의 성장동력으로 흡수할 시스템을 구축해야 한다.

동아일보 2009년 9월 8일

■ 이제는 기능선진국 만들어야

캐나다 캘거리에서 열린 제40회 국제기능올림픽대회에서 한국은 45개 직종 중 40개 분야 45명의 선수가 참가하여 월등한 기량으로 종합우승(금메달 13, 메달 포인트 86, 평균점수 524.62)을 차지했다. 2위 스위스(금 7, 메달 포인트 60, 평균점수 520.09)와 3위 일본(금 6, 메달 포인트 52, 평균점수 506.97) 등 기능선진국들의 집중 견제에도 불구하고 압도적인 점수 차로 완벽하게 이겨 더욱 통쾌하고 자랑스럽다.

국가대표 합숙소로는 도저히 믿어지지 않는 열악한 환경과 사회적인 무관심 속에서도 비인기 분야 대표선수라는 자신과의 싸움과 갈등을 극복하고 그들의 다짐대로 마침내 세계 최고가 돼 국위를 선양했다.

8일자 A1면의 "기적은 계속됐지만 … 환호는 사라졌다"는 지금의 기능올림픽 실상의 일면을 적절하게 표현한 내용이다. 모든 것이 대학으로만 통하는 교육정서 속에서 교육의 양극화로까지 심화된 것이 지금의 전문계고다. 기능올림픽의 우승을 국가적 경사로 여겼던 과거와는 달리 기술과 기능 경시 풍조의 낙인(stigma) 속에서도 통산 16번 종합우승이라는 기적의 역사를 새롭게 쓴 것은 참으로 놀랍고도 경이적인 일이다.

내용 면에 있어서도 산업화 시대 일부의 편중된 분야에서의 메달 획득과 달리 이번 대회는 모바일로보틱스·CNC밀링·CNC선반·귀금속공예·공업전자기기·자동차차체수리·통합제조·금형·실내장식·철골구조물·요리·조적·타일 등 모두 분야에서 고르게 금메달을 석권해 인재강국임을 또다시 입증한 셈이다.

한국은 세계 최고의 기능강국이지만 기능선진국은 결코 아니다. 기능강국의 힘이 국가성장 동력으로 흡수돼 제조업 강국이 되지 못하고 있기 때문이다. 마치 기능올림픽 우승만을 이루기 위한 것처럼 보여 진다. 결과는 본질에서 나오는 현상이어야 한다. 기능올림픽 우승이 본질에서 비롯된 자연스런 현상은 결코 아니다. 이번 대회 공식 후원사인 삼성전자 이재용 전무는 경기장에서 "제조업의 힘은 현장이고 현장의 경쟁력은 기능 인력에서 나온다"고 선수들을 격려한 것처럼 기능강국의 힘이 제조업 강국으로 이어진다면 전문계고는 본질을 더욱 충실할 수 있다.

현대와 삼성이 기능장려 협약을 맺어 기능올림픽 입상자를 특별 채용하고 있는 것이나 우수 기능인을 공무원으로 채용하는 계획을 추진하고 있는 것은 매우 고무적인 일로 기능선진국을 다지는 초석이다. 바라는 것은 채용만으로 그치지 말고 제대로 대우해 전문가로 키워야 한다. 올림픽은 끝났지만 기적을 이룬 역량을 국가성장동력으로 흡수하는 시스템을 구축해야 기능선진국이 될 수 있다. 이것이 국가경쟁력을 키우고 명실상부한 국가 브랜드의 가치를 높이는 일이다.

인하대 교수 / 국제기능올림픽 한국기술대표 서승직

■ 국위 선양한 기능인, 그들이 희망이다

한국은 국제기능올림픽에 1967년 스페인대회부터 2013년 독일대회까지 모두 27번 출전하여 18회 종합우승과 더불어 메달(총 516개;

금 283, 은 133, 동 100)도 가장 많이 딴 세계 최고의 기능강국으로 자리하고 있다. 이 결과는 우리의 기능인들이 세운 전대미문의 기록이다. 한국이 독일·스위스·일본 등의 기능선진국을 물리치고 기능강국으로 등극한 원동력은 튼튼한 인적 인프라와 근면성실이 어우러진 강점에서 비롯됐다고 할 수 있다.

기능올림픽대회는 종합우승국에 대한 발표와 시상은 별도로 하지 않는다. 다만 시범 직종을 제외한 정식 직종에 대하여 각 회원국들이 객관적인 경기내용 분석과 국가별 기술력 평가를 할 수 있는 메달획득 수, 메달 포인트, 참가선수 평균점수의 순위 등을 매우 상세하게 발표한다. 기능올림픽이 추구하는 회원국 간의 직업교육 정보 공유와 기술교류를 위함이다. 종합우승이라는 것은 객관적인 평가항목에서 모두 뛰어났음을 의미한다. 이번에 딴 12개의 금메달(용접, 냉동기술, 목공, 모바일로보틱스, 통합제조, 정보기술, CNC밀링, 웹디자인, 철골구조물, 귀금속공예, 화훼장식, 제과) 중 9개가 기업의 집중투자에 의한 지도자의 헌신과 열정에서 비롯된 결실이다. 주목할 만한 것은 전통적으로 '뿌리기술' 분야에서의 집중적인 메달 획득에서 벗어나 선진국에서 독식하던 산업분야에서도 메달을 획득하는 다양성을 보이고 있다.

이번 독일기능올림픽의 종합우승 쾌거는 기능인재를 사원으로 채용해 훈련에만 몰두할 수 있게 배려한 기업이 있었기에 가능한 일이었다. 기능선진국에서는 볼 수 없는 일이지만 세계를 제패한 기능인들에게 훈장과 상금으로 격려하는 것은 마땅한 일이다. 그러나 동유럽 국가들이 엘리트 선수의 집중 육성정책에 의해 금메달리스트에게 대통령 전용기까지 내주면서 환대했지만 지금은 스포츠강국에서 사라진 사실을 기억할 필요가 있다.

대기업의 집중지원과 정부포상 제도가 없어진다면 한국은 기능강국의 자리에서 벌써 사라졌을 것이다. 이는 대학 만능의 만연된 교육정서가 타파되지 않는 한 더욱 자명하다. 무엇보다도 종합우승의 쾌거가 직업교육의 본질의 현상에서 표출될 수 있어야 진정한 기능강국이다.

기능올림픽 역량이 제조업의 강점으로 승화시킬 수 있는 제도 구축 또한 필요하다. 시급한 것은 우수한 기능인을 최고의 숙련된 전문가로 육성할 수 있는 핵심인 정신적 인프라인 기능인 존중 풍토 조성이다. 존중은 상대의 가치를 참되게 인정하는 것을 뜻한다. 기능인 존중 풍토 조성은 대학만능주의를 타파할 강력한 정신적 무기다. 기능올림픽은 메달만 따는 이벤트성 행사가 결코 아니지만 한국은 기능올림픽이 단지 기능인들만의 행사로 전락한 것도 기능인 존중 풍토가 조성되지 않은 탓이라고 할 수 있다.

국가의 미래를 걱정하는 참 공직자라면 종합우승의 쾌거에 도취돼 공적을 챙기는 일도 중요하지만 다음의 불편한 진실에 대한 통렬한 책임감을 느껴야 한다. 첫째, 수십 년 동안 세계최고의 기능강국으로 군림하면서도 기능올림픽의 보편적 이상을 실현할 시스템조차 구축하지 못한 것, 둘째, 직업교육이 연계교육기관으로 전락한 것, 셋째, 기능올림픽의 글로벌 리더로서 기능강국의 위상에 걸맞는 역할조차 못하고 있는 것 등이다.

지금까지 한국은 전문성과 영속성 부재로 기능강국의 값진 노하우를 시스템으로 구축하지 못했다. 이는 막대한 국가경쟁력 손실로 모두가 기능올림픽 한국위원회의 정체성 실종에서 비롯된 것이다. 늦었지만 기능올림픽 한국위원회도 모순된 제도의 일대 개혁을 통해 기능강국 코리아가 기능올림픽의 메카가 될 수 있게 바로잡아야 한다. 기능올림픽 한국위원회의 정체성 회복은 기능강국의 역량을 국가 브랜드화 할 수 있는 국력신장의 길이다.

N&Times 2013년 8월 5일

■ 산업명장(名匠)의 강점이 전수되려면

교육의 모든 것이 대학으로만 통하는 학벌만능주의의 사회에서 내년 2월 졸업 예정인 마이스터고교생 3400여 명이 졸업 시까지는 전원 취업될 것이라고 한다. 이는 일찍이 볼 수 없었던 일로 크게 환영할 일이다. 더욱 바라는 것은 이러한 현상이 만연된 학벌주의를 타파하고 능력중심사회를 실현하는 새로운 인식전환의 계기가 되길 기대한다. 마이스터고의 취업률이 높은 것은 변화하는 시대에 '산업 인력 육성'의 본질에 충실하기 위한 교육 시스템을 구축하고 초보기능인을 육성했기 때문이다. 그러나 마이스터고의 목표는 취업률에 있는 것이 아니다. 모든 특성화고가 추구하는 목표와 같이 산업의 현장에서 강점을 지닌 최고의 숙련기술인인 명장 육성이다.

오늘날 명장은 특성화고교생의 매력을 끌지 못하고 있는 것이 우리의 실상이다. 능력중심사회 실현은 명장이 되고 싶은 특성화고교생이 많아지도록 체계적인 시스템을 갖추는 일에서 비롯된다. 무엇보다도 기능인에 대한 만연된 사회적 편견 해소는 물론 능력에 상응하는 보수와 장래 희망을 갖게 할 대안이 필요하다. 산업화시대 숙련기술인의 탄생은 생존을 위한 필연적 의지에서 비롯됐지만 앞으로는 특별한 숙련기술인 육성 대책 없이는 산업현장에서 명장을 만날 수 없게 될 것은 자명하다.

2011년부터 시행되고 있는 숙련기술장려법은 초보기능인에게 희망을 주기에는 설득력이 부족하며 법이 정의하는 숙련기술인과 최고의 숙련기술인인 명장 육성정책도 결코 아니다. 정부 포상과 보여주기식의 행사지향적인 격려도 좋지만 절실한 것은 숙련기술인을 체계적으로 육성할 수 있는 시스템 구축과 사회적 지위 향상 대책 마련이다.

마이스터고가 특목고임을 감안하면 자동차, 조선, 전자, 발전설비 등과 같은 기간산업의 기반이 되는 원천기술인 주조, 금형, 소성가공, 표면처리, 열처리, 용접 등 6대 뿌리기술 중심의 인력 육성에 집중할 필요가 있다. 현재 뿌리산업은 3D산업으로 전락해 있지만 이는 뿌리기술의 무한한 역량의 강점을 간과한 정책에서 비롯된 것이다. 일찍이 뿌리기술의 중요성을 깨닫고 숙련기술인을 체계적으로 육성해 온 독일이나 일본은 넘버원이 아닌 온리원을 추구할 수 있을 만큼의 제조업의 강점을 지니고 있다. 강점은 산업경쟁력의 핵심으로 재능, 기술, 지식 등의 조화에서 표출하는 극한의 능력을 발휘하는 노하우로 기업과 국가의 브랜드 가치를 높인다.

그동안 공고·상고·농고 등으로 부르던 실업계고교가 전문계고, 특성화고 그리고 특목고인 마이스터고의 출현에 이르기까지 간판을 달리하면서 변화를 위해 몸부림쳤지만 교육의 본질만은 한결같이 산업인력육성에 있다. 금년 3월에 발표한 한국직업능력개발원의 자료에 의하면 특성화고는 476개교에 33만 7499명, 마이스터고는 21개교에 1만 2886명의 학생들이 재학하고 있다. 마이스터고교생은 전체 특성화고교생의 3.67%에 해당한다. 절대 다수의 특성화고교생들도 산업인력 육성의 큰 틀에서 보면 숙련기술인으로 키워야 할 소중한 자산임을 잊어서는 안 된다. 특수 목적의 마이스터고 육성도 중요하지만 다양한 분야의 기능인 육성이 더 시급하기 때문이다.

기능올림픽에서 메달을 땄거나 또 마이스터고를 졸업했다고 숙련기술인이 된 것은 아니다. 다만 숙련기술인으로 키워야 할 기능인재일 뿐이며 이는 기업과 국가가 함께 감당할 몫이다. 기능강국의 우수한 인력을 숙련기술인으로 육성하지 못한다면 기능선진국은 더욱 요원하다. 그리고 숙련기술의 강점이 대물림되는 숙련기술인 육성의 제도적 정착만이 청년실업과 대학의 반값 등록금 해결의 본질임을 결코 잊어서는 안 된다. 아무쪼록 마이스터고와 특성화고가 능력중심사회 실현과 숙련기술인 육성의 초석이 되길 기대한다.

과학기술 2012년 11월 7일

■ 기능올림픽 17회 우승국에 기능인이 없다니

8일자 A1면 '100만 명 산업현장 달인들, 회사에서 짐싼다'를 읽고 앞으로 우리 산업현장을 누가 지킬지 걱정부터 앞선다. 더구나 기적의 경제성장 신화를 이룩한 숙련기술인들이 젊은 기능인들에게 노하우를 전수할 수도 없는 지경이라고 하니, 산업현장은 텅 비고 성장엔진도 멈추게 될지 모른다는 우려가 나오는 것은 당연하다.

기능올림픽에서 17번이나 종합우승한 기능강국에서 숙련기술의 노하우를 전수받을 젊은 기능인이 없다는 것은 아이러니다. 기능선진국 현장에는 장인의 혼과 맥을 잇는 젊은 기능인들로 넘쳐난다. 독일의 마이스터나 일본의 모노즈쿠리 정신은 제조업 현장을 지키는 든든한 버팀목이다. 우리는 일찍이 이런 노하우 전수 시스템을 구축하지 못했다. 기능올림픽을 휩쓸며 국위를 선양한 뛰어난 기능인을 인재로 키우지 못할 뿐만 아니라, 세계를 제패한 기능인마저 일할 산업현장을 찾지 못해 방황케 한 것이다.

젊은 기능인을 현장으로 끌어들이기 위해서는 혁신적인 숙련기술인 육성을 위한 중장기 로드맵을 구축, 제시하고 이들을 흡인해야 한다. 그간 정부의 정책들은 가시적인 성과에 급급한 임기응변 대책으로, 마치 열매의 포장으로 나무의 품종을 개량하려 한 것이 대부분이다. 수많은 정책을 쏟아냈지만 여전히 능력보다 학벌을 우선하는 현실이다. 산업인력 양성이 본질인 특성화고(옛 전문계고)의 대학 진학률이 기능선진국인 독일·일본의 일반고 대학 진학률 40%대의 2배에 이르게 만든 것도 선심성 정책에서 나온 결과다.

사실 현재 일부 기능인을 위한 국가포상정책은 다른 선진국에도 없는 파격 우대(優待)다. 그러나 대다수 기능인들이 정작 산업현장에서는 제대로 대우(待遇)받지 못하고 현장을 외면하는 이유를 제대로 살펴봐야 한다. 포상은 기능인의 희망이며 국위선양에 대한 당연한 땀의 보상으로 장려할 일이지만 이런 포상정책만으로는 만연된 교육정서를 바꾸고 기능 경시 풍조를 해소할 원동력이 될 수 없다. 직업·직위의 편견 없이 기술과 기능의 가치를 중시하고 존중함으로써 기능인의 위상을 높이는 사회적 분위기를 조성하는 것은 그 어떤 포상보다 가치 있는 일이다.

특성화고교의 교육에서부터 산업 각 분야의 기술명장 육성에 이르기까지 '요람에서 무덤까지' 총체적인 숙련기술인 육성정책을 구축하고 관리해야 한다. 이것이 지금의 교육정서를 타파할 능력중심사회의 본질이며 유일한 대안이다.

조선일보 2012년 2월 14일

■ 학벌만능주의는 공생발전의 걸림돌

'기능경기대회 그들만의 잔치', 이번 제46회 전국대회를 개최한 충청북도의 한 일간신문 머리기사다. 15년 만에 열리는 전국대회인데도 도내 산업체는 물론 도민들의 무관심을 꼬집은 내용이지만 시사하는 바가 크다. 산업화의 원동력이 됐던 전국기능대회가 이처럼 관심을 끌지 못한 것은 "학력을 중시하고 기능을 홀대하는 사회적 분위기 때문"이라는 주민의 인터뷰 기사도 실었다.

이는 우리 사회가 겉으로는 실력을 중시한다고 외치지만 만연된 기술과 기능 경시 풍조와 기능인에 대한 천대·멸시의 낙인이 새겨져 있음을 알 수 있다. 우리의 학벌만능 교육정서는 고등교육기관 수를 무려 411개교에 대학생을 364만 명에 이르게 했으며 그 결과가 '반값 등록금', '대학 졸업장=실업증'이다.

이명박 대통령은 올해 광복절 경축사에서 '공생발전'이라는 새 화두를 던졌다. 공생(共生)의 사전적 의미는 '서로 도우며 함께 삶'이다. 공생은 상대방 존재가치와 능력을 소중하게 여기는 풍토에서 빛을 발하는 함께하는 삶을 말한다. 따라서 '공생발전'은 공정한 사회에서 기대할 수 있는 일이지만 실현을 위한 메커니즘 구축 없이는 불가능하다. '공생발전'은 국가를 한층 업그레이드시키는 일이지만 만연된 학벌 만능주의는 발전의 큰 걸림돌로 타파해야 한다. 학벌을 타파하고 실력을 중시하는 풍토 조성을 위한 기능선진국의 조건을 살펴보자.

먼저 우수한 기능인을 육성할 수 있는 직업교육 시스템을 갖춰야 한다. 기능인 육성이 목표인 특성화고교(실업계고로 불리던 공고, 상고, 농고 등이 전문계고로 명칭이 바뀌었다가 현재는 특성화고로 바뀜)가 직업교육의 완성학교로 본질에 충실하기보다는 대학 진학을 위한 연계교육기관으로 전락해 졸업생의 71.1%(일반고 진학률 81.5%)가 대학에 간다. 설립 취지와는 맞지 않는 교육을 하고 있다. 한국직업능력개발원에 따르면 우리나라 직업 중 2년제 이상의 대졸 학력을 필요로 하는 직업은 27%뿐이다. 특성화고도 실속 없는 포장만의 특성화로 교육의 질이 크게 저하됐음을 깨달아야 한다. 무엇보다도 특성화고는 설립 취지에 맞는 산업인력 양성에 충실해야 한다.

이어 기능인을 제대로 대우(待遇)하는 정책이 필요하다. 우리는 숙련기술인을 위해 선진국에서 볼 수 없는 파격적인 우대 정책을 펴고 있지만 안타깝게도 실상은 기능인이 실력만큼 대우를 못 받고 있다. 최근 정부와 기업의 고졸 출신 채용 확대는 매우 고무적인 일이지만 채용만으로 끝나서는 성공할 수 없다. 같은 업무를 똑같이 하면서도 대졸 출신과의 큰 임금 격차를 두는 것은 직장 안에서 실력보다 학벌을 중시하는 차별이다. 교육 연한과 능력을 고려한 적정임금 책정이 필요하다. 이는 고졸 출신이 직장에 충실할 수 있는 가장 중요한 요소로 실력을 중시하는 본질이다.

마지막으로 최고의 숙련기술자인 명장(名匠)을 키우는 시스템을 구축해야 한다. 전문가 탄생이나 신기술 개발은 저절로 되는 것이 결코 아니다. 나도 열심히 노력하면 학벌의 편견 없이 제대로 대우받는 최고의 숙련기술인이 될 수 있다는 희망과 비전을 갖게 하는 제도가 구축돼야 학벌의 거품을 뺄 수 있다. 뛰어난 명장은 기업 브랜드 가치를 높임은 물론 국가경쟁력의 핵심이다.

이상의 3가지 키워드인 「직업교육 시스템 구축」, 「기능인을 제대로 대우하는 정책」, 「최고의 숙련기술인 육성」 등을 로드맵으로 하는 '숙련기술인 육성 삼위일체 시스템'을 구축해야 한다. 이런 직업교육 로드맵 정책은 기능선진국을 다지는 초석이다. 국제기능올림픽 입상 선수와 명장에게 포상과 상금의 격려도 필요하지만 숙련기술인을 예우(禮遇)하는 풍토를 조성하는 제도 정립은 시급하고 중요하다.

매일경제 2011년 9월 16일

■ 기능강국을 국가 브랜드로

인기 없는 국가대표 기능올림픽선수 44명이 9월 캐나다 캘거리대회를 앞두고 지난달 초부터 기능한국의 자존심을 지키기 위해 저마다 훈련에 열중하고 있다. 예전 같으면 한곳에서 계획된 프로그램에 따라 합동훈련을 했지만 변변한 훈련 장소가 없어서다. 대표선수들은 각자의 훈련 장소에서 아침마다 "나는 제40회 국제기능올림픽대회 대한민국 대표선수로서 국위를 선양하고 개인의 명예를 드높이기 위해 훈련 기간에 어떠한 역경과 어려움도 이겨내고 충실하게 훈련하여 반드시 세계 최고가 될 것을 다짐합니다"라며 필승 의지를 다지고 훈련에 임한다.

김연아 선수나 야구대표팀처럼 국민적 관심과 성원은 못 받아도 기능올림픽의 세계 제패는 남들이 알아주는 코리아의 브랜드를 향상시키는 일이다. 만연된 기능경시 풍조와 갈수록 심화되는 무관심 속에 열정마저 식어가는 지금, 안타깝게도 기능강국의 근간이 크게 흔들리고 있다. 오늘을 준비하는 과거의 혁신이 없었기 때문이다. 산업화에서 지식기반 사회로 이어지는 변화의 시대에서 위기를 맞은 기능올림픽이 직업교육의 새로운 희망으로 거듭날 수 있는 방안을 살펴본다.

첫째, 기능강국의 강점을 시스템으로 결집하면 최고의 국가 브랜드가 될 수 있다. 우리는 전대미문의 기능올림픽 15번 종합우승이라는 강점을 갖고 있다. 그러나 지금까지 이런 강점을 국가 브랜드화하는 투자와 노력은 전혀 없었다. 금메달 획득만이 목표의 전부였다. 유형의 하드웨어보다 무형의 소프트웨어가 더 가치 있는 국가 브랜드다. 지금 산업화를 꿈꾸는 수많은 국가는 우리의 기능강국 노하우를 전수받기를 간절하게 원하며 벤치마킹의 표본으로 삼는다. 훈련 센터 하나 없는 기능강국의 실체는 너무나 빈약하다. 세계의 직업교육 메카가 될 수 있는 기회도 놓치고 있다.

둘째, 자기 직업에 만족할 수 있는 전문가를 육성하는 시스템을 마련해야 한다. 일시적인 보상적 차원의 우대나 지원만으로는 직업에 만족하게 하기에 한계가 있다. 보상 차원의 정책만으로 직업교육의 본질을 살릴 수 없다. 사실 우리처럼 기능올림픽 우승자에게 파격적인 정부 포상을 하는 나라도 없다. 하지만 기능올림픽 금메달리스트가 보상으로 얻은 일류 직장을 그만두고 간판을 얻기 위해 대학 진학의 길을 택한다. 일부 직종은 대표선수 선발이 어려울 정도다. 기능강국이라면 우수한 기능 인력은 직업교육의 시스템에서 자연스럽게 배출해야 한다. 그동안 우리 청소년들은 24회에 걸친 국제대회에서 451개의 메달을 획득했으나 이 중 15%가 다른 분야에 종사한다. 지금의 직업교육 정책은 분명 재고해야 한다.

셋째, 직업교육의 디스카운트 요인을 해소해야 한다. 외국과 달리 국내에서는 기능이라는 단어를 낮게 평가한다. 모든 것이 대학으로 통하는 분위기 속에서 분별없는 대학의 난립이 직업교육을 망치게 했다는 지적이 있다. 전문계고는 직업교육의 완성학교라기보다는 연계

학교로 전락했다. 일찍이 산업화시대부터 기능강국의 자리를 지켰지만 아직도 기능선진국이 아니다.

기능올림픽의 우승은 값진 국위 선양이다. 그러나 기능올림픽이 직업교육의 목표가 될 수는 없다. 무엇보다도 기능강국의 저력은 직업교육의 본질에서 자연스럽게 나오는 현상으로 발전해야 한다. 어렵고 힘든 훈련 속에서 얻은 금메달이 더 값진 빛을 발하게 만드는 일은 직업교육에 희망을 준다. 기능강국의 강점을 시스템으로 결집하는 사업은 직업교육의 본질을 살리는 일이다. 이것이야말로 국가 브랜드를 제고하고 명실상부한 기능선진국으로 가는 길이다. 아무리 어렵고 힘들어도 기능올림픽 대표선수가 국가 브랜드 제고에 큰 역할을 하도록 적극 성원해야 한다.

동아일보 2009년 4월 17일

05

산업혁명 발상지 영국에서
세계를 제패한 대한민국

2011년 영국대회를 준비하면서 기능한국은 절실하게 종합우승을 꼭 수성해야만 하는 이유가 또 생겼다. 종합우승 수성의 사명은 국제대회의 기술경쟁을 총괄하는 대표로서는 어느 때보다도 무거운 책임감이 아닐 수 없다. 목표는 뚜렷해졌지만 사실상 우승 전략은 처음부터 새로 구축해야만 했기 때문이다. 이것이 기능한국의 구조적인 모순의 문제점이다. 더구나 처음 참가하는 선수나 기술위원 그리고 관계자들은 갈수록 치열해지는 국제 경쟁과 기능한국의 실상을 알 리가 만무하다. 하지만 새로운 조직을 구성하고 이 조직을 이끌어야 하는 것이 기술대표의 책무라는 것을 누구보다도 잘 알고 있었기에 이런 실상의 속내를 드러낼 수는 없었다. 솔직하게 말하면 기능한국의 조직 속에는 이런 실상의 속내를 이야기할 상대가 없다는 것도 기능한국의 커다란 조직의 단점이다.

나에게는 런던대회가 11번째 참여하는 대회였다. 국제심사위원(장)으로 8번 그리고 기술대표로서 3번째 종합우승의 도전으로 기능한국의 기술을 총괄하는 책무를 또 부여받은 것이다. 그러나 기능올림픽에 대한 국민들의 시각은 별로 관심이 없으면서도 한결같이 한국의 종합우승은 당연한 것으로 여기고 있는 것이 크게 부담으로 다가왔을 뿐이다. 이기면 당연한 것이며 지면 열화 같은 비난이 쏟아질 것은 뻔한 일이다. 그러나 이런 비난은 결코 두려울 수가 없다. 정작 두려운 것은 학창 시절 청소년들이 즐겨야 할 삶의 모든 것을 포기하고 오직 기능올림픽에 올인해 천신만고 끝에 자랑스러운 국가대표가 된 선수들을 결코 실망시켜서는 안 됐기 때문이다.

나는 농부의 심정으로 새로운 농사 준비를 하면서 지금의 상황에서는 국제심사위원들의 헌신만이 그래도 목표를 달성할 수 있다고 굳게 신뢰할 수밖에 없다. 미국 해군사관학교 교정에 적혀있다는 "The Best Ship in Times of Crisis is Leadership(위기를 직면했을 때 최고의 배는 리더십이다)"이라는 간단명료한 의미 있는 글귀가 생각났다. 그동안 동료로 오랫동안 함께했던 국제심사위원들에게 헌신을 당부하고 또 호소하였다. 의무만 있고 권한이 없는 기술대표로서 채찍만 있고 당근이 없다는 사실을 알면서도 어쩔 도리가 없었다. 그러나 39명의 국제심사위원들은 국가대표 선수를 지도한다는 긍지와 책임감으로 뭉쳤다.

런던대회의 39개 직종 39인 39색의 심사위원들의 차별된 대표선수 훈련 내용과 값진 성공 노하우를 글로 표현하는 것은 무리라는 생각이 든다. 그렇지만 나는 마치 농부가 농사를 지어 풍년을 이룬 경험에 비유하여 '우여곡절·천신만고·파란만장·고진감래·자업자득' 등으로 대변할 수 있을 뿐이다. 다만 대회를 총괄하면서 진하게 깨달은 것은 '고통이 없는 영광이 없다(No Cross, No Crown)'라는 교훈이다. 영광은 공짜로는 결코 얻을 수 없다는 불변의 진리가 더욱 마음에 와 닿는다. 39인 39색의 지도자들의 헌신과 역경이 있었기에 세계 제패와 국위선양이라는 영광스러운 쾌거를 이루었다는 사실에 감사할 뿐이다. 이런 역경으로 이룩한 자랑스러운 기능한국의 역사의 진실 앞에서 '기능올림픽 성과 뻥튀기'는 정말 자존심이 상하고 화가 나는 일이다.

천만다행으로 런던대회는 처음 참가한 심사위원들의 분발과 기능올림픽 선수 출신 심사위원들의 헌신적인 활약에 힘입어 원정 경기 역사상 역대 최고라는 기대 이상의 성적을 거두었다. 명실상부한 기능강국의 자리를 수성하는 쾌거를 거두고 값진 국위를 선양했다. 게다가 산업혁명 발상지 영국에서 유럽의 기능선진국들을 이기고 WSI의 역사를 기능한국 스스로가 바꾸는 전대미문의 기록을 또 세운 것이다. 아마도 이 기록은 그 어떤 회원국도 쉽게 깨기는 어려울 것이다. 모두에게 감사할 뿐이다.

나는 종합우승의 수성도 중요하고 또 필요하다는 것에는 얼마든지 동의를 할 수 있다. 그러나 오늘의 세계 최고인 No.1의 자리는 영원할 수 없다는 진리가 주는 교훈을 깨닫지 못하고 종합우승에 도취돼 혁신을 외면하는 기능한국이 정말 안타까웠다. 나는 런던대회 종합우승 수성을 끝으로 비상임 기술대표의 능력의 한계를 느껴 임기 전에 기술대표직을 사임하였다. 오로지 의무만 있고 권한이 없는 비상임 기술대표로서 기능한국을 이끈다는 것이 큰 부담이 됐을 뿐만 아니라 기능한국의 발전에 걸림돌이 되어서는 안 된다는 판단에서 비롯된 것이다.

그러나 나는 영광스럽게도 오직 조직을 위해 의기투합했던 기술위원들의 헌신과 열정의 덕분으로 최고의 성적으로 종합우승을 수성하고 박수를 받고 떠날 수가 있었다. 그러나 한편으로는 많은 숙제를 풀지 못해 도피하는 것이 아닌가라는 생각도 들었다. 나와 함께했던 기술위원의 경험이 담긴 다음의 이야기가 그래도 기능한국이 숙제를 푸는데 도움이 되었으면 하는 바람이다.

❤ 참가 준비

런던대회에 참가할 국가대표는 2011년 2월 16일 인성평가를 끝으로 39개 직종 43명의 대표선수가 선발되었다. 또한 이들을 지도할 국제심사위원 39명과 지도위원 70명도 위촉되었다. 본격적인 훈련 연마에 앞서 의식고도화 교육이 경기도 안성 소재 한국표준협회 행동혁신아카데미에서 2011년 2월 21일부터 5박 6일간 실시되었다.

이어서 집중강화훈련이 2011년 3월 15일부터 9월 30일까지 성동공업고등학교와 소속업체 훈련으로 이원화해서 실시되었다. 성동공업고등학교의 배려로 학교 교실을 수리하여 임시숙소와 훈련장으로 사용하였다. 선수들의 식사는 학교 앞에 있는 식당을 이용하였다. 성동공고에서는 귀금속공예를 비롯한 20개 직종 21명이 합숙훈련에 임했다. 반면 19개 직종 22명은 소속업체인 현대중공업, 현대자동차, 삼성중공업, 삼성테크윈, 삼성전자 등 10개 훈련장에서 훈련을 하였다.

소속업체는 훈련장비나 숙소가 훌륭한 편이었지만 성동공고에서의 훈련은 빈약한 시설을 비롯하여 고충이 이만저만이 아니었다. 하지만 선수들은 솔선수범하여 약 200여 일에 달하는 강도 높은 훈련을 잘 견디어 냈다. 이 기간 동안 선수들과 성동공고의 임시합숙소에서 가정을 떠나 선수들의 아버지처럼 때로는 형처럼 동고동락한 기능경기팀의 윤상인 차장의 헌신이 무엇보다도 컸다고 생각한다.

아침 6시부터 밤 10시 30분까지 정해진 일정에 따라 선수들의 훈련이 이루어졌다. 하지만 훈련 중 크고 작은 일이 많이 발생했다. 환자 발생과 특히 외부 식당을 오가는 길의 교통사고까지 훈련 외에 예기치 않은 일도 많이 일어났다. 이럴 때마다 윤상인 차장의 동분서주하는 모습이 지금도 주마등처럼 떠오른다.

나는 기술대표가 돼서 3번째 같은 준비를 하는 국제대회였지만 오히려 처음 대회를 총괄했던 일본대회보다도 겉으로는 나타내지는 않았지만 내심으로는 솔직히 더 염려가 되고 힘이 들었다. 아마도 처음에는 모르고 준비했던 대회였지만 국제대회의 알파와 오메가의 힘든 난관을 앞서 경험했기 때문이라고 생각된다. 매 대회마다 종합우승을 꼭 수성해야 하는 이유가 생겼지만 그래도 국위를 선양하고 또 기능인들에게 자긍심을 갖게 할 수 있는 유일한 길이 기능올림픽이라는 생각이 든다.

나는 런던대회 준비를 위한 기술회의를 다녀와서 '기술대표 당부 메시지'를 한국선수단 모두에게 보냈다.

▥ 기술대표 당부 메시지

안녕하십니까? 친애하는 국제심사위원! 지도위원! 그리고 관계자 여러분! 그동안 국가대표 선수 지도와 하시는 사업에 얼마나 노고가 많으십니까? 우리는 지난 2월 안성에서 열린 워크숍에서 39개 직종의 대표선수와 함께 금년 10월 영국 런던에서 열리는 제41회 국제기능올림픽대회에서 지난 제40회 캐나다 캘거리대회에서 보여주었던 기능한국의 영광 재현을 위한 새로운 각오와 필승의 의지를 함께 다진 바 있습니다.

이미 아시는 바와 같이 워크숍 이후 대표선수들은 합동 훈련장을 비롯한 소속업체에서 훈련 중에 있습니다. 앞으로 평가전을 비롯한 선수들의 정신무장과 체력단련의 일환으로 군부대 훈련도 계획돼 있습니다. 이 과정은 그동안 한국선수단이 쌓아온 노하우로 우승을 향한 우리 선수단의 계획된 프로그램의 하나입니다. 이 모두는 여러분들의 헌신적인 열정과 뜨거운 성원, 그리고 관심으로 이루어지고 있다는 사실에 기술대표로서 진심으로 감사의 인사를 드립니다.

저는 지난 3월 29일부터 4월 3일까지 영국의 London에서 열린 제41회 국제기능올림픽대회 준비를 위한 기술회의(Technical Committee)에 참석하여 바쁜 일정을 보내고 돌아 왔습니다. 이번 London대회는 'Showcasing skills that shape our world(우리의 세계를 형성하는 기술 소개)'라는 캐치프레이즈를 내걸고 경기장 방문객 100만 명 유치를 목표로 하고 있습니다. 특히, 이번 기술회의를 통하여 Worldskills의 많은 시대적 변화의 실감은 물론 새로운 도전을 받고 돌아왔습니다.

무엇보다도 이번 런던대회는 중국이 처음으로 6개 직종에 참가하는 것을 비롯하여 스위스 등 유럽 강호들의 우승을 향한 치열한 각축전이 예상되며 그만큼 금메달의 길도 매우 험난할 것으로 예측됩니다. 무엇보다도 모든 나라가 '한국 타도'를 목표로 경기를 준비하고 있다는 사실입니다.

개최 직종은 46개 직종으로 지난 대회와 같은 수준이지만 참가 선수의 규모는 역대 최대 규모가 될 것으로 예상됩니다. 따라서 저는 국제기능올림픽대회 한국위원회의 기술대표로서 제41회 국제기능올림픽대회를 준비하고 있는 국제심사위원, 지도위원 그리고 관계자 여러분들께 당부의 말씀을 전하고자 합니다.

첫째, 지난 캘거리대회의 직종별 결과 분석을 바탕으로 한 런던대회의 새로운 전략적인 준비가 꼭 필요합니다. 이번 대회는 스위스를 비롯한 유럽의 강호들과 브라질, 대만, 일본 등의 도전이 그 어느 때보다도 거셀 것으로 판단됩니다. 따라서 이에 대한 과학적이고도 빈틈없는 전략 수립과 강도 높은 훈련이 요구됩니다. 특히, 지난 대회의 실패 원인 분석은 물론 경쟁국을 이길 수 있는 필승 전략을 마련하고 철저하게 준비해야 합니다.

둘째, Worldskills의 포럼에 수시로 방문하여 이번 대회에 필요한 정보 수집에 만전을 기함은 물론, 회원국 Expert들과의 친교의 장이 되도록 최대한 활용하여야 합니다. 이 포럼만큼 정보 수집에 유익한 곳도 없다고 판단됩니다. 여러분의 포럼 방문 기록은 국제심사위원의 의무 행위로써 그 진척도(예 Prepared 50% 등)가 기록됩니다. 한국 심사위원 중에는 지금까지 한번도 포럼에 방문하지 않은 심사위원이 있습니다.

셋째, 국제기능올림픽대회의 흐름은 가능한 한 Module화와 더불어 투명한 경기 그리고 지속가능(경기비용 절감)한 경기 진행을 위해 끊임없이 시스템이 개선 및 혁신되고 있습니다. 또한 훌륭한 Expert는 포상하여 칭찬하며 자질이 없는 Expert는 징계하는 방안도 논의되고 있습니다. 따라서 어떠한 부정행위도 절대로 해서는 안 되며 오로지 실력으로만 승부해야 합니다. 우리는 지난 캐나다대회에서 비록 종합우승은 했지만, 2개 직종에서 기능올림픽 정신에 위배되는 부끄러운 행동을 하여 기술회의 때마다 한국의 부정행위가 실례로 거론되는 씻을 수 없는 큰 오점을 남겼습니다.

넷째, 우리의 산업발전과 또 한국의 강점이 될 수 있는 국제대회 직종을 적극 개발하여 새로운 직종을 제안하는 것이 꼭 필요합니다. 그리고 우리의 제안이 꼭 실현되기 위해서는 회원국을 설득시켜 끌어들이는 전략도 마련해야 합니다. 이번 기술회의에서 2013년 실시를 목표로 8개 직종이나 새로 제안됐습니다.

다섯째, 앞으로 국제기능올림픽대회의 Expert는 가급적 공식 언어인 영어를 구사할 수 있는 Expert을 지명하도록 권장하고 있습니다. 현재 우리는 Chief Expert가 단 1명도 없는 반면 경쟁국인 스위스는 Chief Expert가 무려 9명이나 됩니다. 우리도 글로벌화에 대비해야 할 것입니다. 따라서 각자가 Chief Expert가 될 수 있도록 노력해 주시기 바랍니다.

여섯째, 직종 정의와 경기 규칙은 기능올림픽대회의 헌법과도 같으므로 반드시 숙지하고 선수 지도에 임해야 합니다. 경기 참가 전에 온라인 테스트를 통과해야 Expert로서 역할을 할 수 있습니다. 직종 정의와 경기 규칙을 숙지하는 것은 Expert 기본 책무이기도 합니다. 그리고 차기 대회를 위한 Test Project도 반드시 준비해 가야 합니다.

이상은 기술대표회의를 통하여 느낀 내용 중의 일부입니다. 한국은 기능올림픽 16회나 종합우승한 강국이면서도 아이러니하게도 기능올림픽대회나 직업교육의 문제를 선도적으로 리드하는 주역의 자리에 서지 못하고 있음은 매우 안타까운 일이 아닐 수 없습니다. 이는 아마도 미래를 위한 우리의 비전이 부족했던 것으로 아무튼 우리들이 풀어야 할 숙제가 아닌가 생각됩니다.

세계 최초로 도버해협을 왕복한 미국의 여자 수영선수 플로렌스 채드윅이 또 다른 도전이었던 1952년 미국독립기념일인 7월 4일에 카탈리나 섬에서부터 21마일 떨어진 캘리포니아 해안까지 횡단에 실패했던 것은 안개로 인해 목표를 볼 수 없었기 때문이었다고 합니다. 2달 후 다시 도전하여 성공한 그녀가 말하는 성공과 실패의 차이는

"목표를 볼 수 있었느냐 없었느냐"에 달려 있다고 합니다.

국제심사위원 여러분! 지금 우리의 목표는 너무나도 분명하며 또 뚜렷하게 보이고 있습니다. 아무쪼록 여러분의 헌신과 노력으로 목표를 이루는 성공의 주역이 될 수 있기를 간절히 소망합니다.

친애하는 국제심사위원, 지도위원 그리고 관계자 여러분. 우리들에게 준 사명은 결코 아무에게나 주는 우연히 찾아온 기회가 아닙니다. 아무쪼록 여러분이 흘린 땀과 피나는 노력이 금년 10월 런던의 영광과 승리로 이어지길 기대합니다. 끝으로, 지금까지 여러분들이 보여준 헌신적인 열정과 노력에 거듭 감사드리며 앞으로도 선수 지도에 최선을 다해 주실 것을 간곡히 당부 드립니다. 감사합니다.

2011년 4월 8일
기술대표 서승직 올림

출 전 신 고

신고합니다.

오는 10월 4일부터 10월 9일까지 영국 런던에서 개최되는 제41회 국제기능올림픽대회에 참가하는 대한민국 대표선수단 일동은 그 동안 갈고 닦아온 최고의 기량을 충분히 발휘하여 우수한 성적을 거둠으로써 국위를 선양할 것을 굳게 다짐하며 이에 신고합니다.

2011. 9. 8
통합제조 국가대표 강 동 균
헤어디자인 국가대표 이 원 정
고용노동부 장관 귀하

✖ 2011년 영국 런던대회의 총평

런던대회 준비가 한창이던 C-3일경에 WSI CEO인 David Hoey는 내게로 조용히 다가와서 이번 개회식에서 심사위원 대표선서를 할 한국의 심사위원을 추천해 달라는 부탁을 해왔다. 이는 지난 캐나다 캘거리대회에 이은 한국에 대한 특별한 배려로 기능한국의 위상을 말해주는 증거이기도 하다. 나는 기능올림픽 금메달리스트 출신으로 경험이 많은 옥내제어 직종의 이상국 심사위원을 개회식 대표 선서자로 추천하였다. 이상국 심사위원은 가슴에 태극기를 달고 개회식에서 기능한국의 명예를 안고 영광스런 대표 선서를 했다. 다음 내용은 런던대회의 개회식에서 심사위원을 대표한 이상국 국제심사위원의 선서 내용이다.

국제심사위원 대표 선서

나는 모든 국제심사위원의 이름으로 우리가 정직함, 공정성 및 투명성이 확립된 제반 경기규칙과 원칙을 존중하고 준수하며 완전한 공평성에 입각하여, 진정한 기능올림픽의 정신으로 모든 임무를 성실하게 수행할 것을 약속합니다.

옥내제어 대한민국 국제심사위원 이 상 국

In the name of all experts I promise that we will officiate with complete impartiality, respecting and abiding by the established rules and pillars of integrity, fairness and transparency — all in the true spirit of WorldSkills.

Sang Kook Lee, Electrical Installations, WSI Expert from KOREA

■ 품격 있는 기능선진국을 염원하며

2011년 10월 9일 폐막된 제41회 런던국제기능올림픽대회는 최고의 시설을 갖춘 'ExCel London' 경기장에서 58개국 회원국 중 51개국 949명의 선수가 참가한 가운데 열렸다. 이번 대회는 주최국 직종과 시범 직종을 포함하여 모두 46개 직종에서 세계 최고를 가리는 4일간 열띤 경합을 벌였다.

대한민국은 39개 직종 43명의 선수가 참가해 금메달 13개(은메달 5, 동메달 7, 우수상 12), 메달 포인트 91점, 참가선수 평균점수 530.58점 등 기능올림픽대회에서 공식 평가하는 3개 부문에서 모두 1위를 차지해 3연패 위업을 달성했다. 이로써 한국은 기능올림픽의 역사를 또 바꾸는 통산 17번의 종합우승이라는 신화를 창조했다.

이번 대회는 각국의 기술수준 향상과 실력 평준화 속에서 순간의 실수로 입상 메달의 색깔이 바뀌는 박빙의 승부로 동점자도 많이 나왔다. 한국의 우승은 전통적인 기능선진국인 일본을 비롯한 유럽 강호인 스위스, 독일, 프랑스, 영국 등의 거센 도전과 신흥 기능강국으로 급부상한 브라질까지 가세한 집중 견제 속에서 거둔 승리여서 더 값지고 자랑스럽다.

영광스런 대회 MVP 선정

특히 한국선수단 막내로 모바일로보틱스 직종에 출전한 전북 남원 용성고등학교 3학년 배병연 군과 공정표 군이 600점 만점에 588점을 얻어 이번 대회 최우수선수(MVP)로 선정됐으며 또 화훼장식 직종에 출전해 아시아권 선수로는 최초의 금메달을 획득한 유환 군은 555점을 얻어 'Best of Nation'에 선정되는 등 기능강국의 위상은 더한층 빛났다.

이외에도 참가선수 949명 중 상위 20위에 한국 선수가 4명이나 포함돼 대한민국이 명실상부한 최고의 기술강국임을 입증했다. 이번의 세계 제패는 하루아침에 이루어진 것이 결코 아니다. 2009년 캐나다 캘거리대회 이후부터 시작된 2년간의 땀과 노력이 결실을 본 것이다.

무엇보다도 이번 대회 우승의 원동력은 현대, 삼성 등 대기업과 각종 전문가 단체의 지원에서 비롯됐다고 할 수 있다. 기업의 적극적인 지원을 바탕으로 국제심사위원(Expert)을 비롯한 역대 기능올림픽 대회 출신 선배와 지도 선생님들의 한결같은 헌신과 열정이 어우러진 한국위원회가 주도한 합동훈련의 계획된 운용에서 나온 결실이다.

이번 대회에 39명의 국제심사위원 중 12명이 국제대회에 처음으로 참가해 많은 염려도 했지만 오히려 처음으로 참가한 심사위원들이 지도한 직종에서 금메달 4개(용접, CNC선반, 폴리메카닉스, 귀금속공예), 은메달 2개(웹디자인, 통신망분배기술), 동메달 3개(타일, 가구, 냉동기술)를 획득하는 성과를 올려 종합우승의 견인차가 됐다.

선수 출신 국제심사위원의 뛰어난 활약

크게 감사할 일은 기능올림픽선수 출신 심사위원의 뛰어난 활약이다. 한국이 획득한 13개의 금메달 중 9개(송선근, 김진우, 배종외, 안동희, 이갑승, 조성문, 권혁률, 소병진, 신충찬 심사위원 등 9명)가 선수 출신 심사위원의 지도로 이룩한 업적이다. 또 13개의 금메달 중 9개(현대중공업 3, 현대자동차 1, 삼성중공업 2, 삼성테크윈 2, 삼성전자 1)가 기업의 지원으로 얻은 결실이다.

참으로 안타까운 직종도 있었다. 금메달 후보로 최고의 기량을 발휘하고도 순간의 작은 실수로 입상하지 못한 통합제조 직종과 철골구조물 직종의 선수와 심사위원들에게 위로와 격려를 보낸다. 마치 얼마 전 대구에서 열린 세계육상선수권대회에서 실격한 자메이카 '우사인 볼트' 선수를 연상케 해 못내 아쉽다.

오늘의 성공과 실패는 결코 영원할 수 없으며 이번의 경험으로 심기일전하여 세계 최고의 마이스터가 되라고 격려하는 것으로 선수들의 마음을 달래야만 했다. 하지만 선수나 지도위원이 그동안 쏟은 열정은 결코 헛되지 않을 것이다.

화훼장식 분야 동양인 최초의 금메달 획득

화훼장식 분야에서 동양인으로 최초의 금메달 획득과 우리나라 최고 우수선수를 육성한 이화은 심사위원은 시상식 단상 최고 높은 곳에서 선 제자 유환 군을 보고 자신도 모르게 환희의 눈물과 탄성이 절로 쏟아졌다고 한다. 장장 210일 간의 합동훈련에서의 힘들었던 고통이 주마등처럼 스치는 각본 없는 감동의 드라마 그 자체였을 것이다. 이 감동의 표출이야말로 참된 스승의 지도자 정신에서 비롯된 값진 승리의 감격이었을 것이다. 짐작컨대 이는 아마도 39명의 모든 심사위원이 한결같이 염원했던 환희였을 것이다.

이 감격과 환희의 국위선양의 현장을 보고도 하나가 될 수 없다면 이는 비단 기능올림픽뿐 아니라 국가관의 올바른 정립을 위해서도 많은 학습이 필요할 것이다. 대표선수들은 실력보다 학벌을 중시하는 기능경시 풍조 속에서 언론에서조차도 별 관심을 기울이지 않는 비인기 분야의 설움을 딛고 당당하게 세계를 제패해 국민들에게 희망을 안겼다. 선수들의 다짐대로 세계 최고가 돼 국위선양과 국가 브랜드 가치도 높인 것이다.

런던의 하늘 아래 시상식 단상 가장 높은 곳에서 13번씩이나 태극기를 휘날리는 장관의 연출을 우리 기능인들이 해낸 것이다. 기능올림픽의 세계 제패는 참으로 어렵고도 힘든 일이다. 이 힘든 일의 성취를 기능강국으로 만족한다면 그것은 재주만 부리는 곰에 불과할 뿐이다. 이제는 종합우승이라는 쾌거를 단지 정부 포상과 상금을 줘서 격려하고 축하하는 것만으로 끝내서는 안 된다. 더 이상 메달만 따는 기능강국에 머무르지 말고 기능선진국의 문턱을 넘어야 한다.

환상의 팀워크로 최선을 다한 결실

모든 직종에서 스승과 제자와의 환상의 팀워크를 이뤄 치룬 최선을 다한 경기로 평가되지만 특별히 환상의 콤비로 대회를 성공적으로 이끈 팀을 소개한다. 웹디자인의 고경운 선수와 아심 정보기술 대표로 처음으로 국가대표 선수를 지도한 유승열 국제심사위원은 은메달 선수를 육성하였다. 아깝게도 브라질에게 져 금메달의 꿈은 이루지 못했지만 그래도 직종을 처음 제안한 종주국의 체면을 살려줬다.

우림플로랄디자인 연합회 중앙회장으로 화훼장식 직종 광주 중앙고 출신 유환 선수를 지도한 이화은 국제심사위원은 화훼장식에서 아시아 선수로서 최초로 세계를 제패하고 'Best of Nation'에 선정되는 영광까지 얻은 것이다. 이화은 국제심사위원은 성동공고 합숙소에서 선수를 지도하는 일상 중에 발목 부상으로 긴급 수술을 받는 등 여러 날 병원에 입원했던 일도 있었지만 유환 군을 세계정상에 우뚝 세운 것이다.

국가대표 선수 출신으로 후배인 한양공고 출신 목공의 김상현 선수를 지도한 한화아이디 대표 소병진 국제심사위원은 목공 직종의 메카인 한양공고의 자존심을 살려줬음은 물론 한국의 종합우승에도 크게 기여했다.

그리고 국가대표 선수 출신으로 삼성전자 과장인 조성문 국제심사위원은 동력제어 직종에서 서울공고 출신 유희재 선수를 지도하여 바라던 금메달을 획득했다. 특히 조성문 국제심사위원은 직전 대회인 캐나다 캘거리대회에서 '단위' 미기입하는 실수로 메달 획득에 실패했던 통한의 경험을 했던 터라 런던에서의 금메달은 더욱 빛났다. 당시 안타까운 소식을 접하고 기술대표로 이유를 들어 어필도 했지만 끝내 받아들여지지 않았었다. 이상은 선수와 국제심사위원과 함께 이룬 환상의 콤비의 결과지만 일부 직종만 소개했을 뿐이다.

지도자의 헌신과 열정으로 쌓은 금자탑

43명의 국가대표 선수 여러분! 여러분의 기능올림픽 세계 제패는 국민에게 희망을 준 쾌거일 뿐 아니라 자랑스러운 국위선양입니다.

그리고 세계 최고를 만든 39명의 국제심사위원 여러분! 여러분의 헌신과 열정은 대한민국의 무한한 국가 경쟁력입니다. 또한 선수단의 귀와 입이 된 39명의 통역 봉사요원 여러분! 여러분의 진정한 봉사와 고귀한 희생정신은 대한민국의 품격을 높이는 가능성의 상징입니다.

이 모든 오늘의 감사는 그동안 물심양면으로 선수들을 지원한 기업과 기능 경기팀의 헌신적인 노력에서 비롯됐음을 결코 잊어서는 안 된다. 때늦은 감은 있지만 이제라도 기능올림픽의 역사를 수없이 바꾸며 17번 종합우승한 기능강국이 아직도 기능선진국과 제조업 강국이 되지 못한 이유를 곰곰이 살펴봐야 한다. 왜냐하면 그 속에서 품격 있는 기능선진국과 제조업 강국으로 발전하는 해답을 찾아야 하기 때문이다.

그리고 품격 있는 기능선진국을 위한 개혁과 혁신은 개혁과 혁신적인 사고에서 비롯됨을 결코 잊어서는 안 된다. 자칫 변질을 개혁으로 착각할 수 있기 때문이다. 아무쪼록 런던기능올림픽을 계기로 이제는 품격 있는 기능선진국으로 거듭나길 간절히 염원한다.

제41회 런던국제기능올림픽대회 총평 2011년 10월 9일

☙ 청와대 초청행사에서의 기술대표 인사말

국제기능올림픽대회 한국기술대표를 맡고 있는 인하대학교 교수 서승직입니다. 먼저 바쁘신 국정에도 불구하시고 제41회 국제기능올림픽대회와 제8회 국제장애인기능올림픽대회 국가대표를 비롯하여 제46회 전국기능경기대회 1위 입상자를 이곳 청와대로 친히 초청해 격려 오찬을 베풀어주신 이명박 대통령님 내외분께 진심으로 감사의 말씀을 드립니다.

특히 대통령께서는 경기 기간 중에 선수단 한 사람 한 사람 모두에

게 일일이 격려 메시지를 보내주셔서 우승에 활력을 불어넣으셨습니다. 또 종합우승 후에도 축하 메시지를 잊지 않으시고 보내주셨습니다. 이 모두는 대통령님의 예비 숙련기술인들에 대한 각별하신 관심과 배려로 깊은 감사를 드립니다.

대한민국의 예비 숙련기술인들은 실력보다 학벌을 중시하는 만연된 기능경시 풍조와 언론에서조차도 별로 관심이 없는 비인기 분야의 설움을 딛고 당당하게 세계를 제패해 국민들에게 희망의 선물을 안겨줬습니다. 정말 대견스러운 것은 온갖 역경과 장애의 어려움을 극복하고 선수들의 다짐대로 세계 최고가 돼 국위를 선양하고 국가 브랜드의 가치를 높였습니다.

51개국 949명의 선수가 참여해 경합을 벌인 제41회 런던기능올림픽대회에서 우리 대한민국은 39개 직종 43명의 선수가 출전하여 금메달 13개, 은메달 5개, 동메달 7개의 획득을 비롯하여 기능올림픽조직위원회에서 공식 평가하는 토탈 메달포인트를 비롯한 3개 부문에서 모두 1위를 차지해 2위 일본과 3위 스위스의 도전을 물리치고 3연패의 위업 달성과 기능올림픽의 역사를 새로 쓰는 통산 17번의 종합우승이라는 신화를 창조했습니다.

런던의 하늘 아래 시상식 단상 가장 높은 곳에서 13번씩이나 태극기를 휘날리는 장관의 연출을 우리의 예비 숙련기술인들이 해낸 것입니다. 특히 한국선수단의 막내로 모바일로보틱스 직종에 출전한 전북 남원의 용성고등학교 3학년으로 이미 삼성전자에 취업한 배병연 군과 공정표 군이 600점 만점에 588점을 얻어 대회 최고의 우수선수인 MVP로 '앨버트 비달상'을 받아 기능한국의 위상은 더욱 빛났습니다.

또한 40개국 436명의 선수가 참가한 제8회 서울 국제장애인기능올림픽대회에서 우리나라가 40개 직종 79명의 선수가 출전하여 월등한 기량으로 대만과 중국을 제치고 5연패를 달성했습니다. 이번 우승의 쾌거는 서울대회의 명예 홍보대사인 남아프리카 공화국 출신 의족의 스프린터 '오스카 피스트리우스'가 보여준 것처럼 비장애인보다도 더 뛰어난 숙련된 기술의 역량을 보여줬기 때문입니다.

또 오늘 이 격려의 자리에는 지난 9월 청주에서 열린 제46회 전국기능경기대회에서 1위로 입상한 43명의 미래의 숙련기술인들을 포함한 대한민국 명장, 후원기업 대표 그리고 정부 관계자 여러분께서도 함께하고 계십니다.

이번에 이룩한 예비 숙련기술인들의 세계제패의 원동력은 기능올림픽 입상자에 대한 병역특례제도 유지, 선수들에 대한 장려금 인상과 국제기능진흥센터 건립 추진 등 정부 지원이 크게 확대됐기 때문입니다. 이를 계기로 현대와 삼성 등을 비롯한 후원기업의 적극적인 지원과 지도자의 헌신과 열정이 어우러진 한국위원회가 주도한 합동훈련의 계획된 시스템 운용에서 나온 결실이라고 할 수 있습니다.

오늘날 '기술과 기능'은 세계 일류의 명품을 만드는데 필수적으로 갖춰야 할 노하우입니다. 따라서 '기술과 기능'이야말로 앞으로 21세기 글로벌 시대를 주도할 국가 경쟁력의 핵심입니다. 따라서 세계를 제패한 기술의 역량은 반드시 국가산업발전의 성장동력이 돼야 합니다.

친애하는 국가대표 선수 여러분! 그리고 전국기능경기대회 입상선수 여러분! 오늘의 최고와 실패는 결코 영원하지 않습니다. 오직 끊임없는 학습과 도전정신으로 더욱 정진하는 자만이 세계 최고의 마이스터가 될 수 있습니다. 아무쪼록 최고의 숙련기술인이 되어 국가가 베풀어준 은혜에 더욱 성숙된 헌신으로 보답할 수 있게 되길 기대합니다.

잘 아시는 바와 같이 안타깝게도 대한민국은 아직도 기능선진국의 문턱을 넘지 못하고 있는 기능강국입니다. 기능선진국의 문턱은 학벌보다는 실력이 제대로 대우받는 능력 위주의 풍토 조성뿐만 아니라 사회적 약자도 조직의 일원으로 능력을 펼칠 수 있을 때 비로소 넘을 수 있습니다.

끝으로, 이 자리를 빌려 대통령님의 예비 숙련기술인에 대한 깊은 배려와 그동안의 정부 지원에 깊은 감사를 드리며 대한민국이 기능선 진국이 되는 그날까지 정부의 지속적인 지원과 관심을 당부 드립니다. 대단히 감사합니다.

2011년 10월 21일
국제기능올림픽대회 한국기술대표
서 승 직

🎖 기능올림픽 한국기술대표직을 떠나면서

나는 런던대회를 끝으로 임기 전에 스스로 기술대표직에서 사임하였다. 갑작스런 사임 같지만 내심 런던대회를 끝으로 물러나기로 결심한 것을 실행한 것뿐이다. 하지만 헌신과 열정으로 기능강국 대한민국을 이끌었던 기술위원들이 마련한 송별회라는 환대는 정말 감동의 추억으로 회상된다. 다음은 기술대표직 사임 인사의 전문이다.

전국기능경기와 기능올림픽을 사랑하는 모든 관계자 여러분! 안녕하십니까? 저는 이번 제41회 런던국제기능올림픽대회 종합우승을 끝으로 여러분들과 함께 한평생 젊음을 바쳐 열정을 불태웠던 기능올림픽의 기술대표직을 떠나게 돼 이에 감사 인사를 올리고자 합니다.

돌이켜보니 제가 1978년 4월 인천지방기능경기대회 배관 직종의 심사위원으로 기능경기와 인연을 시작으로 2011년 제41회 런던국제기능올림픽대회 한국기술대표에 이르기까지 어느덧 34년이란 세월이 흘렀습니다. 34년이라는 세월의 모든 것이 저에게는 소중한 추억이지만 그 중에서도 영원히 잊지 못할 일은 국제기능올림픽대회 국가대표로 만 22년 동안 11번에 걸쳐서 태극마크를 가슴에 달고 자랑스럽게 활동했던 기간입니다.

제가 기술대표로 활동했던 39회 일본 시즈오카대회, 40회 캐나다 캘거리대회 그리고 41회 영국 런던대회에서의 3연패 위업 달성과 매 대회 때마다 최고의 성적을 기록할 수 있었던 것은 모두가 여러분의 한결같은 노력 덕분입니다. 또한 배관 직종 국제심사위원으로 5명의 국제대회 금메달 선수를 육성한 것은 저의 큰 보람이자 자랑이기도 합니다.

특히, 여러분의 열정과 헌신적인 노력에 힘입어 이룩한 제41회 런던기능올림픽에서의 우승과 통산 기능올림픽 17번째 종합우승의 신화 창조는 실로 자랑스러운 쾌거이기에 더욱 값진 추억이 될 것입니다. 이는 실력보다 학벌을 중시하는 만연된 기능경시 풍조와 언론에서조차도 별로 관심이 없는 비인기 분야의 설움을 딛고 당당하게 세계를 제패해 국민들에게 희망의 선물을 안긴 값진 국위선양입니다.

비록 기능인이 제대로 대우받는 사회가 실현되지는 않았지만 기술대표직에 몸담고 있었던 기간 동안 기능인의 위상 제고는 물론 실업교육 발전을 위해 함께 지혜를 모았던 노력은 결코 잊을 수 없습니다. 또한 여러분들의 성원에 힘입어 기회가 될 때마다 언론 기고 등을 통해 기능인을 대변한 활동은 커다란 보람이었습니다.

무엇보다도 우리의 현실에서 볼 때 기능인을 위한 새로운 정책도 매우 중요하지만 더 중요한 것은 고질적인 교육정서가 바뀌어야 한다는 신념에서 펜을 들었던 것입니다. 이는 기능강국에서 기능선진국으로 발전을 위한 한결같은 기능인들의 소망을 대변했기에 큰 보람을 느낍니다. 더 이상 메달만 따는 기능강국으로 만족해서는 결코 안 될 것입니다.

참으로 안타깝게 생각하는 것은 국내대회와 국제대회를 치를 때마다 늘 많은 부탁과 책임만을 안겨드렸을 뿐 따뜻한 보은에는 인색할 수밖에 없었던 일이며 이 점 늘 마음에 걸렸습니다. 마치 어려운 일과 힘든 일도 제대로 모르는 문외한처럼 여러분에게 때로는 허무함과 때로는 실망만을 안겨드린 점에 대해서는 너그러운 용서를 구할 뿐입니다.

범사에는 다 기한이 있는 것처럼 시작할 때가 있으면 마무리할 때가 있는 법이지요. 저는 이제 34년 동안 여러분과 함께했던 기능올림픽 기술대표직을 떠날 때에 이른 것 같습니다. 새롭게 발전하는 세상을 보면서 부족한 사람이 너무 오래 기술대표에 머물렀다는 생각도 듭니다. 하지만 기술대표로서의 중책을 대과없이 마무리하고 더욱이 기능올림픽의 17회 종합우승이라는 영광을 함께하면서 웃으며 떠날 수 있는 기회를 마련해준 여러분에게 감사를 드릴 따름입니다. 이는 여러분들의 헌신적인 노력과 협조로 만들어준 소중한 기회로 이에 진심으로 감사를 드립니다.

그동안 국가가 준 사명을 목표대로 수행한 것을 자랑스럽게 생각하면서도 34년을 마무리하는 인사에 접하니 홀가분함과 아쉬움이 교차합니다. 하지만 저에게는 이 기간이 더 없이 행복하고 많은 깨달음을 준 인생 여정의 소중한 배움의 기간이기도 했습니다. 비록 몸이 떠난다고 해서 마음까지 떠나는 것은 결코 아닙니다. 이제는 자유인이 되어 그동안의 경험을 바탕으로 실력이 제대로 존중되는 기능선진국의 실현을 위해 열심을 다해 성원할 것을 약속합니다.

그리고 여러분과 함께했던 세월은 참으로 보람 있었고 행복했던 추억으로 영원히 간직하겠습니다. 아무쪼록 기능한국의 무궁한 발전과 여러분들의 건승을 기원 드립니다. 대단히 감사합니다.

⭐ 기고문

■ '기능선진국' 위한 로드맵 필요

지난 9일 폐막한 런던 기능올림픽대회에서 대한민국은 39개 직종 43명의 선수가 참가해 금메달 13개, 메달 포인트 91점, 참가선수 평균점수 530.58점 등 기능올림픽에서 공식 평가하는 3개 부문에서 모두 1위를 차지해 3연패 위업을 달성했다.

한국은 기능올림픽의 역사를 또 바꾸는 통산 17번의 종합우승을 이룩했다. 이번 대회는 각국의 기술 수준 향상과 실력 평준화 속에서 순간의 실수로 입상 메달의 색깔이 바뀌는 박빙의 승부로 동점자도 많이 나왔다. 한국의 우승은 전통적인 기능선진국인 일본을 비롯한 유럽 강호들의 거센 도전과 신흥 기능강국으로 부상한 브라질까지 가세한 집중 견제 속에서 거둔 승리여서 더 값지고 자랑스럽다.

대표 선수들은 실력보다 학벌을 중시하는 기능경시 풍조 속에서 언론에서조차도 별 관심을 기울이지 않는 비인기 분야의 설움을 딛고 당당하게 세계를 제패해 국민들에게 희망을 안겼다. 더욱 대견스러운 것은 역경과 어려움을 극복하고 선수들의 다짐대로 세계 최고가 돼 국위선양과 국가 브랜드 가치도 높인 것이다. 런던의 하늘 아래 시상식 단상 가장 높은 곳에서 13번씩이나 태극기를 휘날린 자랑스러운 기능인들의 우승에 박수를 보낸다. 특히 한국선수단 막내로 모바일 로보틱스 직종에 출전한 전북 남원 용성고 3학년 배병연 군과 공정표 군이 600점 만점에 588점을 얻어 이번 대회 최우수선수(MVP)에 선정돼 기능강국의 위상은 더욱 빛났다.

이번 우승은 우리의 직업교육 시스템의 본질에서 비롯된 현상은 결코 아니다. 무엇보다 이번 세계 제패의 원동력은 관심 기업이 적극 지원하고 지도자의 헌신과 열정이 어우러진 합동훈련의 계획된 시스템 운용에서 나온 결실이다. 바라는 것은 제2 런던의 쾌거 재현이 직업교육 시스템의 본질에서 표출돼야 한다. 그리고 표출된 역량은 반드시 국가산업발전의 성장동력이 돼야 한다.

물론 기능올림픽이 직업교육의 본질이 될 수는 없다. 기능올림픽 세계 제패는 어렵고도 힘든 일이지만 기능강국으로 만족한다면 그것은 재주만 부리는 곰에 불과할 뿐이다. 이제는 종합우승이라는 쾌거를 단지 격려하고 축하하는 것만으로 끝내서는 안 된다. 현실에서 볼 때 특성화고 출신의 산업현장 진출의 가장 큰 장애요인은 학벌만능주의 교육정서와 기술과 기능의 멸시와 천대 그리고 상대적으로 낮은 고졸자의 임금체계를 들 수 있다. 또 다른 요인은 병역문제와 미래에 대한 비전이 없다는 것이다. 이런 이유로 우리의 특성화고는 직업교육의 완성학교가 되지 못하고 일반고의 진학률 81.5%보다는 다소 뒤지긴 하지만 71.1%라는 진학률을 나타내고 있다. 이것이 우리 직업교육의 현주소다.

최근 대기업의 기능올림픽 출신과 전국기능대회 입상자 특별채용은 상생의 효과가 큰 바람직한 일로 환영하고 적극 장려할 일이다. 채용도 중요하지만 더 중요한 것은 최고 숙련기술인(명장)을 육성하는 제도를 마련해 기능인에게 희망을 줘야 한다. 이는 기업 경쟁력과 브랜드 가치를 높이는 동력으로 기능강국이 제조업 강국이 될 수 있는 본질이며 궁극적으로는 기능선진국을 실현하는 길이다.

우리의 현실에서 볼 때 기능선진국이 되기 위해서는 산업인력 육성교육과 최고 숙련기술인 육성으로 이어지는 역할이 분담된 통합시스템 구축과 로드맵이 필요하다. 때늦은 감은 있지만 이제라도 기능올림픽의 역사를 수없이 바꾸며 17번 종합우승한 기능강국이 아직도 기능선진국과 제조업 강국이 되지 못한 이유를 곰곰이 살펴봐야 한다. 왜냐하면 그 속에서 품격 있는 기능선진국과 제조업 강국으로 발전하는 해답을 찾아야 하기 때문이다.

매일경제 2011년 10월 21일

■ 진정한 기능강국 되려면

한국은 지난 7일 폐막된 42회 독일 라이프치히 기능올림픽에서 기능올림픽의 역사를 바꾸는 대위업을 이룩했다. 67개 기능올림픽 회원국 중 53개국에서 1,007명의 선수가 참가해 4일간 열띤 경합을 벌였다. 한국은 46개 개최 직종 중 37개 직종에 41명의 선수가 출전해 금메달 12개, 메달 포인트 89점, 참가 선수 평균 점수 531.03점 등 조직위원회에서 공식 평가하는 전 부문에서 모두 1위를 차지해 제39회 일본 시즈오카대회부터 4연패 위업 달성과 통산 18번의 종합우승을 이룩했다. 또한 기능올림픽 최고 영예인 최우수선수(MVP)도 철골구조물 직종에 출전한 원현우 선수가 차지해 기능한국의 위상은 한층 빛났다.

기능올림픽 이벤트로만 여겨선 안 돼

회원국들의 기술교육 발전과 실력 평준화 속에서 치러진 이번 대회는 순간의 방심과 실수로 메달의 색깔이 바뀌는 박빙의 경합에 지켜보는 지도자를 더욱 애타게 했다. 한국의 종합우승은 전통적 기능선진국인 일본·스위스·대만을 비롯한 유럽의 거센 도전과 2015년 세계대회를 유치할 브라질까지 가세한 집중 견제를 물리치고 거둔 쾌거이며 값진 국위선양이다. 실력보다는 학벌을 중시하는 만연한 기능경시 풍조 속에서 언론조차도 별 관심을 기울이지 않는 비인기 분야의 설움을 딛고 당당하게 세계를 제패해 창조경제의 동력인 뿌리산업과 제조업 발전의 희망이 살아 있음을 보여줬다. 이 저력이 제조업을 이끌 우리의 성장동력이다.

이번 종합우승은 우리의 직업교육 시스템의 본질에서 비롯된 현상은 결코 아니며 참여 기업과 지도자의 헌신과 열정에서 비롯된 것을 잊어서는 안 된다. 종합우승의 쾌거를 단지 훈장과 상금을 줘서 격려하는 이벤트성 행사로 끝내서는 안 된다. 바라는 것은 이번 우승을 계기로 직업교육의 본질 회복과 기능선진국으로 도약할 수 있는 기능올림픽 한국위원회의 전문성과 영속성을 유지 계승할 수 있는 재건축 수준의 개혁에 활력이 되길 기대한다.

18번 세계 제패를 하면서도 한국은 기능올림픽의 보편적 이상을 실현할 시스템조차 제대로 구축하지 못하고 있다. 매번 국제대회 때마다 기업에 크게 의존해야만 하는, 오직 직면한 대회만을 위한 시스템을 지속해온 것이다. 내면의 실상은 더 초라하다. 새로운 직종 개발 제안은 엄두도 못 내며 국제대회를 리드할 글로벌 전문가도 배출하지 못하는 속 빈 강정의 기능강국이다. 무턱대고 기능인을 숙련기술인으로 부르는 것은 그럴듯해 보이지만 추상적이고 혼란을 주는 칭호다. 이것은 본질보다는 현상만 바꾼 보여주기식 제도의 표본이다. 기능올림픽에서 금메달을 땄다고 숙련기술자가 된 것이 아니다. 다만 재능이 뛰어나 숙련기술인으로 키워야 할 재목일 뿐이다.

전문가 · 능력 우대 사회 만들어야

국회의원과 비서관의 기능올림픽 참관을 놓고 '선심성 외유'라는 논란이 벌어졌는데 이들이 결코 여론에 떳떳할 수 없다면 국민 혈세의 낭비일 것이다. 많은 관련 부처 관계자의 이벤트성 행사 참관도 필요하지만 분명한 것은 기능올림픽 리더로 국제기능올림픽대회 조직위원회(WSI)를 돕고 선수단의 서포터가 될 수 있는 역량 있는 전문가의 참여는 일거양득의 국위선양이다. 주변 챙기기의 모럴해저드 정책에 가린 전문가 홀대는 기능올림픽의 전문성과 정체성 실종에서 비롯된 잠재된 편견이다.

제도의 모순과 만연된 기능 경시 풍조 속에서 18번의 세계 제패는 기적 같은 일이다. 기적만으로는 제조업 강국과 기능선진국이 될 수 없다. 기능올림픽의 쾌거가 직업교육의 '본질'의 '현상'에서 표출될 수 있는 제도 구축과 정착이 능력 중심 사회 실현의 초석임을 깨달아야한다.

서울경제신문 2013년 7월 10일

■ 고졸 채용, 그 다음이 문제다

대기업과 시중은행의 고졸 인력 채용이 사회적 이슈다. 대학을 나와도 직장 구하기가 하늘의 별따기보다 힘든 세상에 고졸자 채용 확대는 능력중심사회를 다지는 초석이 될 수 있어 환영할 일이다. 능력 중심 사회를 이룰 성공 관건은 만연한 교육정서를 어떻게 타파하느냐하는 것과 고졸자에 대한 멸시와 상대적인 차별대우 해소에 있다. 단지 고졸 인력 채용만으로 고질적인 교육정서가 하루아침에 바뀌고 능력중심사회가 실현되는 것은 결코 아니다. 지금 현실에서 고졸 인력 고용 창출도 중요하지만 정작 더 중요한 것은 능력중심사회의 초석을 이룰 총합적인 시스템이 필요하다.

한국직업능력개발원에 따르면 우리나라 직업 중 2년제 이상 대졸 학력을 필요로 하는 직업은 불과 27%뿐이며 고졸 학력만으로 충분한 직업이 44.7%나 된다. 그리고 나머지는 아예 학력과 무관한 일들이다. 이런 현실에도 불구하고 일반고 졸업생 중 81.5%, 특성화고 졸업생 중 71.1%가 대학에 진학한다. 2011년 교과부 교육기본통계를 보면 전문대를 포함한 고등교육기관은 434개교나 되며 대학생이 373만 5000명에 이른다.

고등교육기관이 많은 것이 나쁜 것은 아니다. 다만 4년제 대학이나 2년제 전문대학을 나와도 제대로 취업에 성공하는 사람이 불과 50%대밖에 안 되는 것이 문제일 뿐이다. 이 통계만을 근거로 본다면 대학생 50%가 간판교육에 매달려 있다는 결론이다. 이 때문에 학력과 직업 간 미스매치도 심각하다.

학력 인플레이션은 국가가 풀어야 할 심각한 난제다. 혼란한 학력 인플레이션 속에서 한국 대학생들은 국가가 공인하는 학사 학위와 전문학사 학위 취득은 물론 각종 전문자격증을 소지하고도 일자리를 얻기 위해 또 다른 스펙을 쌓는 데 고통스럽게 젊음을 허비하고 있다. 작년 봄부터 대학생들이 부르짖고 있는 반값 등록금이나 대학 졸업장이 실업자 증명으로 전락해버린 것도 학력 인플레이션에서 비롯된 현상이다.

당장 반값 등록금 문제가 해결된다 해도 대졸자 일자리가 창출되는 것은 아니다. 임기응변적인 현상을 치유하는 데 불과하다. 반값 등록금보다 더 심각한 '대학 졸업장=실업증'이라는 잠재된 문제가 해결된 것이 결코 아니기 때문이다. 이것이 교육의 모든 것이 대학으로만 통하는 대학 만능 교육정책에서 비롯된 학력 인플레이션의 실상이다.

고졸 인력 채용은 능력 중심 사회를 이룰 핵심이며 학력 인플레이션을 해소할 본질이다. 고졸 인력 고용 창출도 중요하지만 더 중요한 것은 고졸 인력을 숙련 전문가로 키울 로드맵을 구축해 희망을 갖게 해야 한다. 궁극적으로는 고졸 인력의 다양하고 참신한 재능을 인재로 키워 기업의 브랜드가 될 수 있게 해야 한다.

이를 위해서는 고용 창출만을 강요할 것이 아니라 국가가 혁신적인 정책 비전을 제시해 따르게 해야 한다. 혁신적인 시스템 구축 없는 고졸 인력 채용 확대는 직장 안에서 또다시 차별에 시달릴 학벌 중시 정서를 해소할 수 없을 뿐만 아니라 결코 능력중심사회를 이룰 수가 없다. 기능강국이 기능선진국이 되지 못하는 것도 숙련 전문가로 크게 키울 시스템이 부재하기 때문이다. 고질적인 학벌만능주의는 누구 잘못이라고 탓하기에는 너무 오랜 세월이 흘렀다. 한마디로 오랜 세월 원칙 없는 정책에서 비롯된 누적된 잘못일 뿐이다. 언 발에 오줌 누는 임기응변식 처방으로는 누적된 잘못을 치유할 수 없음을 통찰해야 한다.

고졸 채용 확대는 중요하다. 그러나 결코 속 빈 강정이 돼서는 안 된다. 무엇보다도 평생직장으로 머물 수 있도록 품격 있게 대우할 시스템을 갖춰야 한다. 이것이 학력 인플레이션으로 인한 국가적 난제를 해결하고 능력중심사회를 이루는 왕도이기 때문이다.

매일경제 2012년 2월 3일

■ 유명무실 '기능강국'과 학벌 편견

지난해 SK텔레콤이 출신대를 가리고 신입사원을 채용했더니 'SKY' 출신 합격자가 줄었다는 것은 학벌 편견의 일면을 보여준다. 학벌 편견은 교육의 모든 것이 대학으로 통하는 대학만능주의 문화를 만연시켰다. 특성화고의 연계교육기관 전락과 전문대의 정체성 실종, 그리고 대학의 경쟁력 저하로 이어졌다. 대학만능주의에 편승한 직업교육기관 때문에 고교 졸업자의 70% 이상이 무조건 대학에 진학하는 학력 인플레이션이 더욱 심각해졌다.

기능올림픽 성과 제조업과 연결 못해

대학만능주의는 국가공인자격증을 포함한 소위 '취업 9종 세트'를 갖추고도 '대학 졸업장=실업증'이라는 현실을 만들었다. 졸업장 하나만으로 충분한 것을 자격과 능력이라는 스펙 쌓기 경쟁을 유발해 학벌 편견을 심화시켰다. 능력중심사회 실현의 관건은 실업자가 될지언정 무조건 대학에 진학하는 풍토를 바꾸는 것이다. 국가직무능력표준(NCS)이라는 도구만으로는 대학만능주의를 타파하고 직업교육의 정체성을 회복시킬 혁신을 기대하기에 심히 부족하다.

이처럼 정부 정책이 미덥지 못하고 또 다른 스펙을 걱정하는 것은 임기응변적이고 핵심의 혁신을 간과했기 때문이다. 학벌문화가 팽배한 상황에서 이상론만 내세운 현실적이지 못한 정책과 제도는 자칫

05 산업혁명 발상지 영국에서 세계를 제패한 대한민국 **177**

취업 세트만 늘릴 것이 명약관화하다. 능력으로 인재를 평가하지만 능력은 자격자가 실무를 통해 얻게 되는 노하우로 기업이 키워야 할 기업정신의 브랜드다. 이 영역만큼은 기업의 몫이 돼야 차별된 노하우를 갖게 된다. 자격자는 교육기관에서 제대로 육성해야 한다. 이것이 교육의 정체성이 회복돼야 하는 이유다.

우리가 기능강국 역량을 제조업의 강점으로 키우지 못한 것은 크게 실패한 과오다. 지난 1960년대 초 독일의 원조로 직업교육 기반을 다진 한국은 1977년 독일을 누르고 세계 최고의 기능강국이 됐다. 우수한 직업훈련 및 기능경기대회 운영 시스템을 바탕으로 국제기능올림픽에 27회 참여해 18회나 종합우승을 이뤄냈다. 그러나 독일은 비록 기능강국에서는 밀려났지만 기능선진국으로 건재하다. 이는 독일의 직업교육 풍토가 만들어낸 차별된 노하우인 '마이스터(장인) 정신' 역량 때문이다. 40년이 다 되도록 기능강국에만 몰두한 한국이 기능선진국인 독일의 풍토가 만든 노하우인 마이스터 정신을 본받지 못한 것은 원칙 없는 정책의 결과다.

기술 · 기능 존중 풍토부터 만들어야

기능강국이면서 특성화고를 연계교육으로 전락시킨 것이나 아직도 기능강국의 노하우를 축적할 시스템조차 구축하지 못한 것은 크나큰 국가경쟁력 손실이다. 기능한국은 기능올림픽 무대에서 리더로서의 역할을 못하고 있다. 또 기능강국의 이름만으로는 가치 있는 기술을 전수할 수 없음도 깨달아야 한다. 이 모두는 직업교육의 백년대계를 간과한 임기응변적 현상 추구만으로 일관한 정책 모순에서 비롯된 것이다. 직무능력만으로 직원을 채용하는 것도 좋지만 독일 정신의 기술·기능 존중 풍토의 시스템 구축이 더 절실한 것이다. 이런 시스템만이 고교졸업자 10명 중 2~3명만 대학에 진학할 수 있는 사회를 만들 수 있으며 이로써 학벌 편견 문화도 타파되고 취업세트도 사라지게 될 것이다. 이것이 모두가 바라는 능력 중심 사회일 것이다.

서울경제신문 2015년 7월 8일

■ 특성화高 살아야 기능선진국 된다

"가슴에 태극기를 품고 금메달을 향해 뛰겠다." 10월 영국 런던에서 열리는 제41회 국제기능올림픽대회 '통신망분배기술' 직종에 한국대표로 출전하는 제주 한림공고 출신 이진혁 선수의 각오다. 메카트로닉스를 비롯한 39개 직종의 대표선수 43명은 저마다 각오를 다지면서 국제기능올림픽대회 17번째 종합우승을 위한 도전에 나선다. 이는 기능올림픽의 역사를 새로 쓰는, 국위선양을 위한 위대한 도전이다.

기능강국 걸맞은 직업교육 안 시켜

실력보다는 학벌을 중시하는 뿌리 깊은 교육정서와 만연한 이공계 기피 현상에 따른 기술과 기능 경시 풍조 속에서 다지는 각오라서 더욱 값지고 자랑스럽다. 대표선수들은 비인기 분야의 설움을 이기고 임시로 마련한 합동훈련장과 각 소속단체에서 강도 높은 훈련으로 구슬땀을 흘리고 있다. 이들은 지방대회와 전국대회 그리고 선발전을 모두 거친 기술과 기능의 영재들로 짧게는 4년에서 길게는 5년이라는 노력 끝에 영광스러운 태극마크를 가슴에 달았다. 대표선수들은 학벌보다는 기술명장이 되려는 신념에서 이 길을 택했다. 이것이 진정한 국가 경쟁력이다.

한국은 1967년부터 모두 25차례 국제기능올림픽에 출전해 16번의 종합우승 달성과 455명의 메달리스트를 배출하여 독일·스위스·일본 등 기능선진국을 제치고 명실상부한 기능강국 자리를 지키고 있다. 한국은 기능올림픽의 성공적인 모델국가의 표상으로 산업화를 이루려는 국가의 벤치마킹 대상이다. 10월 런던 국제기능올림픽에 출전하는 아랍에미리트 국가대표 선수단 14명이 전지훈련차 방한해 지난 3주간 한국 대표선수 훈련장에서 우리 선수들과 기량을 겨루며 노하우를 전수받았다. 이는 기능강국이 이룬 유·무형의 국력이며 국가 브랜드를 높이는 일이다.

이런 대외적인 역량에 비해 우리의 실상은 참으로 초라하다. 아직도 기능강국에 걸맞은 직업교육 시스템을 갖추지 못했다. 제도의 모순 속에서 기능강국의 자리를 지키는 것도 참으로 아이로니컬한 일이다. 특성화고가 직업교육의 완성학교가 되지 못한 가장 큰 원인은 학벌을 중시하는 교육정서에 편승한 원칙 없는 정치가 만든 대학의 난립 때문이다. 또 '대학 졸업장=실업증'과 반값 등록금 요구도 이런 원인이 누적돼 표출된 결과다. 과거에 오늘을 준비하면서 겉으로는 교육의 백년대계를 외쳤지만 결과적으로 원칙 없는 정치가 교육을 망쳐 놓은 것이다. 원칙 없는 정치는 인도의 정신적 지도자인 마하트마 간디가 규정한 7대 사회악의 하나다. 대학구조개혁위원회가 대학 문제의 해결책을 마련한다고 하지만 문제의 본질은 대학에만 있는 것이 아님을 깨달아야 한다. 무엇보다도 특성화고를 직업교육의 완성학교로 정착시켜야 대학도 대학다워질 수 있다.

특성화고 졸업생 채용 제도화해야

궁극적으로 특성화고의 본질이 표출돼야 진정한 기능선진국이라고 할 수 있다. 기능올림픽에서 힘들게 이룩한 우승의 역량이 기능강국으로 만족하는 수준에 그치는 현실은 안타깝다. 마이스터고가 특성화고의 새로운 희망이 되고 있지만 기술 경시 풍조의 타파 없이는 결코 완성학교가 될 수 없다. 현재 2학년인 마이스터고 학생들의 학습역량은 뛰어난 것으로 평가되고 있다. 이것만으로 마이스터고의 성공을 말하기는 이르다. 앞으로 1년 후 졸업생의 '취업이냐 진학이냐'의 진로 선택은 마이스터고의 정착을 판가름하는 시험대가 될 것이다.

특성화고의 본질을 회복하는 일은 기능강국이 기능선진국으로 도약하고 제조업 강국을 실현하는 국력 신장의 지름길이다. 최근 일부 기업의 특성화고 졸업생 채용과 계획은 환영할 만한 일이지만 제도적으로 정착시키는 게 무엇보다 중요하다.

동아일보 2011년 7월 7일

WE ARE
ALSO A MEMBER OF
THE KOREAN NATIONAL TEAM

Ⅱ부

기능한국, 나아갈 100년

06

기능강국에서 기능선진국으로

'좋은 나무는 나쁜 열매를 맺지 않는다(No Good Tree Bears Bad Fruit).' 하지만 좋은 열매를 맺기 때문에 좋은 나무인지, 아니면 좋은 나무이기 때문에 좋은 열매를 맺는 것인지 다소 혼동을 줄 수 있다. 이런 혼동을 주는 것은 좋은 말을 한다고 다 좋은 사람이라고 단정할 수는 없기 때문인지도 모른다. 그러나 분명한 사실은 '좋은 나무가 좋은 열매를 맺는다(Good Trees Bear Good Fruit)'는 점이다. 이처럼 혼란스러운 표현을 나무는 본질(to be)이고, 열매를 현상(to do)이라는 관점으로 이해하면 혼란이 금방 일소가 된다.

기능올림픽에서 비롯된 기능강국이나 기능선진국이라는 말도 직업교육의 본질과 현상으로 이해하면 그 정체성이 더욱 분명해진다. 그래서 나는 직업교육의 현상만을 추구하는 기능강국보다는 직업교육의 본질을 중시하는 기능선진국의 실현을 주장해 온 것이다. 왜냐하면 이 길만이 제조업의 경쟁력을 키우는 일이며 학벌만능주의 타파는 물론 능력중심사회 실현의 길이라고 생각했기 때문이다.

우리나라는 1977년 제23회 국제기능올림픽대회에서 첫 종합우승 이후 자타가 공인하는 세계 최고의 기능강국의 자리를 지켜 왔지만 안타깝게도 기능선진국의 문턱은 넘지 못했다. 또 최근에는 브라질, 중국 등 신흥기능강국의 등장으로 기능강국에서 밀려났다. 한때 세계를 놀라게 했던 동유럽의 스포츠강국들이 스포츠선진국의 반열에 들지 못하고 마침내 스포츠강국의 자리에 서조차도 자취를 감춘 이유는 우리가 배워야 할 교훈이다.

한국이 능력중심사회의 표상이라고 할 수 있는 기능선진국의 반열에는 들지 못한 가장 큰 이유 중 하나는 직업교육의 본질보다는 지나친 성과주의에 빠져 현상만을 추구했기 때문이다. 오히려 교육의 양극화를 심화시켰을 뿐이다.

"기술의 힘으로 우리의 세상을 바꾸자"는 WSI가 추구하는 목적으로 세계의 청소년들에게 희망을 주기 위한 직업교육에 대한 비전이다. 이는 공교롭게도 그동안 내가 주장해왔던 직업교육의 삼위일체 시스템 구축과 일맥상통하는 내용이 담겨 있다. 그동안 내가 주장해온 기능강국에서 명실상부한 기능선진국의 반열에 오르기 위한 직업교육의 삼위일체 시스템의 내용 등을 살펴본다.

✪ 직업교육의 삼위일체 시스템은 무엇인가?

'직업교육의 삼위일체 시스템'은 필자가 기능인을 대변하면서 기능선진국 실현의 선결조건으로 제안해왔던 정책이다. 국제기능올림픽이나 전국기능경기대회는 직업교육의 본질(to be)과 현상(to do)의 관계로 자주 설명해왔다. 특히 기능올림픽은 직업교육인 본질의 표출이라고 할 수 있다. 기능강국은 현상만을 추구하고 기능선진국은 본질을 더 중시한다고 볼 수 있다.

나는 그동안 기회가 있을 때마다 기능선진국이 되기 위한 핵심요소인 ① 직업교육 시스템 구축, ② 안정된 일자리 제공, ③ 전문가 육성 등 세 가지를 하나의 시스템으로 연계하는 '직업교육의 삼위일체 시스템 구축'을 제안하고 강조해왔다.

이런 정책을 제안한 이유는 교육의 모든 것이 대학으로 통하는 학벌만능주의로 기술과 기능을 경시하는 실상은 간과한 채 능력중심사회 구현을 외치는 실효성도 없는 정부의 직업교육 정책에 대해 그래도 실현가능한 정책이라고 판단돼서 제안하고 주장해 온 것이다. 세계 최고의 기능강국을 자랑하면서도 특성화고교가 직업교육의 완성학교가 되지 못한 것은 지나친 현상 추구에서 비롯된 결과라고 할 수 있다.

기능강국만을 내세워 직업교육 선진국과 제조업 강국을 실현하지 못한 것은 국가 경쟁력의 손실이다. 무엇보다도 공산품시장에서 기능강국인 'Made in Korea'의 제품이 기능선진국인 'Made in Swiss'나 'Made in Germany'보다 강점을 갖지 못하는 이유도 깨달아야 할 교훈이다. 이는 직업교육의 문제가 될 때마다 임기응변적인 보여주기식의 명칭이나 간판만 바꾸는 식의 현상 추구로 본질적인 교육 시스템의 개혁을 하지 못했기 때문이라고 할 수 있다. 기능선진국 실현을 위한 선결조건으로 직업교육 혁신의 세 가지 핵심요소와 이 세 가지 요소를 유기적으로 연계하는 삼위일체 시스템의 로드맵을 살펴본다.

그림 6-1은 직업교육 삼위일체 시스템의 로드맵을 나타낸 것이다. 삼위일체 시스템의 핵심은 ▼제대로 된 기술인재 육성을 위한 직업교육을 위한 시스템 구축, ▼기술자를 제대로 대우하는 안정된 일자리, ▼최고의 숙련기술자 육성을 위한 전문가 육성 비전을 기본으로 하는 유기적인 시스템 구축을 말한다. 삼위일체 시스템의 구축은 현재 시행되고 있는 '일+학습병행제', '차별된 숙련기술자 육성', '학위심화과정' 등의 제도를 모두 포용할 수 있는 시스템이다. 삼위일체 시스템은 다음의 세 가지 기본을 전제로 한다. 기본과 원칙은 언제나 First이고 또 Best이기 때문에 엄청난 힘을 발휘하는 동력이다.

첫째, 제대로 가르쳐야 한다. 이는 삼위일체 시스템의 첫 번째 핵심요소로 제대로 된 기술인재를 육성하기 위해서는 제대로 된 직업교육 시스템을 갖춰야 한다. 우리는 그동안 직업교육의 본질을 망각하여 제대로 가르칠 수 있는 시스템을 구축하지 못하고 특성화고교를 연계교육기관으로 전락시켰다. 그러나 실패한 정책의 올바른 성찰은 유익한 교훈을 얻을 수 있지만 간과해 버렸다. '왜?', 그리고 '언제부터 직업교육시스템이 무너졌는가?'는 제대로 가르치기 위한 교육 시스템 구축을 위해 성찰할 핵심이다.

특히 ▼보여주기식의 실적 위주와 성과주의 정책 추구, ▼직업교육의 백년대계를 무시한 포퓰리즘 직업교육 정책, ▼개혁을 임기응변적인 현상 추구로 변질시킴, ▼교육기관(특성화고, 전문대, 대학)의 정체성을 실종, ▼특성화고와 전문대를 연계교육기관(Feeder School)으로 전락 등은 직업교육 시스템의 부재에서 비롯된 일이다.

둘째, 말뿐인 우대(優待)보다 제대로 대우(待遇)해야 한다. 기능인을 제대로 대우하는 안정된 일자리가 제공되는 시스템이 구축돼야 한다. 이는 기능인 멸시와 천대의 대명사 '낙인(Stigma)'을 제거함은 물론 실력보다 학벌을 우선하는 만연된 사회정서 타파에 기여할 수 있다. '차별된 숙련기술자 육성'은 제대로 된 안정된 일자리에서 기대할 수 있는 가치 있는 정책이다.

셋째, 숙련기술자(명장)로 육성할 비전을 제시해야 한다. 이는 삼위일체 시스템의 세 번째 핵심요소로 '차별된 전문가 육성'을 위한 설득력 있는 로드맵을 구축하여 희망을 줘야한다. 기대되는 효과는 평생직장이라는 자부심을 갖게 할 수 있을 뿐만 아니라 기업의 차별된 노하우 축적으로 브랜드의 가치를 높일 수 있다. 그리고 우수기술인력을 국가의 경쟁력으로 흡수할 수 있다. 명장 육성은 그림 6-1에서와 같이 기업과 학교의 유기적인 협력을 통하여 '학위심화과정'을 효과 있게 운영할 수 있는 일거양득의 효과를 기대할 수 있다.

이상의 3가지를 기본으로 하는 삼위일체 시스템 구축으로 기대되는 효과는 다음과 같다. ▼망국병 학벌만능주의 타파로 교육 양극화를 해소 ▼만연된 기능경시(Stigma)풍조 해소 ▼교육기관의 실종된 정체성을 회복 ▼기업과 학교의 ONLY ONE의 강점을 구축 ▼4차 산업혁명의 프런티어 개척을 주도할 차별된 인재육성 ▼기능선진국의 브랜드화, 글로벌 기술인재 육성 ▼청년실업 해소와 미스매치 근본적인 해결 ▼중소기업의 인력난 해소에 기여 ▼제조업 선진국의 기반을 구축 ▼특성화고교와 전문대학의 차별된 강점을 구축 ▼청년 실업난의 근본적인 해결에 기여 ▼국가 경쟁력 제고에 기여

결과적으로 삼위일체 시스템의 구축과 정착은 지금 정부가 추구하고 있는 그 어떤 정책보다도 능력중심사회의 표상인 기능선진국 실현과 학벌만능주의를 타파할 수 있는 유일한 방도의 시급한 시스템 구축이다. 그러나 이 정책은 교육백년대계라는 대명제 아래 추진해야 효과를 기대할 수 있음을 명심해야 한다.

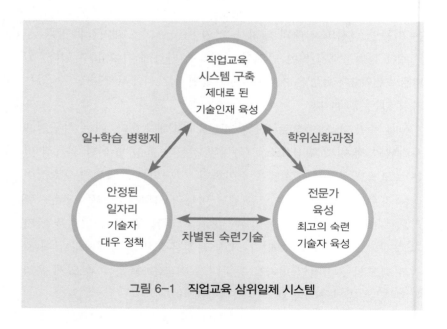

그림 6-1   **직업교육 삼위일체 시스템**

❖ 기고문

■ 기능인 우대 정책으로 특성화고 · 中小 살리자

지난 5년 동안 평균 70%대의 높은 취업률을 기록했던 기계공업고, 상업정보고 같은 특성화고에도 취업 한파가 몰아치고 있다. 대구 지역 10여 개 특성화고와 마이스터고의 경우 3학년생 중 직장을 구한 사람은 10% 정도로 예년의 4분의 1 수준에 머무르고 있다.

특성화고의 취업난은 경기 불황과 최저임금 인상 등의 요인도 있지만 지난해 11월 특성화고 학생이 기업체 현장 실습 도중 사망하는 사고가 발생하자 교육부가 올해부터 취업이 보장됐던 현장 실습을 폐지한 것이 큰 영향을 미쳤다. 이에 따라 근로 중심이 아니라 실습 지도와 안전 관리 등을 하는 학습 중심 실습만 3개월 이내에서 제한적으로 이루어지고 있다. '무늬만 현장 실습'인 것이다. 중소기업들은 예전에는 현장 실습 학생을 졸업과 동시에 바로 채용할 수 있었으나 채용 절차도 복잡해지고 채용 시기도 마음대로 할 수 없게 되자 채용을 꺼리고 있다.

이런 일이 벌어지는 것은 기능 인력을 체계적으로 키우는 직업교육 시스템이 제대로 구축되지 않았기 때문이다. 기능선진국인 스위스·독일의 경우 학생들은 기업 현장에서 마이스터(명장)로부터 기술교육을 받은 후 그 회사에 입사해 기술을 연마할 수 있는 직업교육 시스템이 구축되어 있다. 학생들은 현장 실습생 때부터 마이스터가 될 때까지 직업교육 로드맵에 따라 실력을 키우고, 제대로 된 대우를 받는다. 스위스가 정밀 기계 등에서 세계 최고 수준의 경쟁력을 보유한 것은 이런 직업교육 시스템이 뒷받침되어 있기 때문이다.

우리나라도 기능선진국이 되기 위해 ① 직업교육 시스템 구축 ② 기능인을 제대로 대우하는 일자리 마련 ③ 최고의 숙련기술인(명장)

육성 비전 등이 연계된 삼위일체 시스템을 구축해야 한다. 목표는 기능인이 대우받는 능력중심사회 실현이다. 이렇게 되면 직업교육이나 특성화고를 천대시하는 일부 풍조가 사라질 것이다. 무턱대고 대학만 가려는 사회 분위기도 옛날 얘기가 될 것이다.

기능인을 제대로 육성·공급하는 시스템이 구축되면 이는 중소기업에 새로운 돌파구가 될 수 있다. 중소기업은 전체 사업체 수의 99%, 총 고용의 88%를 차지한다는 의미로 흔히 '9988'로 불린다. 우리 경제의 뿌리인 중소기업이 자체적으로 기술자를 양성하고 차별화된 기술을 개발하는 교육 시스템이 구축되면 기능선진국을 앞당길 수 있을 것이다.

조선일보 2018년 11월 6일

■ 실업계고교가 춤춰야 한국이 큰다

윤종용 삼성전자 부회장과 이상수 노동부 장관이 21일 체결한 '기능장려협약'은 실업계 고교생에게 희망을 준다. 우수한 기능 인력 배출의 산실이던 전국기능경기대회나 국제기능올림픽대회 출신을 적극 채용해 국가 경제발전의 성장동력으로 흡수하겠다는 의지를 담고 있다. 협약식에 앞서 내년 11월 일본 시즈오카에서 열리는 제39회 국제기능올림픽대회 국가대표가 되기 위해 2차 평가전에 참여한 선수들을 격려하는 모습 또한 전에 볼 수 없던 일이다.

이 장관의 즉석 제의로 열린 일선 실업계 고교 교장단과의 대화를 계기로 정부가 실업교육을 살리는 방안에 귀를 기울였으면 하는 바람이다. 학교에 기부금을 기탁하거나 일부 학생에게 취업의 기회를 제공하는 방법은 실업계 고교생에게 희망을 주지만 '기능장려협약'만으로는 중증 환자가 돼 버린 실업교육을 치유하기 어렵다. 지금의 실업교육은 수요자가 외면하는 제품을 양산하는 데 비유할 수 있다. 유용성 측면에서 볼 때 실업교육 자체를 부정하는 사람이 많다. 산업인력 양성이라는 본질에 충실하지 못하고 시대변화에 따른 개혁이 요구될 때마다 임기응변으로 대응했던 결과다.

실업계 고교 교장단은 노동부 장관과의 대화에서 보여주기 식의 외형적 변화보다는 실업교육 시스템을 본질적으로 개혁해야 한다고 강조했다. 무분별한 대학 설립으로 대학 정원이 늘어나면서 실업교육을 망쳤다는 지적도 나왔다. 윤 부회장은 협약식에서 "자원이 없는 우리나라가 선진국이 되려면 교육과 인재 육성만이 유일한 방법이라 생각하고 있다"며 교육과 인재 육성의 중요성을 강조했다. 기업의 경쟁력으로 국가 경쟁력을 유지해야 하는 현실에서 기능 인력 육성에 관심을 보인 것은 환영할 일이다.

기능강국의 우수한 인적 자원을 가졌으면서도 기능선진국이 되지 못한 이유는 실업교육 정책이 실패했기 때문이다. 문제 해결의 세 가지 키워드는 △산업인력 양성이라는 실업교육의 본질 회복 △기술자와 기능인을 제대로 대우하는 정책 △우수한 기능 인력을 숙련된 전문가로 육성하는 정책으로 집약할 수 있다. 기업은 우수 기능 인력을 채용하는 데 그치지 않고 이들을 숙련된 전문가로 육성하는 계획이 있어야 한다. 이는 국내 기업 브랜드의 가치를 높이는 의미 있는 투자이며 기업의 생존과 직결되는 경쟁력을 키우는 일이다.

세계 일류제품과의 경쟁에서 절대 우위를 가지려면 우수한 기술과 기능 인력을 확보해야 한다. 기술과 기능을 경시하는 풍조와 이공계를 기피하는 사회적 분위기 속에서 기술자와 기능인의 명예와 가치를 존중하는 문화를 정착시키기는 쉽지 않지만 정부가 풀어야 한다. 앞에서 언급한 세 가지 키워드를 하나의 시스템으로 연계하는 정책을 정부가 제시하고 추진해야 한다. '기능장려협약'을 계기로 다른 기업이 인재 양성에 적극 참여해 21세기 코리아의 브랜드 가치를 높이는 데 기여하기를 기대한다.

동아일보 2006년 12월 29일

■ 취업 한파, 특성화高는 더 춥고 서럽다

외환위기 이후 청년실업률이 가장 심각하다는 현실 속에 '알바도 취업도 어렵다'는 목소리는 청년체감실업률이 최악의 상황이라는 것의 반증이다. 모두가 겪는 취업 한파라지만 특성화고는 더 춥고 서럽다. 취업절벽 해소를 위해 만든 일자리마저 고용세습과 기득권 세력 등에 밀려 취업경쟁의 상대적 약자인 특성화고의 취업의 문은 더욱 좁아졌기 때문이다.

최저임금 인상 여파로 고조된 제조업의 불황이 특성화고까지 취업절벽으로 만든 주요인이라고는 하지만 크게 염려되는 것은 정부의 특성화고 육성 의지가 퇴색되는 정책 변화로 기능선진국 실현의 기반이 흔들리고 있다는 사실이다. 특성화고의 인기 추락과 심각한 미달사태가 그 증거다. 모처럼 특성화고에 대한 인식이 달라지고 실종됐던 직업교육의 정체성도 회복되고 있는 상황에서 특별한 혁신 대안도 없이 정책기조를 바꾼 것은 예비 숙련기술인들의 희망을 꺾는 홀대가 아닐 수 없다.

산업인력양성의 요람이었던 특성화고가 '못사는 집 아이, 공부 못하는 아이가 가는 학교'라는 멸시·천대의 낙인(stigma)이 붙은 것도 교육백년대계를 간과한 교육의 모든 것이 대학으로 통하는 대학만능주의의 포퓰리즘 정책에서 비롯된 것이다. 이 편견으로 한국은 지금까지도 능력중심사회 표상인 기능선진국의 반열에 들지 못하고 있음은 물론 청년실업의 근본원인임을 잊어서는 안 된다. 만연된 멸시의 편견을 타파하지 못한다면 기능선진국 실현과 청년실업의 근본적 해결은 요원할 뿐이다. 교육백년대계의 대명제 아래 머리보다는 가슴으로 기능인을 섬기는 헌신과 일관된 직업교육 정책이 추진될 때 해결될 수 있다.

특성화고와 심각한 청년실업은 원인에서 해결책을 찾아야 한다. 우선 말뿐인 기능인 우대(優待)보다는 기능인을 제대로 대우(待遇)할

3대 핵심인 ▲직업교육 시스템 구축, ▲기능인을 제대로 대우하는 일자리 제공, ▲최고의 숙련기술인 육성 정책 등을 하나로 연계하는 삼위일체 시스템의 구축이 절실하다.

이것이 특성화고도 살리고 능력중심사회의 표상인 기능선진국 실현으로 청년실업까지도 해결하는 길이다. 또한 4차 산업혁명 시대의 프런티어 개척에서 주역이 될 직능별 융합 인재를 육성하는 경쟁력의 핵심이다. 대안 없는 정책변화가 특성화고를 위기에 빠트리고 또 청년실업 해결과 기능인의 염원인 기능선진국 실현을 어렵게 할 수 있음을 잊어서는 안 된다. 특히 유한한 정권의 포퓰리즘 정책이 영원해야 할 직업교육을 망쳐서는 안 될 일이다.

N&Times 2018년 10월 29일

■ 한국, 기능강국에서 기능선진국 되려면

국제기능올림픽 가입 50돌을 맞은 기능한국은 한국의 자랑스러운 자긍심의 원천이다. 국제기능올림픽 회원국이 된 지 불과 10여 년 만에 기능강국 등극과 국제기능올림픽의 역사를 수없이 바꾼 것도 우리만의 역량이다. 다만 제도의 모순을 혁신하지 못해 기능선진국이 되지 못한 것은 물론 기능강국다운 리더 역할도 못하는 것은 안타깝다.

정부 정책이 직업교육 백년대계는 간과한 채 단기적 성과에만 급급했다. 이는 직업교육의 정체성 실종과 고졸자 10명 중 7, 8명이 대학에 진학하는 대학만능주의를 불러왔다. 경제협력개발기구(OECD) 회원국 중 청년층(25~34세)의 대학교육 이수율 1위(68%)가 그 결과다. 기능올림픽도 직업교육의 본질이 나타나는 것이어야 한다. 기능강국은 현상만을 추구한 것이고 기능선진국은 본질이 드러난 것이다. 동유럽 스포츠강국이 스포츠선진국이 되지 못한 이유를 살펴야 한다.

숙련기술인 육성은 국가경쟁력 창출의 보고다. 우리는 실적을 위한 기능강국만 내세웠을 뿐 기능인재의 잠재된 재능을 경쟁력으로 키우는 일에는 절대적으로 소홀했다. 강점 있는 숙련기술인 육성을 위한 로드맵 구축으로 기능인에게 희망을 줘야 한다.

기능올림픽한국위원회는 독립된 전문가 중심의 기구로 혁신돼야 한다. 단기 성과만을 추구해 온 시스템의 모순이 정체성 전문성 연속성 부재의 기능강국을 낳았다. 이는 공직사회의 님트(NIMT·Not In My Term) 현상과 무관할 수 없다.

한국은 브라질 기능올림픽대회의 핵심 평가항목에서 브라질에 완패했다. 기능올림픽 종합우승 논란은 기능한국 자긍심에 상처를 줬다. 성과 부풀리기에서 비롯된 성급한 기술 전수의 실상이다.

세계 최고의 기능강국이 기능선진국이 되지 못한 최대 걸림돌은 능력중심사회 실현을 위한 풍토 조성을 간과한 탓이다. 국제사회에 기여하는 것도 차별화된 기능선진국이어야 가능하다. 실적 보여주기에 연연할 수밖에 없는 시스템이 시급한 혁신을 외면케 한 것이다. 한국위원회 관계자까지 기능한국의 위상에 자괴감마저 느꼈다고 하고 기능올림픽의 변방국가가 메달만 따러온 것 같아 창피했다는 말은 깊이 반성할 대목이다. 직책에 충실한 헌신과 열정이 기능인이 대우받는 편견 없는 기능선진국 실현의 마중물이 될 수 있음을 잊어서는 안 된다.

동아일보 2015년 12월 21일

■ 젊은 기능인들이 산업현장에 돌아오게 하려면

국가의 경쟁력은 국민의 능력에서 나온다. 한국이 전쟁의 폐허를 딛고 산업화의 기적을 이룬 것도 국민의 결집된 능력에서 비롯된 것이다. 산업화의 성공으로 세계 10위권의 경제 발전을 이룬 이후 우리의 현실은 능력보다는 학벌을 중시하는 깊은 수렁에 빠져들었다. 교육의 모든 것도 오직 대학으로만 통하고 있을 뿐이다.

대학 만능의 교육정서가 2011년 현재 373만 5000여 명의 대학생과 434개의 고등교육기관을 탄생시켰다. 하지만 대학 졸업생의 절반을 일자리를 찾아 헤매는 실업자로 전락시켰으며 반값 등록금이라는 국가적 난제도 불러왔다. 한편 산업 현장에서는 은퇴를 앞둔 숙련기술인의 노하우마저 물려받을 젊은 기능인이 없어 돌아가던 기계가 멈출 위기에 직면해 있다.

이는 교육의 백년대계는 포장에 불과할 뿐 대학 만능의 교육정서에 편승한 학벌중심 사회로의 정책을 추구해 국가 경쟁력의 손실을 초래한 것이다. 그동안 대의명분 아래 추구된 정책마다 겉으로는 한결같이 능력중심사회를 만든다고 외쳤지만 오히려 교육기관의 정체성마저 잃어버린 정책만 추구해 능력중심사회의 실현을 더 어렵게 만든 것이다. 전문계고가 직업교육의 완성학교가 아닌 연계 교육기관으로 전락한 것이나 전문대학을 사실상 4년제 대학화한 것 등이다. 이는 교육정서의 타파는커녕 오히려 학벌중심 사회를 장려한 정책의 결과로 교육의 양극화만 심화시켰다.

기능올림픽을 휩쓸 만큼 세계 최고 기능강국에서 특성화고가 직업교육기관으로 성공하지 못한 것이나 산업현장에서 숙련기술의 노하우를 전수받을 젊은 기능인이 없다는 것도 아이러니다. 기능선진국에서는 장인의 혼과 맥을 잇는 젊은 기능인들로 넘쳐나고 있다. 우리는 기능선진국인 독일이나 일본의 산업현장에서 볼 수 있는 노하우 전수시스템도 구축하지 못했다. 기능올림픽을 통해 이룩한 국위선양은 국가 브랜드 가치를 높인 값진 일이지만 재능 있는 기능인을 인재로 육성해 제조업의 경쟁력을 키우지 못한 것은 국력 손실이다.

현재 일부 젊은 기능인과 명장들은 기능선진국에서도 볼 수 없는 파격적인 우대를 받고 있다. 하지만 많은 기능인들은 제대로 대우를 받지 못해 산업현장을 외면하고 있으며 실업자가 될지언정 대학 진학의 길을 택하고 있다. 이 같은 기능인 우대 정책은 기능강국 유지에는 도움이 될지 모르나 결코 기능선진국을 이루는 초석은 될 수 없다. 우수 기능인을 격려하는 포상은 적극 장려해야 할 일이지만 무엇보다도 우수한 마이스터고 출신과 재능이 뛰어난 기능인이 산업현장으로 돌아오게 할 수 있는 근본적인 시스템의 구축이 절실하다.

대기업의 고졸사원 공채는 학벌 타파와 능력중심사회의 초석을 다질 기회로 환영할 일이다. 고졸 채용의 성공의 관건은 만연된 교육정서 타파에 달려 있다. 학벌의 편견에서 비롯된 차별적 대우를 없애고 능력에 따른 승진과 승급을 보장하고 또 최고 전문가의 위치에도 오를 수 있는 제도를 마련해 희망을 줘야 한다. 학벌중심 사회의 전문직업인처럼 성공한 고졸 출신 아버지도 자식에게 자신이 걸어온 길을 자랑스럽고 떳떳하게 권할 수 있는 사회풍토가 조성돼야 한다.

능력중심사회는 능력에 따른 공정한 대우뿐 아니라 학벌로 인한 편견과 차별이 없다고 모두가 인정하는 사회를 말한다. 금오공대가 작년에 이어 올해 2월 졸업식에서도 두 명의 전문계고 출신 최고경영자(CEO)에게 명예 박사학위를 준 것은 능력중심사회 실현의 본보기다. 이는 직업과 직위의 편견 없이 능력의 가치를 존중하고 인정하는 문화의 정착과 분위기 조성을 위해 필요한 일이다. 능력중심사회의 실현은 반값 등록금 해결과 대졸 실업자 양산을 막을 수 있는 본질이며 궁극적으로는 나라를 튼튼하게 살리는 일이다.

동아일보 2012년 4월 17일

■ 청년실업 해결책, 교육에서 찾아야

'청년실업률 10%, 외환위기 이후 최고'라는 암울한 현실 속에 '알바도 취업도 어렵다'는 목소리는 청년체감 실업률이 최악임의 반증이다. 또한 '일자리 미스매치, 구직난(求職難) 속에 구인난(求人難), 대학 졸업장=실업증, 취업 9종 세트, 반값 등록금보다 심각한 반값 졸업장, 능력보다 학벌이 우선인 사회, 기술·기능의 멸시천대 풍조' 등은 직업교육과 대학교육의 심각성을 대변하는 말이다.

이는 역대 정권의 혁신으로 포장한 임기응변의 교육정책에서 비롯된 부메랑이다. 무엇보다도 교육양극화 심화, 대학의 경쟁력 저하, 직업교육기관의 정체성 실종 등은 교육백년대계를 간과한 포퓰리즘 정책이 망쳐 놓은 한국 교육의 실상이다.

산업인력양성의 산실인 특성화고교는 산업화의 기적을 이룩한 빈곤탈출의 동력이었다. 하지만 산업화 이후 학벌만능주의 추구로 '못사는 집 아이, 공부 못하는 아이가 가는 학교'라는 편견으로 멸시·천대의 낙인(stigma)이 찍힌 것이다. 편견과 낙인은 세계 최고의 기능강국이면서 기능선진국이 되지 못하는 가장 큰 걸림돌이다. 황무지를 옥토로 만들어 씨를 뿌려 가꾸고 결실을 바라는 농부의 마음과 같은 기능인을 위한 진정한 정책이 없었기 때문에 더욱 심화된 것이다.

특히 선진직업 교육제도가 언급한 걸림돌 타파에 주효하지 못한 것도 풍토를 고려하지 않은 조림사업처럼 이상론만 내세운 성과주의 때문이다. 기능올림픽도 직업교육의 본질의 현상으로 표출돼야 한다. 절실한 것은 기능인 우대(優待)의 포퓰리즘 정책보다는 기능인을 제대로 대우(待遇)하는 능력중심사회의 표상인 기능선진국의 실현이다. 이것이 학벌만능주의로 실종된 직업교육의 정체성 회복의 길이며 청년실업 해결의 초석을 다지는 일이다.

전문대학도 설립취지에 충실하게 강점을 살려야 한다. 숙원이었던 수업연한과 교명 자율화, 심화과정 개설 등은 실현됐지만 과연 4차 산업혁명시대에 무한 가치를 창출할 융합형 인재육성을 위한 자기혁신을 했는지는 의문이다. AI, IT 기반의 융합인재 육성이 절실한 현실은 외면하고 정부의 재정지원에 몰두된 국가직무능력표준(NCS) 기반의 획일적인 맞춤형 교육 추구만으로 전문대의 강점을 키울 수 있을지도 염려된다. 시급한 것은 설립 취지에 충실한 단기대학의 존재 가치와 강점을 교육할 수 있는 차별된 시스템 혁신이다.

'4년제 대학 때문에 전문대 발전의 걸림돌이 됐다'는 것과 '전문대 때문에 특성화고가 직업교육의 완성학교가 되지 못했다'는 이해관계자의 토로는 정체성 실종의 반증이다. 아직도 국력에 걸맞는 글로벌대학이 없는 것도 안타깝다. 4년제 대학은 취업을 위한 도토리 키 재기식의 스펙과 간판 취득기관으로 전락한지 오래다. 특성화, 자율화 등을 내세운 교육개혁 최우수대학에서 출중한 인재가 배출된다지만 정작 쓸 만한 인재가 없다는 기업의 목소리가 대학 경쟁력의 실상이다.

현실이 된 학령인구 감소는 입학정원 1000명인 대학 100개교가 문을 닫아야 할 위기를 맞고 있다. 모두가 대학을 분별없이 설립한 포퓰리즘 정책의 결과다. 대학구조개혁평가로 시작된 대학기본역량진단정책이 과연 대학을 대학답게 살리고 경쟁력을 높이는 올바른 혁신인지는 크게 의문이다.

인재는 교육 시스템의 차별된 수준에 준하는 인재만을 육성할 수 있을 뿐이다. 종지 같은 평범한 교육 시스템에서 결코 항아리 같은 창의적이고 융합형인재가 나올 수 없다. 무한 가치의 유·무형의 강점을 창출할 인재는 특성화고교, 전문대학, 4년제 대학이 각기 제대로 된 교육 시스템을 갖추고 정체성을 회복할 때 육성될 수 있다.

4차 산업혁명시대의 프런티어 개척에서 주역이 될 국가경쟁력의 핵심 동력 역시 각 분야별·직능별 차별된 인재에서 비롯될 뿐이다. 문재인 정부에 바라는 것은 당장의 보여주기식의 일자리 만들기도 중요하지만 교육백년대계의 인재 육성을 위한 교육 혁신만이 청년실업 해결의 본질임을 깨닫기 바란다. 국가경쟁력 제고는 물론 J노믹스 실현의 동력 또한 차별된 인재의 역량에서 비롯된다는 사실을 결코 잊어서는 안 된다.

N&Times 2018년 11월 15일

■ 기능한국 정체성 회복 돼야

1966년 창립된 기능한국이 반세기 동안에 이룩한 최고의 업적은 전통의 기능선진국을 물리치고 기능강국으로의 등극이다. 차별된 기능강국 코리아의 역량은 산업화와 GDP 10위권의 경제성장의 동력이 됐다. 특히 기능올림픽의 역사를 수없이 갈아치운 전대미문의 기록은 기능인들이 이룩한 쾌거로 대한민국 건국 이후 그 어떤 단체도 하지 못한 값진 국위선양이며 우리의 자긍심이다.

안타까운 것은 기능선진국의 문턱을 넘지 못하고 기능강국의 자리마저도 빼기는 기능한국의 추락이다. 기능한국이 걸어온 반세기 역사를 통해 앞으로 걸어갈 100년에 거는 기대를 짚어본다.

무엇보다도 기능인 우대(優待)의 말잔치 정책보다는 기능인이 제대로 대우(待遇)받는 명실상부한 기능선진국 실현을 기대한다. 우선 교육 백년대계를 간과한 포퓰리즘 정책이 망쳐놓은 한국교육의 실상을 제대로 파악해야 한다. 또한 기술·기능의 멸시 천대 풍조와 같은 만연된 정서적 장애물도 타파해야 하며 교육의 모든 것이 대학으로 통하는 대학만능주의가 직업교육기관의 정체성 실종과 교육의 양극화를 더욱 심화시킨 것에는 통렬한 반성이 있어야 한다.

세계 최고의 기능강국이 기능선진국이 되지 못한 것은 제도의 모순 앞에서 혁신을 외면한 님트(NIMT : Not In My Term)를 탓하지 않을 수 없다. 황무지를 옥토로 만들려는 농부의 마음과 같은 수고와 헌신을 외면했기 때문이다.

기능올림픽은 직업교육의 본질의 현상으로 표출돼야 한다. 좋은 나무가 좋은 열매를 맺는 것처럼 나무가 본질이면 열매는 현상일 뿐이다. 기능선진국들은 본질을 중시하는 반면 기능강국은 현상만을 위해 사활을 건다. 기능선진국이 되는 3대 핵심은 ▲직업교육 시스템 구축, ▲기능인을 제대로 대우하는 일자리 제공, ▲최고의 숙련기술인 육성정책 등이며 이를 하나로 연계하는 삼위일체 시스템의 구축이다.

이 시스템을 로드맵으로 제시해 기능인들에게 비전을 갖게 해야 한다. 기능선진국의 실현이야말로 포퓰리즘 교육정책의 부메랑인 학벌만능주의, 구직난(求職難) 속에 구인난(求人難), 일자리 미스매치, 청년실업 등을 모두 해결할 수 있는 왕도임을 잊어서는 안 된다.

또 다른 기대는 기능한국의 경쟁력 제고다. 이는 기능올림픽한국위원회의 모순된 시스템의 혁신에 달려 있다. 작금의 기능인의 값진 국위선양과 자긍심에 상처를 준 진실왜곡과 같은 일련의 행위 등은 전문성 부재와 실종된 공직윤리에서 일어난 정말 부끄러운 일이다. 거짓을 거짓으로 덮으려 한 것 등은 씻을 수 없는 오욕이며 수치다.

그릇됨은 기능한국의 품격을 떨어트리는 일로 바로잡아야 한다. 기능올림픽(WSI)은 진실(integrity), 공정(fairness), 투명(transparency), 혁신(innovation), 협동(partnership)을 경영윤리로 하는 국제조직으로 잘 정비된 경기규칙에 따라 운영된다. 지금까지 기능한국은 기능올림픽에 정통한 모범회원국으로 존경을 받아왔다. 한때는 WSI의 기술위원장을 배출하는 등 다수의 국제심사장을 보유했던 명실상부한 기능강국이었다.

하지만 지금은 정체성 실종과 WSI 경기규칙조차도 숙지하지 못하는 전문가 부재로 기능올림픽의 변방국가로 추락한 것이다. 총체적인 모순을 혁신하지 않는 한 기능한국의 추락은 더욱 심화될 뿐이다. 가치 있는 기술 전수도 절대 불가능하다.

지난 브라질 대회를 여러 날 동안 동행 취재한 한 공영방송 기자의 '속 빈 강정과도 같은 기능한국의 위상이 창피했다'는 토로는 깊이 성찰할 대목이다. 그동안 기능강국으로 알려진 세계무대에서의 기능한국의 위상을 잔뜩 기대하고 브라질 총회를 취재했지만 크게 실망한 것이다. 왜냐하면 WSI의 '이사회(Board of Directors) 멤버는 물론이고 국제심사장조차 한 명도 없어 놀랐음은 물론 마치 기능올림픽 변방 국가에서 메달만 따러 온 것 같다'고 말한 바 있다.

기능한국이 나아갈 100년에 거는 기대는 학벌만능주의가 타파되고 기능인이 제대로 대우받는 능력중심사회의 표상인 기능선진국의 실현과 실추된 기능한국의 경쟁력 제고를 위한 혁신이다. 숙련기술단체도 권리를 찾는 일도 중요하지만 자기주도 혁신을 통하여 미래세대를 키우는 헌신에 적극 동참해야 한다. 혁신은 헌신에서 비롯된 일관된 노력과 열정이 있어야만 달성될 수 있다. 머리보다는 가슴으로 기능인을 섬기려는 참 리더십만이 기능선진국 실현을 앞당길 수 있다.

N&Times 2016년 11월 20일

■ 직업교육 성공하려면

지난달 박근혜 대통령이 다보스포럼 참석을 위해 스위스를 국빈 방문하던 중 베른 상공업직업학교를 방문한 것은 매우 의미 있는 일이다. 이런 박 대통령의 행보는 스펙보다 능력 중심의 세상을 만들기 위한 의지로도 볼 수 있다. 그러나 고교 졸업생 10명 중 7명 이상이 대학에 진학하는 대학만능주의로 야기된 '대학 졸업장=실업증'이라는 현실의 난제를 근본적으로 해결하지 않는 한 능력중심사회의 실현은 사실상 기대할 수 없다.

대학만능주의 실업자 양산 부작용

스위스는 직업교육의 강점과 대물림되는 숙련기술 노하우로 제조업의 든든한 기반을 다진 모델 국가로 작지만 강한 기술부국이다. 또한 국제기능올림픽에서는 항상 한국과 우승을 겨뤄온 전통적인 기능강국이다.

기능올림픽대회의 성적으로만 보면 한국은 스위스보다 분명 우위에 있는 기능강국이다. 하지만 스위스는 고교졸업자 10명 중 2~3명 정도만 대학에 진학하고 능력을 존중하는 명실상부한 기능선진국이다. 아이러니하게도 한국은 기능선진국의 반열에 들지 못한 기능강국일 뿐이며 세계 최고의 기능강국 역량이 제조업의 경쟁력으로 흡수되지 못하고 있다.

스위스가 기능선진국이 된 것은 직업교육의 보편적 이상을 실현할 시스템을 잘 갖췄기 때문이다. 따라서 기능올림픽도 직업교육의 강한 본질에서 현상으로 표출된다. 한국은 직업교육의 본질을 간과한 현상만 추구한 정책으로 기능선진국이 되지 못한 것이다. 한국의 직업교육이 강점을 발휘하지 못하는 가장 큰 원인은 학벌만능의 만연된 교육정서에 있다. 동유럽의 스포츠강국이 스포츠선진국이 되지 못하고 올림픽 무대에서 사라진 이유도 한 번쯤 되새겨볼 필요가 있다.

스위스의 선(先)취업 후(後)교육의 직업교육 시스템은 능력중심사회의 기반을 다진 초석이며 일거다득(一擧多得)의 강점을 창출하는 산실로 평가되고 있다. 스위스의 직업교육이 강한 것은 좋은 직업교육 시스템 때문이라기보다 직업교육이 강점을 발휘할 수 있게 한 사회정서에서 비롯됐다.

기술의 가치 존중과 숙련기술인 육성 비전 등의 로드맵이 구축돼 기능인에게 희망을 주고 있기 때문이다. 우리는 스위스 직업교육의 강점이 '직업교육-대우(능력의 가치존중)-전문가 육성 비전'을 하나로 하는 직업교육 육성을 위한 삼위일체 시스템에서 비롯된 것임을 깨닫지 못하고 있다. 무엇보다도 '대우와 전문가 육성 비전'은 스위스 직업교육의 강점을 만드는 동력이다.

실질적 기능인 우대정책 마련을

청와대는 스위스의 직업교육 시스템을 벤치마킹해 기술인력 육성에 활용하겠다는 뜻을 밝힌 바 있다. 스위스의 직업교육 시스템을 활용한다고 똑같은 강점이 창출될 것으로 착각해서는 안 된다. 좋은 재목은 좋은 묘목을 심는 것만으로는 얻을 수 없다. 좋은 토양과 풍토의 조성은 어린 묘목을 좋은 나무로 가꾸고 재목을 얻기 위한 필수조건이다.

　우리는 직업교육의 문제가 야기될 때마다 본질을 살리기보다 보여주기식의 제도와 간판 바꾸기 등의 현상만을 추구해 대학만능주의를 심화시켰을 뿐이다. 기능인이 제대로 대우받지 못하는 암울한 실상은 외면하고 실효성도 없이 외치는 기능인 우대정책으로는 직업교육을 살릴 수 없다. 단언컨대 한국의 직업교육을 살리는 길은 선진 직업교육 시스템 도입보다 세계 최고의 기능강국에서 직업교육이 뿌리내리지 못한 원인에서 대책을 찾는 것이 순리다.

서울경제신문 2014년 2월 19일

▨ 메달만 따는 기능강국에 그쳐선 안 돼

　세계를 제패한 대한민국의 기능인들이 금의환향했다. 기능올림픽 4연패 달성과 통산 18번 종합우승이라는 전대미문의 위업을 달성하고 돌아온 것이다. 이 기록을 바꿀 나라는 한국밖에는 없다. 이번 대회 주최국 독일은 기능강국답지 않게 매우 저조한 성적이었다. 기능올림픽 결과만 보면 누가 봐도 독일은 우리 상대가 될 수 없다. 그렇다고 한국 제조업의 기술 경쟁력이 독일보다 월등하다고 믿는 사람은 없다. 변함없이 독일은 장인(匠人 ; 마이스터)이 존중받는 기능인의 모델 국가로 자리하고 있을 뿐이다.

　한국이 기능올림픽에서 18번이나 우승했지만 아직도 직업교육뿐만 아니라 제조업 기술 경쟁력 면에서 독일에 크게 뒤지는 것은 분명한 사실이다. 기능선진국들은 기능올림픽이 직업교육의 본질에서 표출되는 반면 우리의 세계 제패는 본질에서 나온 자연스러운 현상이 아닌 셈이다. 이런 이유로 한국은 기능강국이지만 기능선진국의 반열에 오르지 못하고 있다. 세계 최고의 기능강국이 제조업 강국이 되지 못하고 있는 것은 아이러니한 제도의 모순 때문이다.

세계를 제패한 우수 기능인이 산업 현장을 외면하고 대학 진학을 택해 제조업의 맥을 이을 수 없는 상황까지 직면한 것이 우리 현실이다. 기능올림픽에서 우리보다 뒤진 성적을 냈지만 독일·일본·스위스 등은 제조업 강국으로 세계시장을 석권할 만큼 강점의 노하우를 갖추고 있다. 일찍이 '뿌리 기술'의 중요성을 깨닫고 기능인 육성 로드맵을 구축하고 기능인을 대우하는 풍토를 조성한 것이다.

그 결과 '넘버원'이 아닌 '온리원'을 추구할 수 있는 제조업의 강점을 지니게 됐다. 강점은 산업 경쟁력의 핵심으로, 재능·기술·지식 등의 조화에서 표출하는 극한의 능력을 발휘하는 노하우로, 기업과 국가의 브랜드의 가치를 높일 뿐 아니라 미래를 이끌 동력이다. 뛰어난 기능인의 역량을 강점으로 키우지 못하는 것은 국력 손실이다. 기능올림픽 입상자에게 상금·훈장으로 격려하는 것은 마땅한 일이지만 메달만 따는 기능강국에 머물러서는 안 된다. 세계 제패의 쾌거가 직업교육의 본질에서 표출될 수 있는 시스템을 구축해야 한다. 이것은 능력 중심 사회를 다지는 초석이며 학벌 만능주의를 타파하고 제조업의 강점을 키우는 길이다.

조선일보 2013년 7월 15일

■ 기능강국 노하우 개도국에 전수하자

G20 서울 정상회의 주요 합의 중 한국이 주도한 '개발도상국 지원'의 핵심은 개도국의 사회간접자본 지원과 개발 경험 전수다. 이명박 대통령은 "170개가 넘는 개발도상국을 위해 가장 중요한 것은 개도국의 경제를 자립시키는 것"이라고 강조했다. 개발도상국 지원 합의는 지난해 11월 25일 경제협력개발기구(OECD) 산하 개발원조위원회(DAC)에 24번째로 가입해 세계 최초로 원조를 받던(take) 나라에서 하는(give) 나라가 된 한국으로서는 매우 의미 있는 일이다.

지금 많은 개도국은 대한민국이 전쟁의 폐허를 딛고 이룩한 세계 13위 경제대국이 된 경이로운 압축 성장의 노하우에 높은 관심을 갖고 있다. 특별한 부존자원도 없이 원조를 받던 빈국이 원조를 하는 나라가 된 성공신화의 원동력은 무엇보다도 '직업교육과 인적자원 개발'의 결과라고 할 수 있다. 한마디로 우리의 성공적인 산업화는 '기술과 기능인재'의 땀과 열정으로 이룩한 것이다.

이런 우리의 역량 표출은 국제기능올림픽대회 회원 가입 불과 10년 만에 서유럽의 기능강국을 모두 물리치고 1977년 첫 종합우승을 시작으로 지금까지 모두 16번이나 종합우승하는 등 기능올림픽의 역사를 바꾸는 주도적인 역할을 이어가고 있다. 이런 빈국 탈출의 역사적 업적이야말로 학벌이 아닌 실력이 원동력이 돼 이룩한 진정한 국가경쟁력이다.

DAC 회원으로서 개도국 원조정책은 잘사는 나라가 단순히 베푸는 '자선'보다는 국제사회의 공동 번영을 돕기 위한 유익한 원조가 돼야 한다. 그러기 위해서는 차별화된 원조의 선택과 집중이 절대 필요하다. 특히 우리의 '기술과 기능'을 바탕으로 한 발전 경험의 원조는 지금 개도국들이 더 원하고 있다.

지난 10월 초 자메이카에서 열린 국제기능올림픽 총회에서 많은 개발도상 회원국은 기능강국 코리아의 기술 전수를 강력하게 희망하고 있음을 확인한 바 있다. 자메이카 교육부 직업교육 책임자는 당장 전문가 파견을 요청할 정도로 우리의 직업교육의 전수를 갈망하고 있다. 개도국들에 기능강국 노하우의 전수는 부가가치가 큰 원조다. 이는 마치 물고기를 기르고 잡는 법을 가르치는 것과도 같은 가치 있는 전략이다. 또 우리에게 개도국에 대한 기능강국 노하우의 전수는 두 가지 관점에서 더 큰 의의가 있다.

첫째는 우리는 그동안 16번씩이나 국제기능올림픽에서 종합우승하면서 모두 482명이 메달을 획득한 기술인력을 보유할 만큼의 인재

강국이다. 이들을 통한 세계 무대로의 국력 표출이야말로 수요 창출
은 물론 국가경쟁력 제고의 전략적 투자다.

둘째는 기능경시 풍조와 이공계 기피로 교육의 양극화로 심화된 전
문계고에 새로운 희망을 주는 일로 우리 청소년들의 활동 무대는 세
계로 넓혀질 것이다. 궁극적으로 실력보다 학벌이 우선하는 교육정서
타파에도 일조할 것으로 기대되기 때문이다.

브라질 국립직업학교(SENAI) 출신 우주인 마르코스 폰테스 중령
은 브라질 기능인의 희망이자 국가 브랜드다. 기능올림픽의 각종 포
럼 등에서 활동하면서 브라질의 경쟁력을 높이고 있다.

늦었지만 우리도 기능올림픽의 선도국가로 기능강국의 역량을 개
도국을 돕는 원조로 국가경쟁력과 부가가치를 높이는 국력 신장을 적
극 모색해야 할 때다. 일시적이고 겉으로 드러나는 현상을 돕는 원조
보다는 본질을 혁신시키고 발전시키는 원조가 국제사회 공동 번영을
위해 더욱 가치 있는 원조다.

이런 의미에서 이번 G20 정상회의에서 합의한 '직업교육과 인적자
원개발' 원조의 가치 있는 전략은 기능강국의 노하우 전수라고 할 수
있다. 기술인재 육성을 돕는 것은 개도국의 빈곤 탈출의 본질이기 때
문이다.

매일경제 2010년 12월 23일

■ 좋은 나무가 좋은 열매를 맺는다

'학점 세탁 부추기는 대학'이라는 기사는 경쟁력을 잃어가는 대학의
한 단면이다. 이는 '실력보다 간판'을 더 중시하는 우리의 교육풍토가
만들어낸 씁쓸한 제도다. 또한 세계 최고의 교육열에도 불구하고 우
리의 대학 교육 경쟁력이 형편없는 이유이기도 하다. 최근 수년간 스
위스 IMD(국제경영개발원) 평가만 보더라도 한국 대학교육의 경제·

사회 요구 부합도는 평가대상국 55개국 중 최하위에 머물고 있다. 마치 홍수 때 먹을 물이 없듯이 사람은 넘쳐나도 쓸 만한 인재가 없다는 기업의 목소리도 다 이유가 있는 염려다.

좋은 나무가 좋은 열매를 맺는다. 나무가 본질(to be)이면 열매는 현상(to do)에 불과할 뿐이다. 대학이 '학점 세탁소'가 된 것은 그동안 교육개혁이 만든 일종의 현상 변화의 포장이다. 또 입시철만 되면 현상을 본질의 강점처럼 수험생을 현혹하는 홍보도 치열하다.

현상의 포장술은 한마디로 변질에 불과하다. 변질을 내세워 우수 학생 유치에 열을 올리는 일도 문제지만 정작 인재를 육성할 본질의 외면은 더 큰 염려다. 열매로 나무의 품종을 개량하려는 지금 국내 대학들의 모습은 경쟁력 손실의 표본이다. 학점세탁 대열에는 세칭 명문대학뿐만 아니라 거의 모든 대학이 동참하고 있는 것이 현실이다. A, B학점만을 양산하는 평가 제도를 비롯하여 교육개혁 최우수대학이 정원을 걱정하는 아이러니도 현실이다. 또 자율화라는 이름으로 필수과목을 대폭 축소해 전자공학을 전공하고도 전자제품 기판 회로도를 못 읽는 충격의 목소리도 산업현장에서 들리고 있다. 대학의 내면을 살펴보면 실상은 한층 심각하다. 현행 140학점 체제를 최소 125학점으로까지 하향 조정하고 있는 대학이 있는가 하면 한 학기 교육과정도 16주에서 15주로 운영하는 대학도 점점 늘고 있다. 교육비 절감효과는 있을지 모르지만 경쟁력 저하는 불을 보듯 뻔하다.

지금의 시스템이 지속된다면 대학의 경쟁력 추락은 자명하다. 세계 최고의 대학들은 최고 수준의 교육 시스템의 바탕 위에 개방성과 진취성 그리고 차별화된 독창성 등을 모두 갖추고 있다. 이들 대학의 경쟁력은 지속적인 개혁의 강점에서 포장보다는 실력을 키우는 본질의 현상에서 나온다.

국내 많은 대학들은 수년 안에 글로벌 대학이 되겠다는 목표도 내놓고 있다. 그러나 학점세탁소가 된 지금의 대학교육 시스템으로는 결코 목표를 이룰 수 없다. 먼저 대학이 직면한 경쟁력 저하의 고질병에 대한 올바른 진단과 처방이 급선무다. 그리고 본질을 바꿀 계획과 실천 의지가 필요하다. 단지 대학 졸업생을 배출하는 것이 중요한 것이 아니라 어떤 졸업생을 배출하여 쓰임을 받게 할 것인가가 더 중요함을 잊어서는 안 된다.

조선일보 2009년 12월 10일

기술의 힘으로 세상을 바꾼다

"기술의 힘으로 우리의 세상을 바꾸자(improving our world with the power of skills)." 이는 기능올림픽이 추구하는 비전이다. 비전의 사전적 의미는 '내다 보이는 장래의 상황'으로 '실현될 가능성이 아주 적거나 전혀 없는 헛된 기대나 생각을 뜻하는 꿈'과는 근본적으로 다른 의미를 지니고 있다. 비전은 99%의 확신과 1%의 꿈으로 실현된다고 말할 수 있다.

우리는 지금까지 특성화고교생들에게 기능올림픽이 추구하는 비전을 갖게 하는데 매우 적극적이지 못했다. 왜냐하면 차별된 숙련기술의 힘으로 새로운 세상을 창조케 할 직업교육 시스템 구축을 하지 못했음은 물론 만연된 기능경시 풍조의 타파에도 형식적인 정책으로만 일관했기 때문이다. 역대 정부마다 기능인이 우대받는 사회를 만든다고 공언했지만 대우도 못 받고 있는 것이 지금의 현실이다. 백화점식의 선진 직업교육의 장점만을 임기응변적으로 정책에 반영했기 때문이다. 마치 풍토를 전혀 고려하지 않은 조림사업으로 기대했던 울창한 숲을 이루지 못한 것이다.

기능올림픽이 추구하는 창의적인 직업교육 시스템 구축을 위한 혁신보다는 성과주의의 종합우승 수성에만 몰두해 결국에는 기능강국의 자리마저 뺏기는 상황에까지 이른 것이다. 다음의 내용은 기술의 힘으로 세상을 바꾸고 기능인에게 희망을 주는 직업교육의 혁신을 촉구했던 글이다.

✗ 실력을 중시하는 기능선진국이 되려면

"두 분은 70년대 조국 근대화의 기수로서 바닥부터 출발해 최고의 위치에 오른 기능인입니다." 이는 지난 19일 금오공과대학교 후기 졸업식에서 2명의 전문계고 출신 엔지니어에게 명예 공학박사 학위를 수여한 우형식 총장의 변이다. 금오공대가 기능인에게 준 명예박사 학위는 실력보다 학벌을 중시하는 편견을 버리고 최고기술자를 사회가 인정한 예우(禮遇)로 매우 뜻깊은 일이다. 이는 교육의 모든 것이 오직 대학으로만 통하는 학벌 만능의 교육정서를 타파하고 실력을 중시하는 사회 변화의 혁신으로 볼 수 있다.

지난해 최고의 숙련기술자인 대한민국 명장(名匠)의 반열에 오른 ㈜코오롱인더스트리 구미공장 정비팀 이동형 작업반장은 명예박사 학위를 수여한다는 소식을 전해 듣고 깜짝 놀랐다고 한다. "명예박사 학위가 영광이긴 한데, 사람들이 기름때 묻고 안전화(靴) 신은 나를 박사라고 할까요?"라고 부담스러운 심경을 토로했다. 이 반장의 마음 속에는 우리 사회가 타파해야 할 고질적인 기능경시 풍조와 기능인에 대한 천대와 멸시의 낙인이 새겨져 있었던 것이다.

학벌만능주의의 교육정서는 고등교육기관의 수를 무려 411개교에 대학생을 364만 명에 이르게 했다. 대학의 증가는 교육의 백년대계가 실종된 '원칙 없는 정치'에서 비롯됐다. 이처럼 잘못된 정책의 결과가 '반값 등록금', '대학 졸업장=실업증'이다. 분별없는 대학의 난립이 지금의 특성화고를 망치게 했다는 교육현장의 목소리는 참으로 안타까운 일이다.

'공생발전'의 큰 걸림돌, 학벌 만능주의

이 대통령은 금년 광복절 경축사에서 작년의 '공정사회'에 이어 '공생발전'이라는 국정운영을 위한 새로운 화두를 던졌다. 공생(共生)의 사전적 의미는 '서로 도우며 함께 삶'이다. 공생은 상대방의 존재 가치와 능력을 소중하게 여기는 풍토에서 빛을 발하는 함께하는 삶을 말한다. 따라서 '공생발전'은 공정한 사회에서 기대할 수 있는 일이지만 실현을 위한 메카니즘을 반드시 갖춰야 한다. '공생발전'은 국가를 한층 업그레이드시키는 일이지만 만연된 학벌 만능주의는 발전의 큰 걸림돌로 타파돼야 한다. 학벌을 타파하고 실력을 중시하는 풍토 조성과 기능선진국의 조건을 살펴본다.

첫째, 우수한 기능 인력을 육성할 수 있는 직업교육 시스템을 갖춰야 한다. 기능인 육성이 목표인 특성화고등학교(이하 특성화고. 실업계고로 불리던 공고, 상고, 농고 등이 전문계고로 명칭이 바뀌었다가 현재는 특성화고로 바뀜)가 직업교육의 완성학교라기 보다는 대학 진학을 위한 연계교육기관으로 전락해 졸업생의 71.1%가 대학에 가고 있다. 일반고의 진학률인 81.5%에 비하면 떨어지지만 설립 취지와는 맞지 않는 교육을 하고 있다. 우리나라 직업 중 2년제 이상의 대졸 학력을 필요로 하는 직업은 27%뿐이라고 한다. 분별없는 대학의 난립이 특성화고를 연계교육기관으로 전락시킨 것이다. 특성화고도 실속 없는 포장만으로 기술교육의 질을 크게 저하시키고 있다. 무엇보다도 특성화고는 설립 취지에 맞는 산업인력 양성에 충실해야 한다.

둘째, 기능인을 제대로 대우(待遇)하는 정책이 필요하다. 지금까지 추구해온 기능 정책은 추상적이고 말로만의 기능인 우대(優待) 정책으로 우대는커녕 대우(待遇)도 못 받고 있다. 기업들의 고졸 출신 채용의 확대는 매우 고무적인 일이지만 채용만으로 끝나서는 안 된다. 같은 업무를 똑같이 하면서 대졸 출신과의 상대적으로 큰 임금 격차는 직장 안에서 또 다른 학벌주의의 차별을 부른다. 학업기간과 능력을 고려한 적정임금 책정이 필요하다. 이것은 고졸 출신들이 직업에 충실할 수 있는 가장 중요한 핵심요소로 실력을 중시하는 본질인 것이다.

셋째, 최고의 숙련기술자인 명장(마이스터)을 키우는 시스템을 구축해 기능인에게 희망을 줘야 한다. 전문가 탄생이나 신기술 개발은 저절로 되는 것이 결코 아니다. '나도 열심히 노력하면 학벌의 편견 없이 최고가 될 수 있다'는 희망과 비전을 갖게 해야 뛰어난 명장이 나올 수 있다. 뛰어난 명장은 기업의 브랜드 가치를 높일 뿐만 아니라 부가가치가 큰 자산이 된다. 따라서 기술 명장의 제도적인 육성은 학벌 만능의 교육정서도 타파할 수 있는 기능선진국을 다지는 초석이다.

세계일류를 만드는 힘은 학벌이 아닌 기술과 열정

이상은 우리나라가 학벌을 중시하는 교육정서를 타파하고 실력을 중시하는 기능선진국이 될 수 있는 조건이다. 3가지의 키워드인 ▲직업교육 시스템 구축 ▲기능인을 제대로 대우하는 정책 ▲최고의 숙련기술자 육성 등을 로드맵으로 하는 '기능인 육성 삼위일체 시스템'을 구축해야 한다. 이런 로드맵을 통한 노력이 없었기 때문에 한국은 국제기능올림픽에서 16차례나 종합우승한 기능강국이지만 아이러니하게 기능선진국도 제조업 강국도 아니다. 이는 우수한 기술력을 국가발전의 성장동력으로 흡수하지 못한 경쟁력의 손실인 것이다.

세계 일류는 학벌로 만드는 것이 아니다. 실력인 기술과 숙련기술자의 열정으로 만들어진다. 따라서 실력은 세계 일류를 만드는 본질이다. 최고의 기능인이 산업현장에서 흘린 기름땀은 기업은 물론 국가 브랜드의 가치를 높이는 노하우다. 이 반장의 25년간 산업현장에서의 삶은 기능인 양성과 기능선진국을 위한 롤 모델로 삼아야 한다. 이 반장이 진정한 프로가 된 것은 온갖 역경을 딛고 불굴의 의지와 노력으로 기능인의 본질에 충실했기 때문이다.

기능인 육성을 위한 정책에 있어서 무엇보다도 중요한 것은 본질(to be)과 현상(to do)의 올바른 이해다. 그동안의 정책의 면면을 살펴보면 정작 중요한 본질은 빼고 당장을 위한 정책이 많았다. 좋은 나무는 실한 열매를 맺는 것처럼 나무는 본질이며 열매는 현상에 불과하다. 현상인 열매로는 본질인 나무의 품종을 결코 개량할 수 없다. 보여주기 식의 정책은 진정한 발전을 이룰 수 없는 것이다. 임기응변적인 정책은 개혁도 혁신도 아닌 변질일 뿐이다. 국제기능올림픽 입상 선수와 대한민국 명장에게 상금을 줘서 격려하는 것도 좋지만 더 중요한 것은 기능인을 정서적으로 예우하는 제도를 정립하는 것이다. 이것이 학벌을 타파하는 힘으로 작용해 제조업 강국을 이루고 기능선진국이 되는 지름길이다.

※ 이 글은 저자(인하대학교 교수/국제기능올림픽대회 한국기술대표)가 고용노동부에서 발행하는 월간 '내일'에 2011년 9월호(통권 제438호) p30-31에 기고한 글임을 밝힌다.

🎖 기고문

▓ 텅 빈 전국기능대회장

국가직무능력표준(NCS)과 일학습병행제는 능력중심사회의 실현을 위해 추진되고 있는 국정과제의 핵심이다. 이는 천문학적인 국민 혈세가 투입돼 직업교육의 대혁신을 이룰 중차대한 사업이지만 마치 토양을 고려하지 않은 조림사업과도 같아 과연 숲을 이룰 수 있을지 우려된다.

'기능인만의 잔치' 경시 풍조 여전

만연한 학벌주의 타파는 간과한 채 마치 NCS 개발과 일학습병행제도 시행이 능력중심사회 실현인 것처럼 착각하고 있기 때문이다. 창조와 융합의 시너지 효과가 더없이 필요한 무한경쟁의 지식기반 시대에 '알고 있는가'에서 '할 수 있는가'로 바꾼다는 국가표준 자체의 문제점은 차치하더라도 수백 직종의 표준을 서둘러 제정하는 것은 심히 염려된다.

일학습병행제도 기능선진국의 모델을 우리 실정에 맞게 적용한다 지만 기업 측 지도자의 직업교육 철학과 능력, 교육 인프라, 행정 등을 비롯해 수요자의 주말학습 실효성 등 정작 우려하는 문제점은 고려조차 않고 있다. 직업교육 현장의 우려를 간과한 보여주기식 실적 위주의 정책 추진이 정책 성공의 걸림돌이라는 사실을 깨달아야 한다. 무엇보다도 NCS와 일학습병행제도가 능력중심사회 실현의 주효한 정책이 되려면 제도의 실효성을 강점으로 보여줘야 한다. 기능경시 풍조 실상 등은 간과하고 이상론만 내세운 급조된 제도나 선진국 모델로 당장에 능력중심사회를 실현한다는 발상은 정책을 위한 정책이 될 수 있다.

우리에게는 지금 학벌만능주의라는 중병의 외과적 수술도 필요하지만 기능인을 제대로 대우하려는 제도와 기능경시 풍토 타파가 더 절실한 현실이다. 박근혜 대통령은 지난해 8월 독일기능올림픽에서 국위를 선양한 기능인들을 청와대로 초청해 격려하며 '학벌이 아닌 능력중심사회 실현'을 약속한 바 있다. 대통령의 격려와 약속이 있은지 1년이 지났지만 기술과 기능경시 풍조 해소는 아직도 요원해 보인다. 이달 경기도 일원에서 열린 제49회 전국기능대회가 1,200만 도민과 함께하는 잔치가 될 것으로 기대했지만 기능인들만의 행사로 끝난 것도 달라지지 않은 기능경시 풍조의 실상이다.

기능강국의 전국대회에 참가한 기능올림픽회원국 심사위원과 선수들의 관심·열정과 대비되는 무관심은 한국이 기능선진국이 아님을 보여주는 증거다. "학력을 중시하고 기능을 홀대하는 사회적 분위기 때문"이라는 참관인의 말처럼 기술기능경시 풍조는 이처럼 팽배하다. 국제대회 수준에 맞춘 10개 직종의 열린 경기장에서조차 청소년은 물론 도민들의 관심을 끌지 못한 점을 감안하면 경기도 내에서 흩어져 개최된 각 경기장은 더욱 그들만의 행사일 수밖에 없었다. 관련 지도자와 가족들만이 경기장을 지키며 격려한 유일한 관객이었을 뿐이다.

직업교육 백년대계 세워 지속 추진을

능력중심사회는 서두른다고 실현되는 것이 결코 아니며 정권이 바뀐다고 중단돼서도 안 된다. 다음 세대를 준비하는 직업교육 백년 대계를 세워 영속성 있게 추진해야 할 국가적 사업이 돼야 한다. 현재가 과거의 개혁과 혁신의 노력이 만든 결실이라면 미래는 준비된 개혁과 혁신에서 비롯되는 것이다. 나무 심는 것만이 능사가 아니라 숲을 이룰 조림사업인지가 더 중요하다. 실상은 외면하고 말로만 외치는 기능인 우대가 가슴으로 내려오지 않는 한 기능인을 제대로 대우하는 능력중심사회 실현은 그만큼 늦어질 수밖에 없음을 깨달아야 한다.

서울경제신문 2014년 10월 30일

▨ 학벌만능과 기능선진국 건설

제48회 전국기능경기대회가 오는 7일까지 8일간의 일정으로 강원도에서 개최되고 있다. '빛나라 기술한국'을 슬로건으로 기량을 겨루기 위해 17개 도시 대표선수 1,800여 명이 모였다. 1966년 11월 첫 대회를 개최한지 어느덧 반세기를 맞이한다. 1966년 1월 국제기능올림픽대회 한국위원회 창립과 함께 회원국으로 가입하면서 산업화의 초석인 산업인력 육성의 새로운 전기를 맞이한 것이다. 당시 한국의 기능올림픽 회원국 가입은 '기술혁신의 기운을 진작시켜 기능의 향상과 발전을 도모해 국가산업 근대화를 촉진'하고 '고도의 기능 수준을 국내외에 과시해 국산품의 질적 우수성을 인식시켜 수출증진에 기여'하기 위함이었다.

기술인 낮은 처우 국가경쟁력 손실로

세계 2차 대전 후 기술교육을 통한 경제부흥을 위해 창립된 국제기능올림픽대회는 1950년 스페인에서 1회 대회가 열렸다. 한국은

1967년 스페인 마드리드에서 열린 17회 대회에 9명의 선수가 처음 출전했다. 기술교육 기반이 열악한 상황에서 금메달 2개 등 5개의 메달을 획득해 독일·일본·영국 등 기능강국을 놀라게 하는 저력을 보였다. 올해 열린 42회 독일대회까지 40여 년 동안 한국은 모두 27번 참가해 67개 회원국 중 유일하게 통산 18번 종합우승한 대기록을 세워 세계최고의 기능강국으로 자리하고 있다. 이는 건국 이래로 국제무대에서 국위를 선양한 값진 국가 경쟁력의 표출이다.

이처럼 한국은 기능올림픽에서 드높인 기술역량으로 산업화를 앞당기는 신화창조와 수출증진에 기여한 덕분에 국내총생산(GDP) 10위권의 경제대국이 된 것이다. 하지만 한국은 성공적인 산업화를 이룩한 기능강국이 됐을지언정 대학만능주의로 기능선진국의 반열에는 오르지 못하고 있다. 이는 잠재된 능력이 경제성장의 동력이 되지 못하고 있는 국가 경쟁력 손실의 반증이다.

박근혜 대통령은 지난 8월 독일기능올림픽에서 종합우승한 국가대표 선수와 관계자를 청와대로 초청해 노고를 치하하면서 "학벌보다 기술을, 스펙보다 능력의 길을 선택한 여러분에게 더 나은 내일을 열어드리겠다"고 약속한 바 있다. 이는 '학벌보다는 능력'이 존중받는 사회를 만들겠다는 대통령의 의지이며 약속이다.

능력 존중 풍토 정부 의지에 달려

존중은 능력의 가치를 인정함을 말한다. 학벌만능이라는 중병을 앓고 있는 사회에서 능력중심사회를 실현하는 것은 쉬운 일이 아니다. '국가직무능력표준' 개발이나 임기응변적인 정책으로 하루아침에 실현될 수 있는 것이 결코 아니다. 지금의 학벌만능의 중병은 직업교육 시스템 구축, 기능인 대우와 존중 풍토 확립, 최고의 숙련기술인 육성이 유기적으로 결합되는 '삼위일체 시스템'만으로 해결될 수 있는 문제다. 교육 시스템을 새롭게 다질 '국가직무능력표준' 개발도 필요는 하지만 정작 시급한 것은 기능인의 존중 풍토 조성을 위한 혁신이다.

국제기능올림픽과 전국기능경기대회도 직업교육 발전과 경제성장의 동력이 되려면 그 결과가 교육 시스템 본질의 자연스런 현상이 돼야 하며 단지 이벤트 행사가 돼서는 안 된다. 산업화의 신화창조가 기능강국의 역량에서 비롯된 것처럼 품격 있는 능력 중심의 선진국은 기능선진국의 역량으로 이룩되는 것이다. 학벌만능주의 타파와 기능선진국 건설은 앞서 언급한 것처럼 기능인을 대우하고 존중하는 풍토를 조성하는 것에서부터 시작된다. 박 대통령이 기능인과 약속한 능력중심사회 실현은 오직 정부와 당국의 헌신과 열정에 달려 있을 뿐이다.

서울경제신문 2013년 10월 2일

▓ 능력중심사회 실현하려면

"대학만 나오면 뭐하겠노? 기분 좋~다고 소고기 사묵겠지." 이는 코미디언의 대사 내용을 인용한 현실풍자지만 그냥 웃고 넘기려고 하는 말이 결코 아니다. 안타까운 대졸 청년백수의 탄식소리를 대변해본 것이다. 한국을 일으킨 산업화의 기적은 교육열과 근면·성실이 어우러진 강점에서 비롯됐음은 세계가 인정하는 사실이다. 아이러니하게도 교육의 강점이 학벌만능의 사회를 만들어 성장동력이 추진력을 잃어가고 있다. 이는 미래를 간과한 교육정책에서 비롯됐지만 경쟁력의 보고인 대학생들은 '대학 졸업장=실업자증'이라는 암울한 어둠 속에 갇혀 있을 뿐이다. 한마디로 교육의 모든 것이 대학으로 통하는 교육정서가 만들어낸 제도의 모순으로 겪는 고통이다.

학벌만능주의에 대졸실업자 급증

산업인력 양성이 목적인 특성화고는 직업교육 완성학교의 정체성을 잃은 지 오래다. 70%가 넘는 졸업생이 산업현장을 외면하고 대학 진학을 택하고 있다. 공고·상고·농고 등으로 부르던 실업계고교를 전문계고, 특성화고 그리고 특목고인 마이스터고의 출현까지 간판을 달리하면서 본질에 충실하려 몸부림쳤지만 결국은 연계교육기관으로 전락한 것이다. 이를 분별없이 설립된 대학 때문이라는 일선 교장 선생의 염려가 교육정책의 난맥상을 잘 대변하고 있다. 설상가상으로 대졸자 4명 중 1명이 고졸 일자리를 빼앗고 있으니 특성화고의 정체성 회복은 더더욱 요원해 보인다. 기능올림픽에서 독일·스위스·일본을 물리치고 18번이나 세계를 제패한 기능강국이지만 제조업 강국과 기능선진국의 반열에 오르지 못하고 있다.

단기대학의 설립 강점은커녕 전문대학을 사실상의 4년제 대학으로 만든 것은 교육의 모든 것이 오직 대학으로 통하고 있음의 반증이다. 교육연한을 늘리고 학장을 총장으로 불러야만 전문대가 경쟁력을 갖는다는 것은 크게 잘못된 논리다. 아무리 여야 국회의원이 만장일치로 만든 제도라고는 하지만 교육백년대계를 간과한 정책으로밖에 보이지 않는다. 게다가 전문대에 석·박사 과정까지 개설하는 것은 정체성을 잃은 변화의 극치로 분명한 변질일 뿐이다. 설립취지에 충실하기 위한 혁신과 개혁에서 강점의 역량이 표출되는 법이다.

이처럼 학벌만능주의는 교육이 교육을 망쳐 놓는 기이한 현상을 초래하면서 대학을 사실상의 의무교육으로 만들었다. 2012년 기준 고등교육기관과 재적학생 수는 각각 432개교에 372만 8,802명에 이르게 된 것이다. 분별없는 대학난립으로 인한 대졸자 양산은 마치 판로가 막힌 제품과도 같다. 그 결과 대졸 이상 학력이 경제협력개발기구(OECD) 평균 39%보다 높은 64%에 이르며 또한 청년백수는 무려 309만명이다. 한정된 일자리에 넘쳐나는 대졸자는 도토리 키재기식의 경쟁을 위한 스펙 쌓기에 내몰려 청춘을 다 허비하고 있다.

대학난립 막는 교육 대수술 절실

인도의 간디가 공공의 적이라고 규정한 원칙 없는 정치가 교육기관의 정체성 실종과 학력 인플레이션을 자초한 것이다. 선심성 포퓰리즘에다 정작 할 일을 외면한 역대 정부의 님트(NIMT : Not In My Term) 현상의 무책임에서 비롯된 것이다. 그 결과 대졸자의 고졸 자리를 뺏는 신위장취업, 반값 등록금, 대학 졸업장=실업자증, 청년백수 증가, 중소기업의 인력난, 학력과 일자리의 미스매치 등의 난제에 직면한 것이다. 이 모든 난제 해결이 망국병을 앓고 있는 대학만능주의의 대수술에 있음을 잊어서는 안 된다. 이것이 교육기관의 정체성 회복과 능력중심사회 실현의 근원이다. 아무쪼록 능력의 가치를 인정하는 능력중심사회가 실현돼 "기분 좋~다고 소고기 사묵겠지"가 긍정적인 현실풍자가 되기를 기대한다.

서울경제신문 2013년 7월 29일

▒ 기능강국에서 제조업 강국으로

세계를 제패한 대한민국의 기능인들이 금의환향했다. 4연패 달성과 통산 18번 종합우승이라는 전대미문의 위업을 달성하고 돌아온 것이다. 지금대로라면 이 기록을 바꿀 수 있는 나라는 오직 한국밖에는 없어 보인다. 이번 대회에서 주최국 독일은 기능선진의 모든 강점을 지닌 국가답지 않게 매우 저조한 기록을 세웠다. 기능올림픽 결과로만 보면 누가 보더라도 독일·스위스·일본은 우리의 상대가 될수 없다. 그렇지만 한국의 제조업의 기술경쟁력이 이들 국가보다 월등하다고 믿을 사람은 거의 없다. 변함없이 독일은 제조업 강국의 주역인 기능인의 모델국가로 장인(匠人 : 마이스터)이 존중받는 사회의 표상으로 자리하고 있을 뿐이다.

한국은 자타가 공인하는 세계 최고의 기능강국임에도 불구하고 아직도 직업교육뿐만 아니라 제조업 기술경쟁력에 있어서도 독일에 크게 뒤지는 것은 분명한 사실이다. 독일을 비롯한 기능선진국들은 기능올림픽이 직업교육의 본질에서 표출되는 반면 우리의 세계 제패는 본질에서 나온 자연스런 현상이 아니라는 사실이다. 이런 이유로 한국은 기능강국이지만 기능선진국의 반열에도 오르지 못하고 있다. 세계 최고의 기능강국이 제조업 강국이 되지 못하고 있는 것은 아이러니한 제도의 모순과 교육의 모든 것이 대학으로 통하는 만연된 교육정서 때문이다.

한국을 일으킨 힘이 교육에서 비롯됐지만 대학만능의 교육정서는 능력중심사회를 실현하는데 큰 걸림돌이 되고 있다. 산업인력 양성을 목적으로 설립된 특성화고교는 정체성을 잃은 지 오래며 중견기술인재 육성이 목표인 전문대학 역시 사실상의 4년제 대학이 됐다. 실업자가 될지언정 대학 진학의 길은 택하는 것이 현실이다. 그동안 공고·상고·농고 등으로 부르던 실업계고교가 전문계고, 특성화고 그리고 특목고인 마이스터고의 출현까지 간판을 달리하면서까지 본질 회복을 위해 몸부림쳤지만 실업교육의 정체성 회복은 요원해 보인다. 이런 상황에서 기능올림픽의 세계 제패는 기적 같은 일이다.

산업화시대 제조업의 경쟁력은 빈곤 탈출을 위한 기능인의 필연적 의지에서 비롯됐다고 할 수 있다. 세계 최고라는 기능강국에서 젊은 기능인을 숙련기술인으로 육성할 수 있는 시스템을 갖추지 못한 것은 안타까운 국력 손실이다. 2011년부터 시행되고 있는 숙련기술 장려법은 젊은 기능인에게 희망을 주기에는 설득력이 부족하며 법이 정의하는 숙련기술인과 최고의 숙련기술인인 명장육성정책도 결코 아니다. 정부포상과 보여주기 식의 행사지향적인 격려도 좋지만 절실한 것은 숙련기술인을 체계적으로 육성할 수 있는 시스템 구축과 사회적 지위 향상 대책이 더 시급하다. 정작 기능인과 전문가의 파격적 우대를 외치면서도 내면의 홀대정책은 결코 간과할 수 없는 일이다. 이는 모럴해저드에서 비롯된 잠재된 편견이다.

기능올림픽에서 우리보다 뒤진 성적을 냈지만 독일·일본·스위스는 제조업 강국으로 세계시장을 석권할 만큼의 강점 있는 브랜드를 갖고 있다. 이들은 일찍이 제조업의 기반인 뿌리기술의 중요성을 깨닫고 기능인을 최고의 장인으로 육성하는 로드맵 구축뿐만 아니라 기능인을 존중하는 풍토를 조성한 것이다. 존중은 상대의 가치를 인정하는 것이다. 그 결과 '넘버원'이 아닌 '온리원'을 추구할 수 있는 강점을 지니게 된 것이다. 강점은 극한의 능력을 발휘하는 노하우지만 우리는 기능강국의 역량을 강점으로 키우지 못한 것이다. 메달만 따는 기능강국으로 만족해온 것이다.

국무총리까지 나선 공항환대는 매우 좋았지만 뛰어난 기능인의 역량을 강점으로 승화시킬 숙련기능인 육성 로드맵 구축과 비전을 제시해야 한다. 세계 제패의 쾌거가 직업교육의 본질에서 표출될 수 있는 시스템 구축과 실현이 곧 기능선진국이다. 이것은 능력중심사회를 다지는 초석이며 학벌만능주의를 타파하고 제조업의 강점을 키우는 길이다.

N&Times 2013년 7월 16일

■ 교육정서 바꾸는 기능인재 공무원 등용

내년에 특성화고인 완도수산고를 졸업하는 이나래 양의 공무원 시험 합격이 장안의 화제가 되고 있다. 이 양은 행정안전부의 '기능인재 추천채용'에 의해 선박해양직 공무원시험에 합격한 것이다. 행정안전부는 2010년도부터 특성화고와 마이스터고, 전문대 졸업자 중 우수인력을 공직에 유치하기 위한 제도를 실시해 왔으며 이번에도 80명의 기능인재를 뽑았다. 그동안 기능인재의 특별채용은 전국기능경기대회와 국제기능올림픽 입상자를 대상으로 대기업 중심으로 이루어졌으나 공무원 채용의 제도화는 최근에 시작된 일이다.

화제가 된 이 양의 공무원시험 합격은 능력보다는 학력을 중시하는 만연된 교육정서의 반증이다. 교육의 모든 것이 오로지 대학으로만 통하는 교육정서 속에서 대학은 사실상의 의무교육이 돼 버린 지 오래다. 실업자가 될지언정 대학을 나와야하는 것이 현실이다. 이런 정서로 대졸청년실업자 증가와 중소기업의 인력난은 평행선을 달리고 있다. 대학생의 반값 등록금과 반값 졸업장의 현실은 결코 쉽게 풀 수 없는 국가적 난제가 된지 오래다. 그러나 청년실업, 중소기업의 인력난, 반값 등록금 등의 해결의 본질은 학벌만능주의의 타파에 있다. 다만 그동안 시행된 많은 정책과 제도는 고학력주의의 편향된 뿌리 깊은 문화가 달라질 수 있게 할 사회풍토 조성조차 못한 보여주기식 현상의 치유로만 일관했기 때문이다. 학력이 아닌 능력중심사회의 실현을 외쳐왔지만 실상은 학력중심사회에 더욱 빠져들게 한 임기응변적인 제도와 정책의 모순을 깊이 성찰해야 한다.

행정안전부가 3년째 시행하고 있는 기능인재의 공무원 등용은 만연된 교육정서는 바꾸게 할 희망의 대안이 되고 있음은 다행스런 일이다. 그러나 기능인재의 공무원 채용이나 대기업 특채만으로 당장 능력중심사회가 실현되는 것이 결코 아니다. 채용한 기능인에 대한 만연된 사회적 편견 해소책은 물론 능력에 상응하는 보수와 장래 희망을 갖게 할 대안이 필요하다.

아울러 등용한 기능인재를 강점을 발휘할 만큼의 분야별 최고의 숙련기술인인 경쟁력의 핵심으로 육성해야 한다. 독일의 경우 최고의 숙련기술인인 마이스터(명장)는 평생교육의 차원에서 끊임없는 학습의 기회가 주어져 대학진학과 기업의 임원에도 등용됨은 물론 사회적인 지위에 있어서도 어떤 편견이나 차별이 있을 수 없는 능력중심사회에서 일하고 있다. 이런 명장의 강점이 독일의 흔들리지 않는 제조업의 무한한 경쟁력을 키우고 있다.

우리의 명장은 특성화고교생의 매력을 끌지 못하고 있다. 능력중심사회 실현은 명장이 되고 싶은 특성화고교생이 많아지도록 체계적인 시스템을 갖추는 일에서 비롯된다. 산업화시대 숙련기술인의 탄생은 생존을 위한 필연적 의지에서 비롯됐지만 앞으로는 특별한 숙련기술인 육성대책 없이는 산업현장에서 명장을 만날 수 없게 될 것은 자명하다. 2011년부터 시행되고 있는 숙련기술장려법은 기능 인재에게 희망을 주기에는 설득력이 부족하며 법이 정의하는 숙련기술인과 최고의 숙련기술인인 명장 육성정책도 결코 아니다. 정부 포상과 보여주기식의 행사지향적인 격려도 좋지만 절실한 것은 숙련기술인을 체계적으로 육성할 수 있는 시스템 구축과 사회적 지위 향상 대책 마련이다.

기능인재 등용도 중요하지만 기능인재를 평생학습을 통해 기업이나 공무원조직에서 경쟁력의 핵심으로 육성하는 일은 더 중요하다. 이것은 특성화고교생의 희망이며 제대로 된 능력중심사회의 실현이다. 기능인재의 공무원 등용과 기업의 특채는 청년실업과 대학의 반값등록금 해결의 본질이며 만연된 교육풍토를 바꾸는 일이다. 행정안전부의 기능인재 우대(優待)정책 실천을 크게 환영하며 이 제도가 만연된 학벌만능주의를 타파하고 능력이 대우받는 공정사회 구현의 초석이 되길 기대한다.

N&Times 2012년 11월 11일

▦ 숙련기술인 정년연장 필요하다

지금 제조업현장에는 돌아가던 기계마저 멈춰 서게 될 심각한 위기에 직면해 있다. 소위 베이비붐 세대인 1955~1963년생 숙련기술인의 쓰나미 은퇴로 인해 대를 이을 젊은 기능인이 없기 때문이다. 젊은 기능인의 산업현장 외면은 어제 오늘의 이야기는 결코 아니지만 숙련기술 인력의 부족은 중소기업은 물론 대기업도 상황은 마찬가지다. 이는 능력보다 학벌을 중시하는 만연된 교육정서에 편승해 교육과 산업의 트렌드마저 유행을 따라 줄기와 열매산업으로 전환했기 때문이다. 이런 임기응변적인 트렌드 변화가 뿌리산업을 3D산업으로 더욱 몰락시킨 것이다. 하지만 주조, 금형, 소성가공, 표면처리, 열처리, 용접 등 6대 뿌리산업과 뿌리기술은 세계최빈국을 불과 60여 년만에 세계 10위권의 경제대국으로 발전시켰으며 앞으로도 한국을 키울 동력의 원천이다.

외국 언론조차도 "쓰레기통에서는 장미가 피지 않는다"고 비유할 만큼 결코 발전을 기대하지 않았던 한국이 경제대국의 신화를 창조한 것은 뿌리기술로 뿌리산업을 키운 숙련기술인의 땀과 노력이 있었기 때문이다. 20~50클럽의 가입도 성공적인 산업화의 결과에서 비롯된 것이다. 한국이 기능올림픽에서 17번 종합우승할 수 있었던 것도 뿌리산업과 뿌리기술의 역량으로 이룩한 것이다. 다만 세계 최고의 뿌리기술의 역량을 지닌 기능강국에서 정작 뿌리산업을 이끌 젊은 기능인이 없다는 현실과 기능강국이 기능선진국이 되지 못한 것이 아이러니할 뿐이다.

깊이 깨달아야 할 것은 한국을 일으킨 성장동력 뿌리산업이 안정된 기반 위에서 심화된 기술력과 장인정신을 바탕으로 품격을 갖춰 비상하지 못하고 소프트웨어 산업에 밀려 3D산업으로 전락케 방관한 것이다. 이는 감춰진 뿌리산업의 무한한 성장 역량의 강점을 간과한데서 비롯된 안타까운 일이다. 조선왕조의 창업을 송영한 노래 용비어천가의 "뿌리가 깊은 나무는 바람에 움직이지 아니하므로 꽃이 좋고 열매가 많으니"는 뿌리산업의 중요성과 그 부가가치가 얼마나 큰가를 너무나도 잘 나타내고 있다. 이처럼 일찍이 뿌리기술의 중요성을 깨닫고 뿌리산업을 사활을 걸고 육성해온 독일과 일본이 여전히 뿌리산업에 집착하는 것은 우리와 다른 안목이다.

이들 국가가 세계경제의 침체 속에서 겪고 있는 장기불황에도 불구하고 제조업이 유독 강한 이유는 독일의 마이스터 정신과 일본의 모노즈쿠리의 자존심으로 키운 숙련기술인이 뿌리산업을 이끌고 있기 때문이다. 뿌리산업의 경쟁력의 핵심은 숙련기술인의 잠재된 강점에서 나온다. 강점은 재능, 기술, 지식 등의 조화에서 비롯되는 것으로 극한의 신비한 능력을 발휘한다. 독일과 일본이 '넘버원(NO.1)이 아닌 온리원(Only One)'을 추구할 수 있는 것은 강점을 지닌 숙련기술인이 대를 이어 뿌리산업을 이끌기 때문이다. 극한의 능력에서 나온 온리원은 마치 블랙박스와 같은 것으로 생산자만의 노하우다.

정부가 금년 1월 '뿌리산업 진흥 및 첨단화에 관한 법률' 시행을 계기로 뿌리산업을 적극 지원키로 했다지만 절실한 것은 강점을 발휘할 숙련기술인 육성이다. 뿌리산업의 95% 이상이 열악한 중소기업인 현실을 감안하면 온리원의 명품을 만들 강점을 지닌 숙련기술인 육성을 기업에 의존할 수만은 없다. "나이는 정년이 있어도 기술은 정년이 없다"는 말처럼 숙련기술인의 정년 은퇴는 산업경쟁력의 손실이다. 그러나 대를 이을 젊은 기능인이 없다는 것은 결국 뿌리산업의 자멸이다. 이제라도 정부가 적극 나서서 설득력 있는 비전을 제시하여 뿌리산업을 외면하는 젊은 기능인을 돌아오게 해야 한다. 뿌리 없는 식물이 줄기를 뻗어 열매를 맺을 수 없는 것처럼 숙련기술인 없는 뿌리산업의 육성은 불가능함을 깊이 성찰해야한다.

N&Times 2012년 7월 23일

■ 뿌리산업 이끌 젊은 기능인이 없다

주조, 금형, 소성가공, 표면처리, 열처리, 용접 등 6대 뿌리산업은 자동차, 조선, 전자, 발전설비 등과 같은 기간산업의 기반이 되는 원천기술을 말한다. 따라서 뿌리산업은 산업발전의 뿌리를 이루는 원천기술의 보고인 셈이다. 한국이 세계최빈국에서 불과 60년 만에 세계 10위권의 경제대국으로 발전케 한 성장의 동력도 뿌리산업에서 비롯된 것이다. 외국 언론조차도 "쓰레기통에서는 장미가 피지 않는다"고 비유할 만큼 결코 발전을 기대하지 않았던 한국은 착실하게 뿌리산업을 키워 경제대국의 신화를 창조한 것이다. 지난 6월에 20~50클럽의 가입도 성공적인 산업화의 결과로 이룩한 것이다.

그러나 지금 한국의 뿌리산업은 안정 속에서 더욱 심화된 기술력과 장인정신을 바탕으로 품격을 갖춰 비상하기보다는 급속한 지식기반사회가 도래하면서 3D산업으로 전락하고 만 것이다. 이는 감춰진 뿌리산업의 무한한 성장 역량의 강점을 간과한데서 비롯된 안타까운 일이다. 조선왕조의 창업을 송영한 노래 용비어천가의 "뿌리가 깊은 나무는 바람에 움직이지 아니하므로 꽃이 좋고 열매가 많으니"는 뿌리산업의 중요성과 그 부가가치가 얼마나 큰가를 너무나도 잘 나타내고 있다. 이처럼 일찍이 뿌리기술의 중요성을 깨닫고 뿌리산업을 사활을 걸고 육성해온 독일이나 일본은 우리의 실상과는 크게 다르다. 이들 국가가 세계경제의 침체 속에서 겪고 있는 장기불황에도 불구하고 제조업이 유독 강한 이유는 독일의 마이스터 정신과 일본의 모노즈쿠리의 자존심이 뿌리산업을 이끌고 있기 때문이다.

뿌리산업의 경쟁력의 핵심은 숙련기술인의 잠재된 강점에서 나온다. 강점은 재능, 기술, 지식 등의 조화에서 비롯되는 것으로 극한의 신비한 능력을 발휘한다. 독일과 일본이 '넘버원(NO.1)이 아닌 온리원(Only One)'을 추구할 수 있는 것은 강점을 지닌 숙련기술인이 대를 이어 뿌리산업을 이끌기 때문이다. 극한의 능력에서 나온 온리원은 마치 블랙박스와도 같은 것으로 생산자만의 노하우다. 지구촌 모든 가정의 주방을 차지하고 있는 독일의 쌍둥이 칼을 비롯하여 스위스의 아미 나이프와 시계 등은 뿌리산업의 본질에서 비롯된 현상으로 각광받는 온리원의 명품이다.

한국이 기능올림픽에서 17번 종합우승할 수 있었던 것도 뿌리기술의 역량에서 비롯된 것이다. 다만 뿌리기술의 역량으로 이룩한 기능강국에서 정작 뿌리산업을 이끌 젊은 기능인이 없다는 현실이 아이러니할 뿐이다. 이는 능력보다 학벌을 중시하는 만연된 교육정서에 편승해 교육과 산업의 트렌드가 줄기와 열매산업으로 급격하게 전환해 뿌리산업은 모두가 경시하는 3D산업으로 몰락한 것이다. 이런 상황변화로 고사 위기에 놓인 뿌리산업은 「기능경시 풍조와 저임금에 따른 심각한 인력수급문제」, 「대기업에 종속돼 있는 뿌리산업의 구조적 모순과 불합리한 이익 배분의 문제」, 「환경을 이슈로 한 국민들의 뿌리산업 배척」 등에 시달려 겨우 연명하고 있을 뿐이다.

정부가 금년 1월 '뿌리산업 진흥 및 첨단화에 관한 법률' 시행을 계기로 뿌리산업을 적극 지원키로 했다지만 절실한 것은 뿌리산업이 겪고 있는 고충해결을 위한 혁신적인 제도 구축이며 강점을 발휘할 숙련기술인 육성이다. 뿌리산업의 95% 이상이 열악한 중소기업인 현실을 감안하면 뿌리기업이 온리원의 명품을 만들 강점을 지닌 장인의 육성은 힘에 부칠 뿐이다. 이제는 정부가 적극 나서서 설득력 있는 비전을 제시하여 뿌리산업을 외면하는 젊은 기능인을 돌아오게 해야 한다. 대기업 위주의 우수기능인의 병역특례제도도 뿌리산업체에 혜택을 주는 개선이 필요하다. 뿌리 없는 식물이 줄기를 뻗어 열매를 맺을 수 없는 것처럼 숙련기술인 없는 뿌리산업 육성은 불가능함을 깊이 성찰해야 한다.

N&Times 2012년 7월 2일

■ 숙련기술인이 대우받는 사회를 꿈꾸며

정부가 무역의 날을 맞이해 연간무역 1조 달러의 돌파 주역인 '명인·반장·기장·계장' 등의 모범 숙련기술인을 포함한 특별유공자에게 훈·포장을 수여했다. 정부 포상을 받은 숙련기술인들은 학벌 만능주의의 편견을 극복하고 힘든 일, 어려운 일 마다하지 않고 한평생 산업현장을 지켜온 자랑스러운 산업역군들이다. 숙련기술인에게 준 포상은 능력중심사회를 실현하고 학벌만능의 사회정서를 타파하는 데 도움이 되는 일이기에 크게 환영한다.

오늘날 대한민국이 GDP 세계 10위권 성장을 이룩한 원동력은 전쟁의 폐허를 딛고 무에서 유를 창조한 숙련기술인의 땀과 노력에서 비롯됐다. 특히 생산현장의 숨은 일꾼으로 칭송받고 있는 현대차 김종수 과장, 기아차 원용희 반장, 삼성토탈 유태열 기장, 동부제철 이덕완 장인, 그리고 SK에너지 최영식 과장 등은 모두가 자랑스러운 숙련기술인으로 30년 넘게 한 분야에서만 일한 대한민국의 대표 장인들이다(12일자 A13면).

이들 숙련기술인이 더욱 존경스러운 것은 학벌 만능주의 사회에서 멸시·천대는 물론 기술·기능경시 풍조를 극복한 의지의 장인이기 때문이다. 이들이야말로 학벌이 아닌 능력으로 국가발전에 헌신한 자들이다. 이처럼 유·무형의 노하우를 지닌 숙련기술인의 축적된 역량이야말로 국가경쟁력 향상에 필수적인 소중한 자산이다. 앞으로 21세기 글로벌 시대를 주도할 국가 간의 경쟁력도 숙련기술인의 기술력에서 그 우열이 가려질 것은 자명하다. 지난 10월에는 우리의 청소년들이 런던 국제기능올림픽에서 기능올림픽 역사상 17번이라는 종합우승의 신화를 창조해 국위 선양은 물론 국가 브랜드의 가치를 한층 높였다. 바라건대 세계를 제패한 이들의 역량이 산업발전의 성장동력이 되어 빛을 발할 수 있게 해야 한다.

안타깝게도 우리는 아직 기능선진국의 문턱을 넘지 못하고 있는 기능강국이다. 기능선진국은 학벌보다는 실력·능력 중심 사회를 말한다. 숙련기술인에 대한 정부 포상을 통한 격려는 꼭 필요한 일이다. 더욱 중요한 것은 산업현장에서 긍지를 갖고 일할 수 있는 숙련기술인 양성을 위한 로드맵을 구축해야 한다. 그리고 실속 없는 학벌 중심의 교육정서를 타파하는 운동도 절대 필요하다. 이것이 바로 무역 2조 달러 달성의 주역이 될 숙련기술인을 육성하는 길이기 때문이다.

조선일보 2011년 12월 14일

■ 기능인에게 '박사모' 씌워주는 사회가 아름답다

"두 분은 70년대 조국 근대화의 기수로서 바닥부터 출발해 최고 위치에 오른 기능인"입니다(18일자 A1면). 지난 19일 금오공대 후기 졸업식에서 전문계고 출신 엔지니어 2명에게 명예박사 학위를 수여한 우형식 총장의 변이다. 공정한 사회라면 한 분야 최고 경지에 오른 기능인에게 준 명예박사 학위는 결코 뉴스거리가 되지 않았을 일이다. 기능인에게 준 명예박사 학위는 실력보다 학벌을 중시하는 편견을 버리고 최고 기술자를 사회가 인정하는 예우(禮遇)로 매우 뜻있고 아름다운 일이다. 또 학벌만능주의 사회에서 실력을 중시하는 사회로 가는 신선한 변화의 실현으로 기능인뿐 아니라 국민에게도 희망을 주는 일이다.

대한민국 명장(名匠)으로 박사가 된 코오롱인더스트리 구미공장 이동형 작업반장은 이 소식을 전해 듣고 깜짝 놀랐다고 한다. "명예박사 학위가 영광이긴 한데, 사람들이 기름때 묻고 안전화(靴) 신은 나를 박사라고 할까요?"라고 부담스러운 심경을 토로했다고 한다. 이 반장의 마음 속에는 타파해야 할 고질적인 기능경시 풍조와 기능인 천대·멸시의 낙인(stigma)이 새겨져 있음을 알 수 있다. 이 대통령은 올해 광복절 경축사에서 작년의 '공정사회'에 이어 '공생발전'이라는 새로운 화두를 던졌다.

공생(共生)의 사전적 의미는 '서로 도우며 함께 삶'이다. 공생은 상대방의 존재 가치와 능력을 소중하게 여기는 풍토에서 그 빛을 발한다. 따라서 '공생발전'은 공정한 사회에서 기대할 수 있는 일이지만 실현을 위한 메커니즘도 갖춰야 한다. '공생발전'은 국가를 업그레이드시킬 수 있지만 학벌만능주의는 성공을 이루는 큰 걸림돌이다.

이 반장의 산업현장 생활 26년은 후배 기능인의 본보기가 되기에 충분하다. 그가 진정한 프로 경지에 오른 것은 온갖 역경을 딛고 불굴의 의지와 노력으로 오직 기능인으로서 본질에 충실했기 때문이다. 최고의 기능인이 산업현장에서 흘린 땀은 국가 브랜드의 가치를 높이는 노하우다. 이 반장과 같은 기술 명장을 제도적으로 육성할 수 있는 총체적인 시스템 구축이야말로 기능선진국을 다지는 초석이며 국가 발전의 동력이다. 지금까지 해온 추상적이고 말뿐인 기능인 우대(優待)보다는 기능인을 제대로 대우(待遇)하는 제도 구축과 학벌 만능의 정서를 타파하는 정책이 더욱 절실하고 시급하다.

조선일보 2011년 8월 25일

▪ 마이스터高, 실력위주 사회 이끈다

한국은 기능최강국이자 세계 10위권의 경제대국이다. 기능올림픽에서의 16차례 우승, 금융위기의 신속한 탈출이 잘 보여주는 사실이다. 그러나 기능선진국은 결코 아니며 제조업 강국은 더욱 아니다. 이런 현실 속에서도 4월에 16개 시도가 개최한 지방기능경기대회에는 신설 직종 6개를 포함한 총 56개 직종에 작년보다 1000여 명이 증가한 9878명이 참가해 치열한 경쟁을 벌였다.

지방기능경기대회에 기능인이 유례없이 관심을 보인 이유는 꾸준히 추진한 대기업과의 기능장려협약에 따라 기능경기대회 출신의 취업 길이 대폭 열렸기 때문이다. 한편으로는 마이스터고의 개교와 더불어 학벌보다 실력을 중시하는 사회를 만들겠다는 정부의 강한 의지가 큰 활력소가 됐다. 작년 캘거리 국제기능올림픽대회 종합우승 직후 정부가 국제기능진흥협력센터의 건립 계획을 밝힌 점도 영향을 미쳤다고 풀이된다.

스포츠올림픽과는 비교할 수 없지만 기능올림픽 역사상 16차례 의 종합우승을 하던 순간에 많은 국민이 따뜻하게 격려했던 기억이 지금도 생생하다. 캘거리에서 감격을 느끼던 당시만 해도 기능선진 국의 실현과 제조업 강국으로 이어지는 시스템 구축이 탄력을 받는 듯했다. 하지만 국제기능진흥협력센터 건립이 지지부진해 안타깝다. 센터 건립은 기능강국에서 명실상부한 기능선진국으로 발전하는, 국가 경쟁력을 높이는 일이다. 21세기 지식기반사회를 선도할 인프라를 구축하는 일이기도 하다.

체계적인 마이스터의 육성은 기능강국이 기능선진국으로의 기반을 다지는 또 하나의 방법이다. 기능인의 개인적인 능력에만 의존해서는 기능선진국이 되기 어렵다. 교육과 기업을 포함해 사회 전체의 시스템이 뒷받침해야 가능한 일이다. 마이스터고의 설립은 대통령의 언급처럼 '21세기를 헤쳐 갈 인재를 육성하고 우리 교육을 바꾸기 위한 새로운 도전'으로 중병을 앓는 전문계고를 살리는 교육 시스템의 혁신이다.

마이스터고는 또 다른 특성화된 전문계고의 출현으로 볼 수 있다. 마이스터고의 성공을 위한 조건은 지금 전문계고가 당면한 문제에서 해결책을 찾을 수 있다. 이는 마이스터고의 목표와 연관이 있으므로 더욱 중요하다.

마이스터고는 첫째, 산업인력 양성이라는 본질을 회복해 제대로 된 인재를 육성할 시스템을 구축해야 한다. 둘째, 졸업 후 예비 마이스터를 제대로 대우하는 만족스러운 일자리를 준비해야 한다. 셋째, 재능 있는 우수한 예비 마이스터를 숙련된 전문가, 즉 마이스터로 육성하는 프로그램을 갖춰야 한다. 세 가지를 삼위일체로 하는 시스템 구축은 마이스터고가 추구해야 할 본질이지만 단지 하드웨어에 불과하다.

하드웨어의 구축은 마이스터고의 성공을 위한 필수조건이지만 조건만 다 갖춘다고 해서 결코 성공을 확신할 수는 없다. 중요한 점은 소프트웨어다. 지금은 산업화시대도 아니며 무엇보다도 실력보다 학벌을 중시하는 고질적인 인식의 타파가 더욱 중요하다는 사실을 심각하게 고민해야 한다. 예비 마이스터를 제대로 대우하는 일자리도 문제지만 과연 이들이 주어진 일자리에 만족하고 마이스터로 성장해 갈지도 미지수다.

오랫동안 기능강국의 자리에 있으면서도 기능선진국과 제조업 강국을 이룩하지 못한 것은 실패한 실업교육정책의 한 단면이다. 마이스터고가 학벌보다 실력이 인정받는 기능선진국을 만드는 희망이 되길 기대한다. 더는 기능강국으로 머물게 해서는 안 된다. 이제는 국가의 품격을 높이고 미래를 내다보는 기능선진국으로의 정책 전환이 절실하다.

동아일보 2010년 5월 1일

■ 기능강국에서 기능선진국으로

아랍에미리트(UAE)와의 원전 수주 협상이 한창 진행 중이던 작년 12월 4일 정부관계자로부터 전화 한 통을 받았다. 원전 협상 과정에서 UAE가 기능 인력 양성을 비롯한 기능올림픽 선수훈련 등의 기술협력을 요청하면서 이틀 후 아부다비에서 열리는 개방협상 테이블에 기능올림픽 한국기술대표와 공식 대표를 초청한다는 내용이었다.

UAE가 기능강국 한국을 벤치마킹하고 기술협력을 요청한 것은 가슴 벅찬 일이다. 우리의 노하우를 배우려는 이면에는 자원 고갈에 대비한 UAE의 국가적 전략이 있는 듯하다. 한국이 세계 최하위의 빈곤국가에서 산업화의 역경을 성공적으로 이룩하고 21세기 지식기반사회를 선도하는 중심 국가로 일어섰음을 입증하는 사례다.

이는 역경의 시기에 오늘의 강점을 키워온 선배 기술 기능인의 한결같은 노력의 결과다. UAE는 지난해 제40회 캘거리 국제기능올림픽대회에 메카트로닉스와 웹디자인 등 8개 직종에 참가했다. 메달 포인트를 기록하지 못한 8개국과 더불어 참가국 중 공동 최하위에 그친 실력이지만 기능 인력 양성만큼은 남다른 관심을 보이는 나라다.

한국은 수년 전부터 회원국 상호협력 프로그램의 일환으로 인도, 베트남, 인도네시아 등 회원국에 기술을 전수한다. 산업화의 기반을 다지는 브라질을 비롯한 여타 회원국도 기능강국 코리아의 발전 노하우를 벤치마킹하고 있음은 매우 고무적인 일이다. 하지만 훈련센터 하나 없는 기능강국의 실체는 너무나도 초라하다. 무엇보다도 기능강국의 강점을 살릴 시스템이 필요하다. 지금까지 우리의 강점을 국가 브랜드화하는 투자와 노력은 소홀했다. 금메달 획득만이 목표의 전부였다.

이제 한국은 대내외적으로 명실상부한 기능강국의 역할을 해야 한다. 정부는 작년 캘거리 기능올림픽 종합우승 직후 기능 진흥을 위한 국제기능센터를 설립해 기능올림픽 선수촌으로도 활용하겠다고 발표했다. 국제기능센터 설립은 배우는 나라에서 가르치는 나라로 더욱 굳건히 설 수 있는 대외적인 기반을 다지는 일이다. 세계를 선도하는 우리가 해야 할 시대적 사명이며 국가의 품격을 갖추는 사업이기도 하다.

동아일보 2010년 2월 13일

■ 기능선진국의 길

한국은 기능강국이지만 기능선진국은 아니다. 8일자 A14면 '대기업에 특채된 기능대회 수상자들'이라는 기사는 기능선진국이라면 뉴스거리가 안 됐을 것이다. 11일자 A12면 '취직 안 하는 전문계고' 기사가 이에 대한 방증일 수 있다.

기능인들이 대기업에 취업할 수 있게 된 것은 2006년에 기업과 정부가 체결한 '기능장려 협약'에 따른 결과다. 삼성그룹과 현대중공업은 협약 체결 후 지금까지 모두 169명의 전국기능경기대회 입상자를 특별 채용했다. 산업인력공단은 앞으로 국내 30대 기업으로 협약 체결 확대를 추진한다고 한다.

대기업의 우수기능 인력의 특별 채용 제도는 전문계고교생들에게 희망을 주는 일이다. 직업교육 완성이라는 전문계고 본연의 목적을 살리고, 기업은 우수 기술 인력을 확보할 수 있는 상생의 길이기 때문이다.

다만 "공부 대신 기술로 승부… 대학졸업장 없이도 대기업 취직했죠"라는 제목은 '공부'와 '기술'을 양분하는 인식을 주지 않을까 염려된다. 오는 9월 캐나다 캘거리에서 열리는 제40회 국제기능올림픽대회에 출전할 40개 직종의 국가대표 선수 45명이 현재 강도 높은 훈련에 열중하고 있다. 훈련장을 한 번만 방문해 보면 '공부 없이' 기술을 익힐 수 있다는 오해는 사라질 것이다.

모바일로보틱스·메카트로닉스·그래픽디자인·웹디자인·기계제도 CAD·CNC밀링·CNC선반·통합제조·컴퓨터 정보통신·공업전자기기 등 거의 모두가 첨단 장비를 운용하는 직종이다. 대학의 실험실에서도 결코 흉내 내지 못하는 높은 수준의 실무다.

그래서 기능선진국으로 가는 길은, 전문계고는 본질인 산업인력 양성에 충실하고 우수한 기능인에게는 안정된 일자리를 줘 제대로 대우하는 것이다. 기업은 우수 인력을 최고 전문가로 키울 비전이 있어야 한다.

조선일보 2009년 6월 12일

■ 기능올림픽 대표선수들은 우리의 희망

"국제기능올림픽 금메달 단상 위에 올라 만세를 부르리라." 이는 금년 11월 8일부터 15일간 일본의 시즈오카에서 열리는 제39회 국제기능올림픽대회 'CNC선반' 분야 국가대표로 선발되어 훈련에 임하고 있는 이명규 군의 '나의 각오'다. 그리고 대표선수 47명 모두는 매일 아침 명상의 시간을 통하여 어떠한 어려움도 이겨내고 충실하게 훈련에 임하여 반드시 세계 최고가 되어 국위를 선양할 것을 다짐한다. 언제부턴가 국제기능올림픽은 관계자 외에는 별로 관심조차 없는 일이 돼버렸다. 그러나 대표선수들의 훈련 열의와 지도위원들의 열정만큼은 세계 최고의 기술강국 꿈을 실현하는 미래의 성장동력으로 느껴져 그래도 믿음직스럽다.

이번 제39회 국제기능올림픽대회에 우리나라는 42개 분야에 47명의 선수가 참가를 준비하고 있다. 일본은 이번 대회에서 주최국의 이점을 발휘하여 기존의 38개 정식 종목 외에도 일본에 유리한 부활 직종 5개 분야와 시범 직종 4개 분야를 늘리는 등 모두 47개 직종으로 역대 최대 규모의 대회준비와 우승을 꿈꾸고 있다. 기능강국으로의 부활에 사력을 다하고 있는 것이다. 이에 따라 정부의 강력한 지원으로 작년에 이미 대표선수를 선발하여 훈련에 돌입했다.

한편, 우리의 전문계 교육 실상에서 보면 과거 찬란했던 기능강국의 체면을 유지하는 것은 결코 쉬운 일이 아니다. 국가 산업인력 양성이 어려운 현실에서 국제기능올림픽대회에 참가할 국가대표 선수 선발조차 어려움을 겪는 실정이다. 이는 아직도 기능선진국으로서 다양한 산업분야의 전문가를 양성할 수 있는 직업교육 시스템을 구축하지 못하고 사회에 새로운 비전도 제시하지 못하고 있기 때문이다. 때때로 전문 고교교육 육성을 위한 대책이 나오긴 했지만 그때마다 선심성 정책이었거나 임기응변적인 대책이었기 때문에 중병을 앓고 있는 전문교육 시스템의 본질을 바꿀 만큼 지속적이거나 체계적이지 못했다.

우리는 지금까지 23회에 걸쳐 국제기능올림픽에 678명이 참가하여 424개의 메달 획득과 14번의 종합우승을 차지한 세계가 인정하는 기능강국이다. 그러나 아직도 기능선진국이 되지 못하고 있으며 전문교육도 젊은 청소년들의 매력을 끌지 못하고 있다. 이제는 전문 교육을 체계적인 시스템 속으로 끌어들여 국가발전의 성장동력으로 키워야 한다.

무엇보다도 지금의 현실에서 우리의 '전문계 교육'을 살릴 수 있는 핵심 키워드는 직업교육 시스템 구축, 기술자의 대우정책, 전문가 육성정책으로 집약할 수 있다. 이것을 하나의 시스템으로 연계하는 정책이 진정한 기능선진국이 되기 위한 로드맵이다. 그리고 이 시스템의 구축은 기술력의 원천적 자산을 키우는 것이며 이는 세계 일류 제품을 만드는 국가 경쟁력의 핵심이다. 기능올림픽 대표선수 양성이 전문계 교육의 본질이 될 수는 없다. 금메달리스트는 전문교육의 과정에서 자연스럽게 나올 수 있어야 한다. 이것이 명실상부한 기능선진국이며 직업교육의 경쟁력이다.

국제기능올림픽대회는 대표선수나 관계자들만의 행사가 되어서는 결코 안 된다. 47명의 국가대표선수는 전문계 고교생의 희망이자 앞으로 핵심 성장동력으로 키워야 할 소중한 기술인적 자원임을 결코 잊어서는 안 된다. 그리고 세계 최고의 기술은 코리아의 브랜드 가치를 높이는 국가 경쟁력의 핵심이다. 기능올림픽 대표선수들을 열정적으로 성원해 우리의 희망으로 키워야 한다.

조선일보 2007년 7월 28일

08

'차별된 인재육성' 제대로 하려면

교육의 모든 것이 오직 대학으로 통하는 학벌만능주의 타파와 교육기관의 실종된 정체성 회복을 위해 주요 언론을 통해 강조했던 글을 소개한 것이다. 특히 차별된 인재육성(How to Become an Outstanding Expert in Your Field)을 위해 대한민국의 교육의 실상을 조명한 글 '포퓰리즘으로 무너진 교육백년대계' 등을 비롯한 교육의 실상에 대한 시대적 여론을 집약한 내용의 글이다.

무엇보다도 4차 산업혁명의 프런티어 개척을 주도할 인재육성을 위해서 교육기관의 실종된 정체성 회복이 시급함을 지적한 내용이 담겨 있다.

포퓰리즘으로 무너진 교육백년대계

『대학 졸업장=실업증, 취업 9종 세트, 반값 등록금보다 심각한 반값졸업장, 능력보다 학벌이 우선인 사회, 기술·기능의 멸시천대 풍조, 일자리 미스매치, 구직난(求職難) 속에 구인난(求人難)』등은 우리의 직업교육과 대학교육의 심각함을 대변하는 말이다. 이는 교육의 모든 것이 대학으로 통하는 대학만능주의와 포퓰리즘 교육정책에서 비롯된 부메랑이다. 2000년 통계가 작성된 이후 청년실업률 11.2%라는 최악의 두 자릿수 기록과 청년 체감실업률 23.6%라는 상황에까지 이르게 된 것이다. 이는 혁신을 외면한 보여주기 식의 교육정책과 결코 무관할 수 없는 일이다.

대학교육협의회의 공시정보에 따르면 대학 재적학생 10명 중 3명이 휴학 중에 있다고 한다. 1~2년쯤은 휴학을 하고 각종 스펙 쌓기에 몰두하는 학생이 적지 않음을 말해주는 증거다. 이런 세태는 대학이 도토리 키 재기의 경쟁우위에 서기 위한 간판과 스펙을 취득하는 기관으로 전락했음은 물론 보편적 이상을 실현할 진리탐구의 정체성을 잃고 있음의 실상이다. 한마디로 지금의 상황은 교육백년대계의 간과에서 비롯된 일이다. 총론만 잘 그린 각론이 없는 정책이 타파해야 할 학벌만능주의를 오히려 심화시킨 것이다. 그 결과 대학의 경쟁력 저하는 물론 특성화고와 전문대학의 정체성 실종에까지 이르게 된 것이다.

특성화고는 공부 못해 가는 학교가 아니다

특성화고교는 산업인력 양성의 산실로 산업화의 기적을 이룩한 빈곤탈출의 동력이었다. 산업화 이후 '공부 못하는 아이들이 가는 학교'라는 편견이 대학만능주의를 심화시켰다. 이는 기능강국이면서 기능선진국이 되지 못한 것처럼 성과주의에 빠져 혁신을 외면해 왔기 때문이다. 이상론을 내세운 선진 직업교육제도가 학벌만능주의 타파에 주효하지 못한 것은 풍토를 고려하지 않은 조림사업처럼 실상을 간과했기 때문이다.

성과주의의 우려가 현실로 나타난 '기능올림픽 성과 뻥튀기' 논란은 기능인의 자긍심에 상처를 준 기능한국의 수치일 뿐만 아니라 기능선진국 실현의 걸림돌이다. 기능올림픽은 지나친 성과주의에 몰두하는 기능강국보다는 특성화고교의 정체성을 회복시킬 기능선진국을 추구해야 한다. 기능선진국 실현은 산업인력 확보 등 일거다득의 국가경쟁력을 갖추는 일이지만 편견타파의 혁신 없이는 불가능하다.

고등직업교육기관으로서의 전문대학도 강점을 살리지 못한 것은 마찬가지다. 전문대는 5년제 고등전문학교로 출발해 개방대·산업대 등 근 반세기 동안 변화를 거듭해 오늘의 전문대학에 이르렀다. 한때 '일+학습' 병행을 차별로 내세웠던 개방대와 산업대도 특성을 살리지 못하고 대학만능주의 정책에 휩쓸려 모두 일반대학이 돼버렸다. 전문대 심화과정은 전문학사 과정을 마친 후 일정 기간 실무에 종사한 자가 전공에 따라 1~2년의 과정을 이수하면 학사 학위를 주는 제도로 출발했지만 실무경험 없이도 심화과정 입학이 허용되면서 결국 4년제 대학을 만들었다는 논란을 불렀다.

전문대학은 단기대학의 강점 키워야

수업 연한과 교명 자율화 그리고 학장을 총장으로 바꾸는 등의 개선이 단기대학의 강점을 잃게 만들었다. 숙련기술인 육성을 이유로 전문대의 대학원 과정 설립 추진 등은 정체성을 망각한 발상이다. 시급한 것은 고등직업교육기관의 보편적 이상을 실현할 시스템을 갖춰 단기대학의 존재 가치와 강점을 키워야 한다. 4년제 대학 때문에 전문대 발전의 걸림돌이 됐다는 것과 전문대 때문에 특성화고가 직업교육의 완성학교가 되지 못했다는 토로는 정체성 실종의 단면이다.

우리나라는 GDP 10위권에 걸맞는 차별된 글로벌 대학이 없다. 선진 글로벌 대학은 최고 수준의 교수와 교육과정의 바탕 위에 개방성과 진취성 그리고 차별화된 독창성이 결합된 시스템을 갖춰야 한다. 우리의 대학 육성정책은 이런저런 이유로 지역과 학교 안배 등 나눠주기로 강점이 없다. 이런 정책으로는 외국 대학에 인재를 보내는 피더스쿨(Feeder School) 역할이나 할 뿐 차별된 전문가(Outstanding Expert) 육성은 절대 불가능하다.

좋은 나무는 좋은 열매를 맺고, 나무가 본질이면 열매는 현상에 불과하다. 임기응변의 현상으로 본질을 바꾸려는 정책이 대학들의 실효성도 없는 개혁의 실체다. 교육개혁 최우수 대학이 정원을 걱정하는

가 하면 자율화라는 이름으로 필수과목을 축소해 전자공학을 전공하고도 전자제품 기판 회로도를 못 읽는 학생이 적지 않다. 훈련을 선택해서 받게 하였는데, 용감한 병사를 육성하려는 시스템의 모순이다.

대학의 내면을 살펴보면 상황은 더욱 심각하다. 이공계의 경우 대학졸업장·학사학위증·공학인증·기사자격증 등을 포함한 온갖 공인자격을 갖춰도 이를 경쟁력 있는 인재로 인정하는 곳은 대한민국 어디에도 없다. 단지 입사지원서를 제출하기 위한 스펙에 불과할 뿐이다. 최고 명문대의 졸업생 64%가 A학점을 받고 대학문을 나서지만 장마 때 먹을 물이 없는 것처럼 졸업생이 넘쳐나도 쓸 만한 인재가 없다는 기업의 목소리는 경쟁력 저하의 극명한 반증이다.

스펙이 경쟁력이 되지 못하는 각종 제도의 난무는 현상만을 지나치게 추구한 겉치레 교육인 것이다. 또한 학점 인플레이션, 졸업학점의 하향 조정, 수업일수 축소, 필수과목 축소, 강의 질만 떨어트리는 실속 없는 영어 강의 등은 혁신으로 포장한 변질로, 실효성도 없는 각종 인증 제도와 함께 과감하게 혁신해야 한다. 또한 학점 관리를 위한 명문대합격 신입생 대상 과외학원이 성업 중인 현실도 청산돼야 할 문화다.

대학의 경쟁력이 국가의 경쟁력이다

현실로 다가온 학령 인구 감소는 입학 정원 1000명인 대학의 100개교가 문을 닫아야하는 위기에 직면해 있다. 교육열의 차별된 강점이 산업화의 동력이 돼 국내총생산(GDP) 10위권의 압축 성장을 이룩했지만, 이러한 교육열은 교육의 모든 것이 대학으로 통하는 대학만능주의라는 망국병을 불러온 것이다. 하지만 대학을 정비하고 글로벌 대학으로 도약할 혁신의 기회가 될 수 있다. 단지 정원 조정의 통폐합보다는 대학졸업이 곧 실업자가 되는 실상을 직시해야 함은 물론 대학만능주의의 병폐로 심화된 기술과 기능경시 풍조도 타파할 대안을 내놔야 한다.

　대학을 대학답게 생명을 불어넣는다면 정체성을 회복시킬 수 있음은 물론 고교 졸업생 10명 중 7~8명이 대학에 진학하는 대학만능주의로 야기된 '대학 졸업=실업'의 현실을 '대학 졸업=취업'으로 바꿀 수 있다 . 또한 고교 졸업생 10명 중 2~3명만이 진학하는 풍토 조성은 전문대는 전문대답게 그리고 특성화고는 특성화고답게 만드는 경쟁력의 초석이다.

　현재의 인재는 교육 시스템의 차별된 수준에 준하는 재목을 육성할 수 있을 뿐이다. 종지 같은 평범한 교육 시스템에서 항아리 같은 인재를 결코 육성할 수 없다. 기능사, 기능장, 산업기사, 기사, 기술사는 수직적이 아닌 수평적 위치에서 직능별 역량을 발휘하는 각 분야의 전문가들인 것이다. 미래의 가치 있는 유·무형의 국가경쟁력의 강점을 지닌 인재는 특성화고교, 전문대학, 4년제 대학의 제대로 된 교육 시스템에서 육성되는 것이다. 그리고 각 분야별·직능별 차별된 인재는 4차 산업혁명시대의 프런티어 개척에서 주역이 되는 국가경쟁력의 핵심이다.

　새 정부에 바라는 것은 당장의 일자리 창출도 절실하지만 청년실업 해결의 본질인 교육백년대계의 인재육성을 위한 혁신을 결코 미뤄선 안 된다. 왜냐하면 차별된 인재는 국가경쟁력의 영원한 희망이며 J노믹스 실현의 동력이기 때문이다.

✪ 기고문

▦ '능력중심사회' 풍토부터 조성해야

한국은 국정과제인 국가직무능력표준(NCS)과 일학습병행제 시행으로 분주하다. 직업교육의 패러다임을 바꿀 새로운 제도가 고학력 청년실업자의 구직난과 중소기업의 구인난까지 해결될 수 있다면 쌍수를 들어 환영할 일이다. 그러나 직업교육의 정체성의 강점을 키울 혁신보다는 오직 제도시행이 주는 재정지원에만 사활을 걸고 있어 심히 우려된다. 정부 또한 실적만을 위한 보여주기식의 제도강행을 더 중시해 안타깝다. 지난해 11월에 교육부와 고용노동부가 주최한 국가직무능력표준(NCS) 박람회가 이를 대변하고 있다. 많은 직업교육 전문가와 언론은 "방문객들에게 준비한 기념품을 주는 것 외에는 특별한 의미가 없다"는 행사의 실효성 지적과 "시도는 좋았는데" 홍보 효과 미흡과 임기응변의 행사였다는 등의 평가를 내놨다.

박람회 개최 불과 한 달 여 전에 경기도 일원에서 열린 제49회 전국기능경기대회를 무관심 속에 기능인들만의 행사로 치른 것을 떠올리지 않을 수 없다. NCS기반 직업교육 시스템과 전국기능경기대회는 본질과 현상의 관계로 추구하는 목적과 주관 부처도 같다. 두 행사를 함께 개최했다면 일찍이 볼 수 없었던 일석다조(一石多鳥)의 최상의 직업교육축제가 됐을 것은 자명하다. 통상 국제기능올림픽대회가 열릴 때도 직업교육 관련 부대행사를 빼놓지 않고 개최한다. 청소년을 위한 직업교육의 로드맵 소개와 또 국민을 위한 직업교육 정서 함양에 기능올림픽만큼 좋은 일거다득의 기회가 없기 때문이다. 우리의 따로따로의 NCS 박람회는 혈세 낭비는 물론 능력중심사회 실현의 풍토 조성을 배가시킬 기회를 놓친 것이다. 실상도 파악하지 못한 정책 부재로 행사의 시너지 효과를 못낸 것이다.

제조업의 강점을 지닌 기능선진국들의 직업교육 성공비결은 차별된 교육풍토와 국민의식에 있었음을 간과해서는 안 된다. 이런 교육풍토를 간과한 실적 위주의 국정과제 추진은 마치 나무를 서둘러 심어 숲을 이루려는 조림사업처럼 보인다. 기능선진국의 기능경기대회는 특히 초·중등 학생들이 담임교사의 인솔로 참관수업을 한다. 아이러니하게도 세계 최고의 기능강국인 한국에서는 상상조차 할 수 없는 직업교육의 현장학습이다. 이것이 기능선진국이 된 차별된 직업교육정서다. 기술·기능경시의 낙인(stigma)이 붙은 멸시천대 풍조는 한국이 기능선진국이 되지 못하는 이유 중 하나다. 결국 국정 과제인 NCS와 일학습병행제의 정착도 교육풍토 조성에 달려있다는 사실을 잊어서는 안 된다.

절실한 것은 「직업교육 시스템 구축」, 「기술·기능인을 제대로 대우하는 정책」, 「최고의 숙련기술인 육성 비전」 등의 3단계를 로드맵으로 하는 '숙련기술인 육성 삼위일체 시스템'을 구축하는 직업교육 백년대계를 세워야 한다. 새로운 제도 시행도 좋지만 능력중심사회 실현의 걸림돌부터 제거해야 한다. 말뿐인 기능인 우대정책보다도 능력의 가치만큼의 대우도 못 받는 현실괴리의 실상과 기능강국이 기능선진국의 반열에 오르지 못한 원인도 제대로 파악해야 한다.

그동안 우리는 NCS나 일학습병행제도 보다도 더 이상적인 선진국 제도도 시행했지만 능력중심사회 구현에 실패했다. 오히려 직업교육의 정체성 실종과 대학만능주의만을 더 부추겼다. 이유는 언급한 삼위일체 시스템의 핵심인 기술·기능인을 제대로 대우하는 풍토조성을 간과했기 때문이다. 기능선진국의 직업교육 성공 모델인 NCS와 일학습병행제는 풍토가 이룩한 제도이지 제도가 풍토를 조성한 것이 아니다. NCS와 일학습병행제도 '숙련기술인 육성 삼위일체 시스템' 속에서 조화를 이뤄야 성공할 수 있다는 사실을 깨달아야 한다.

N&Times 2015년 1월 2일

■ 실적만 쫓는 직업교육 시스템

세계 최고를 자랑하는 한국의 교육열은 국내총생산(GDP) 세계 10위권이라는 경이적인 경제성장의 동력이 됐지만 지금 한국은 학벌만능주의라는 망국병에 걸려 좀처럼 헤어나지 못하고 있다. 학벌만능주의는 고학력 청년실업자의 구직난과 중소기업의 구인난으로 이어져 직업교육의 정체성을 실종시켰으며 이는 세계 최고의 기능강국이면서도 기능선진국이 되지 못하는 국가경쟁력의 손실로 이어지고 있다.

혁신보다는 재정 지원에만 사활

현재 각 직업교육기관은 학벌만능주의라는 망국병 치유를 위한 각종 직업교육 시스템의 강행으로 매우 혼란스럽고 분주하다. 직업교육의 패러다임마저 바꿀 새로운 직업교육 시스템인 일학습병행제와 국가직무능력표준(NCS)이 고학력 청년실업자의 구직난과 중소기업의 구인난까지 해결할 수 있다면 쌍수를 들어 환영할 일이다. 하지만 직업교육기관마다 직업교육 정체성의 강점을 키울 개혁과 혁신보다는 일학습병행제·NCS 같은 제도 시행이 주는 재정 지원을 받는데 사활을 걸고 있는 것 같아 예사로 보이지 않는다.

일학습병행제는 독일과 스위스를 제조업 강국으로 만든 직업교육의 강점을 지닌 제도다. 또 NCS 기반 교육 시스템도 호주 기술고등교육기관(TAFE)에서 도입해 성공한 제도다. 호주는 기능올림픽 결과로만 보면 중상위권 수준으로 기능강국은 아니지만 NCS를 정착시켜 직업교육의 난제를 해결했다. 이처럼 직업교육 강점을 표출케 한 성공적인 제도 정착은 각국의 차별된 교육정서와 국민의식에서 비롯됐다는 사실을 결코 간과해서는 안 된다. 그 나라 풍토가 만들어 낸 직업교육 시스템의 강점이다.

이런 교육풍토를 간과한 이상론만을 부각시킨 실적 위주의 직업교육 시스템 강행은 나무를 심는 것만으로 숲을 조성하려는 성급한 조림사업이 될 수 있다. 고교 졸업생 10명 중 2~3명만 대학에 진학하는 교육정서와 7명 이상이 진학하는 교육풍토에서는 같은 제도로 같은 결과를 얻을 수 없다. 단언컨대 일학습병행제와 NCS기반의 교육 시스템의 성공은 교육풍토 조성에 달려있다는 것을 결코 잊어서는 안된다. 제도는 시행만이 능사가 아니다. 제도 정착의 걸림돌부터 타파하는 것이 더 중요하다.

스위스와 프랑스를 비롯한 기능선진국의 기능경기대회는 초중고교 학생은 물론 일반인까지 무려 10만 여 명 이상이 참관한다. 초등학생들은 담임교사의 인솔로 참관수업을 한다. 경기장 주변에서 경기 과정을 일일이 기록하는 모습도 쉽게 볼 수 있다. 직업에 대한 현장학습으로 한국에서는 결코 볼 수 없는 교육이다. 이것은 기능선진국이 된 차별된 직업교육 정서로 능력중심사회를 실현한 원천 동력이다. 지난 10월 열렸던 제49회 전국기능대회가 학생들과 국민들의 무관심 속에 기능인들만의 행사로 치러진 것과는 대조적이다. 이런 기능경시 풍조가 세계 최고의 기능강국이 기능선진국이 되지 못하는 이유 중 하나다.

능력존중 교육 풍토부터 조성을

능력중심사회는 서둘러서 실현될 수 있는 것이 결코 아니며 우리만의 강점을 살려 차별된 능력중심사회를 실현할 직업교육의 백년대계를 세워야 한다. 지금 가장 절실한 것은 능력의 가치를 존중하고 제대로 대우하는 선진국과 같은 교육풍토 조성이다. 또한 무너진 직업교육의 정체성 회복도 시급하다. 능력중심사회는 새로운 직업교육 시스템이 뿌리 내릴 수 있는 교육풍토가 조성될 때 실현된다는 사실을 잊어서는 안 된다.

서울경제신문 2014년 12월 23일

■ 맞춤형 직업교육의 한계

정부가 능력중심사회 실현을 위해 강도 높게 추진하는 정책 중 하나가 국가직무능력표준(NCS) 개발과 보급이다. NCS는 고용노동부와 한국산업인력공단이 개발하고 교육부가 참여하는 것으로 'NCS=능력중심사회' 정책으로 소개돼 기대가 되지만 한편 우려도 된다. 정부는 NCS를 한 개인이 산업현장에서 자신의 업무를 성공적으로 수행하기 위해 요구되는 지식·기술·태도 등 직무능력을 과학적이고 체계적으로 도출해 표준화한 것이라고 설명한다.

직능 표준화만으로 기술인재 못 길러

NCS는 교육훈련기관(공급자) 중심의 인력 양성체계를 기업체(수요자) 중심으로 전환하기 위해 산업 분야별 직무능력을 표준화한 것으로 2002년 처음으로 용접 등 5개 분야 20개 직무가 개발됐지만 한동안 묻혀 있었다. 지난해부터 다시 개발을 시작해 올 연말까지 총 833개 직무의 NCS를 개발한다고 한다. 정부가 NCS개발에 박차를 가하는 것은 직업교육 시스템을 개선해 능력중심사회를 실현하기 위함이라고 한다.

NCS기반의 기업체 중심 인력 양성은 교육기관에서 진로와 취업을 걱정할 필요가 없고 기업도 필요한 인력육성과 수급이 수월해져 경쟁력을 크게 높일 수 있다고 한다. 또한 구직자도 불필요한 스펙 쌓기로 시간과 돈을 낭비할 필요가 없다는 것이 개발주체의 설명이다. 능력중심사회 실현의 걸림돌이 단지 인력 양성시스템에서 비롯됐다면 성공이 기대되는 개선이다. NCS의 실효성도 검증돼야 하지만 NCS의 적용만으로 중소기업 인력난이 해소되고 대기업의 입사 고시에만 매달리는 직업정서와 만연된 대학만능주의가 타파될지는 의문이다.

염려되는 것은 NCS라는 틀 속에서 직업교육의 정체성을 찾는 창조적 교육관이다. 다양성과 창의성을 겸비한 직업교육의 무한한 강점이 창출될지도 크게 우려된다. 비록 이상적으로 개발된 NCS라 하더라도 천편일률적인 특성화고와 전문대의 NCS기반 특성화에서 과연 창의적 강점을 표출할지도 염려된다. 제한된 맞춤형시스템은 산업화시대 인프라 구축에 필요한 종지 같은 인력육성은 주효할지 모르지 만 지식기반시대의 항아리 같은 창의적 인재육성은 사실 어렵다.

NCS가 '알고 있는가'에서 '할 수 있는가'로 바꾸는 국가표준이라면 현행 국가자격제도는 알고 있는 것만으로 부여한 국가자격인지 혼란스럽다. NCS는 평생교육의 로드맵 구축 차원에서 보면 필요한 제도지만 강요된 직업교육의 본질이 돼서는 안 된다. 한국은 국제기능올림픽에서 스위스를 비롯한 직업교육 선진국들이 결코 이루지 못한 세계 최고의 기능강국 자리에 올랐지만 안타깝게도 기능선진국 은 아니다. 기능선진국의 반열에 들지 못하는 원인이 바로 능력중심 사회 실현의 걸림돌이라는 사실이다.

기술인 존중 풍토 육성 비전이 먼저

'NCS=능력중심사회'는 모두의 바람이다. 그러나 고질적인 풍토병 학벌만능주의를 단지 NCS나 선진제도 도입의 임기응변적 처방만으로는 쉽게 치유될 수는 없다. 말을 물가로 데리고 갈 수는 있어도 억지로 물을 먹일 수는 없는 것과 같이 NCS기반으로 진로와 취업이 해결된다고 해서 능력중심사회가 실현되고 숙련전문가가 육성되는 것은 결코 아니다. 숙련전문가는 창의적인 기본교육, 능력의 가치를 존중하는 대우와 전문가 육성 비전이 보일 때만 본인 의지에 의해 육성될 수 있다. 이 의지는 사회정서에서 비롯된다. 이런 정서 구축이 곧 능력중심사회의 실현인 것이다. 말뿐인 기능인 우대보다는 능력을 제대로 대우할 풍토 조성이 NCS개발과 보급보다도 더 중요하고 시급한 현실임을 직시해야 한다.

서울경제신문 2014년 5월 15일

■ 전문대 특성화 제대로 하려면

전문대가 단기대학의 강점을 발휘하지 못하는 가운데 정부가 5년 간 1조 5,000억 원을 투입해 130개교의 전문대 중 84개교를 특성화 전문대학으로 육성한다고 한다. 환영할 일이지만 국민 혈세가 투입 될 특성화사업이 '실상은 특성화 장애물'이라는 비판도 제기되고 있어 많이 우려된다. 그동안 전문대는 압축성장의 동력으로 산업발전에 크 게 기여했지만 고등직업교육의 정체성을 확고하게 다지지는 못했다.

전문대는 5년제 고등전문학교로 출발해 개방대·산업대 등 근 반세 기 동안 변화를 거듭해 오늘의 전문대학과 심화과정에까지 이르렀다. 한때 '일+학습' 병행을 위해 개방대와 산업대도 설립됐지만 특성을 살리지 못하고 일반대학이 돼버렸다. 전문대 심화과정은 전문학사 과 정을 마친 후 일정 기간 실무에 종사한 자가 전공에 따라 1~2년의 심 화과정을 이수하면 학사 학위를 취득하는 제도다. 따라서 명장(名匠) 과 같은 최고의 숙련기술인 육성의 한 과정으로 볼 수 있지만 실무경 험 없이 심화과정 입학이 허용되면서 4년제 대학으로 만들었다는 논 란도 불러왔다.

최고의 숙련기술인은 교육기관의 역할만으로 육성될 수 있는 것이 결코 아니다. 따라서 숙련기술인 육성을 위한 명분을 내세운 전문대 의 대학원 과정 설립은 바람직하지 못하다. 시급한 것은 전문대가 고 등직업교육기관의 보편적 이상을 실현할 시스템을 갖추는 일이다. 그 동안은 집중적으로 단기대학의 존재 가치와 직업교육의 강점을 키우 기보다는 학벌만능주의에 편승한 현상 변화만을 추구해 스스로가 본 질을 간과해버린 것이다. 4년제 대학 때문에 전문대 발전의 걸림돌이 됐다는 것과 전문대 때문에 특성화고가 직업교육의 완성학교가 되지 못했다는 목소리는 교육기관의 정체성 실종을 대변하는 증거다.

전문대의 특성화는 고등직업교육의 정체성 회복과 존재가치의 역 량을 키우는 데 역점을 둬야 한다. 현 정부가 내세운 창조경제의 무한한 강점을 창출해야 할 고등직업교육의 본질을 유한한 틀에 맞춘 '국가직무능력표준'에 맞춰서는 결코 안 될 것이다. '공부 못하면 기술이나 배워'라는 교육정서를 타파하고 직업교육은 공부 못하면 하는 것이 결코 아님을 보여줄 성장 잠재력을 키울 개혁만이 절실할 뿐이다. 국가직무능력표준이 한 개인이 산업현장에서 자신의 업무를 성공적으로 수행하기 위해 요구되는 지식·기술·태도 등 직무능력을 과학적이고 체계적으로 도출해 표준화한 것이라고 하지만 이 제도가 시행된다고 전문대학의 강점이 창출될 것으로 착각해서는 안 될 것이다.

독일과 스위스의 직업교육이 무한강점을 발휘하는 것은 직업교육, 대우, 전문가 육성 비전으로 이어지는 전문가 육성을 위한 로드맵이 구축돼 희망을 주기 때문이다. 능력중심사회의 동력이 어디에서 비롯됐는지도 제대로 파악해야 한다. 국가직무능력표준과 연계해 취업률을 80% 이상 끌어올리는 것도 중요하지만 능력의 가치를 제대로 대우할 일자리의 질과 전문가 육성 비전은 전문대의 존재가치를 높이는 더 중요한 핵심동력이다. 전문대를 고등직업교육의 메카로 육성하는 특성화사업은 능력중심사회를 다지는 초석이다. 하지만 '취지는 좋으나 현실은 제대로 반영 못했다'는 우려의 목소리를 결코 교육부가 그냥 넘겨서는 안 된다.

서울경제신문 2014년 3월 17일

■ 직업교육 성공하려면

지난달 박근혜 대통령이 다보스포럼 참석을 위해 스위스를 국빈 방문하던 중 베른 상공업직업학교를 방문한 것은 매우 의미 있는 일이다. 이런 박 대통령의 행보는 스펙보다 능력 중심의 세상을 만들기 위한 의지로도 볼 수 있다. 그러나 고교 졸업생 10명 중 7명 이상이 대학에 진학하는 대학만능주의로 야기된 '대학 졸업장=실업증'이라는 현실의 난제를 근본적으로 해결하지 않는 한 능력중심사회의 실현은 사실상 기대할 수 없다.

대학만능주의 실업자 양산 부작용

스위스는 직업교육의 강점과 대물림되는 숙련기술 노하우로 제조업의 든든한 기반을 다진 모델 국가로 작지만 강한 기술부국이다. 또한 국제기능올림픽에서는 항상 한국과 우승을 겨뤄온 전통적인 기능강국이다.

기능올림픽대회의 성적으로만 보면 한국은 스위스보다 분명 우위에 있는 기능강국이다. 하지만 스위스는 고교 졸업자 10명 중 2~3명 정도만 대학에 진학하고 능력을 존중하는 명실상부한 기능선진국이다. 아이러니하게도 한국은 기능선진국의 반열에 들지 못한 기능강국일 뿐이며 세계 최고의 기능강국 역량이 제조업의 경쟁력으로 흡수되지 못하고 있다.

스위스가 기능선진국이 된 것은 직업교육의 보편적 이상을 실현할 시스템을 잘 갖췄기 때문이다. 따라서 기능올림픽도 직업교육의 강한 본질에서 현상으로 표출된다. 한국은 직업교육의 본질을 간과한 현상만 추구한 정책으로 기능선진국이 되지 못한 것이다. 한국의 직업교육이 강점을 발휘하지 못하는 가장 큰 원인은 학벌만능의 만연된 교육정서에 있다. 동유럽의 스포츠강국이 스포츠선진국이 되지 못하고 올림픽 무대에서 사라진 이유도 한번쯤 되새겨볼 필요가 있다.

스위스의 선(先)취업 후(後)교육의 직업교육 시스템은 능력중심사회의 기반을 다진 초석이며 일거다득(一擧多得)의 강점을 창출하는 산실로 평가되고 있다. 스위스의 직업교육이 강한 것은 좋은 직업교육 시스템 때문이라기보다 직업교육이 강점을 발휘할 수 있게 한 사회정서에서 비롯됐다.

기술의 가치 존중과 숙련기술인 육성 비전 등의 로드맵이 구축돼

기 능인에게 희망을 주고 있기 때문이다. 우리는 스위스 직업교육의 강점이 '직업교육 대우(능력의 가치 존중) 전문가 육성 비전'을 하나로 하는 직업교육 육성을 위한 삼위일체 시스템에서 비롯된 것임을 깨닫지 못하고 있다. 무엇보다도 '대우와 전문가 육성 비전'은 스위스 직업교육의 강점을 만드는 동력이다.

실질적 기능인 대우정책 마련을

청와대는 스위스의 직업교육 시스템을 벤치마킹해 기술인력 육성에 활용하겠다는 뜻을 밝힌 바 있다. 스위스의 직업교육 시스템을 활용한다고 똑같은 강점이 창출될 것으로 착각해서는 안 된다. 좋은 재목은 좋은 묘목을 심는 것만으로는 얻을 수 없다. 좋은 토양과 풍토의 조성은 어린 묘목을 좋은 나무로 가꾸고 재목을 얻기 위한 필수조건이다.

우리는 직업교육의 문제가 야기될 때마다 본질을 살리기보다 보여주기식의 제도와 간판바꾸기 등의 현상만을 추구해 대학만능주의를 심화시켰을 뿐이다. 기능인이 제대로 대우받지 못하는 암울한 실상은 외면하고 실효성도 없이 외치는 기능인 우대정책으로는 직업교육을 살릴 수 없다. 단언컨대 한국의 직업교육을 살리는 길은 선진 직업교육 시스템 도입보다 세계 최고의 기능강국에서 직업교육이 뿌리내리지 못한 원인에서 대책을 찾는 것이 순리다.

서울경제신문 2014년 2월 20일

▨ 대학을 대학답게

얼마 전 대학 재학 중 경찰 초급간부가 된 제자로부터 e메일을 받았다. 내용인즉 복학해 학업을 마쳐야 할지 아니면 자퇴를 해야 할지 고민이라는 것. 출중한 스펙을 다 쌓아도 직장 구하기가 하늘에 별 따기보다도 어려운 것이 현실인지라 딱히 뭐라고 말해야 할지 고민한 적이 있었다. 대학 재적학생 10명 중 3명이 휴학 중에 있다는 대학교육협의회의 최근 공시정보는 현실을 잘 대변하고 있다.

취업 위한 스펙·간판 취득기관 전락

이런 세태는 대학이 학벌중심사회에서 필요한 간판과 스펙만을 취득하는 기관으로 전락했음을 극명하게 보여주는 실상이다. 이는 대학이 보편적 이상을 실현할 진리탐구의 정체성을 잃고 있음의 증거이기도 하다. 한마디로 지금 대학들이 겪고 있는 문제는 교육의 백년대계를 간과한 포퓰리즘 정치에서 비롯된 대학만능주의의 교육정책 때문이다. 대학의 문제가 사회적 이슈가 될 때마다 근본적인 해결책을 찾기보다는 인기에 영합한 정책만을 펴왔기 때문이다. 이로 인해 전문대학과 특성화고의 정체성마저 연쇄적으로 잃게 만든 것이다.

학령인구 감소가 현실로 도래하면서 대학의 구조조정은 이제 발등의 불이 됐다. 하지만 대학을 대학답게 육성할 수 있는 개혁과 혁신의 기회로 삼아야 한다. 단지 정원 조정만으로는 대학의 정체성 회복은 물론 대학을 대학답게 살릴 수 없다. 대학 졸업이 곧 실업자가 되는 현실을 직시해야 한다. 이공계 졸업생의 경우 대학졸업장·학사 학위증·공학인증·기사자격증·외국어·컴퓨터 스킬 등등을 포함한 정부공인 각종 자격증을 한 보따리 짊어지고 대학문을 나서지만 정작 이 자격증을 경쟁력으로 인정하는 곳은 대한민국 어디에도 없다는 사실이다. 단지 입사지원서를 제출하기 위한 스펙에 불과할 뿐이다.

온갖 노력으로 쌓은 스펙이 경쟁력이 되지 못하는 각종 제도의 난무로 본질은 간과하고 현상만을 지나치게 추구한 겉치레 교육만 남았다. 게다가 학점 인플레이션, 졸업학점의 하향 조정, 수업일수 축소, 필수과목 축소, 실효성을 간과한 영어강의 등등은 보이기 위한 홍보 효과는 있을지 모르지만 분명 경쟁력을 외면한 변질이다.

대학졸업장이 곧 경쟁력이 되는 교육 시스템 구축이 대학이 바로 서는 길이다. 인성을 갖춘 전문가 육성을 위한 시스템 개혁과 혁신이 대학 구조조정의 본질임을 직시해야 한다. 도토리 키재기식 평가와 실속도 없는 각종 제도는 과감하게 혁신해야 한다.

교육시스템 개혁 정체성 회복부터

대학을 대학답게 살리는 일은 형평성을 중시하는 공평과 평등의 능력중심사회를 다지는 초석이다. 대학은 미래의 가치 있는 유·무형의 국가경쟁력을 키우는 산실이 돼야 한다. 빈곤 탈출과 산업화의 동력이 교육열의 강점에서 비롯됐지만 국내총생산(GDP) 10위권의 압축성장 이후 교육열의 강점은 학벌만능주의라는 망국병을 불러왔다. 이를 근본적으로 해결할 수 있는 길은 대학의 올바른 정체성 회복을 위한 혁신과 개혁이다. 스펙 쌓기에 내몰린 대학생과 자식 때문에 등골이 휜 학부모의 신음소리를 결코 외면해서는 안 된다. 암울한 대학의 현실을 외면하고 능력중심사회를 외치는 것은 어불성설이다.

서울경제신문 2014년 1월 22일

■ 대학의 학문범죄를 막으려면

한국에는 아직도 세계 10위권 경제 규모에 걸맞은 선진 대학이 없다. 고작해야 세계 100위권 내외에 이따금 오르내리는 한두 대학만 있을 뿐이다. 1970년대 고등교육기관은 168개교에 20만여 명이었으나 2011년에는 434개교에 373만 5000여 명으로 늘어났다. 산업화 과정을 거치면서 우후죽순처럼 급속하게 양적 팽창을 한 것이다. 대학의 양적 성장이 국가 발전에 기여한 면도 크지만 질적인 측면에서 보면 제대로 된 인재를 육성할 수 있는 선진 대학으로서 정체성은 결코 확립하지 못했다.

대학 변화 양상을 면면이 살펴보면, 모든 대학은 한결같이 경쟁력 향상을 위한 개혁과 혁신, 그리고 특성화를 외쳐왔지만 실상은 천편일률적으로 양적 성장에만 치중해왔다. 그 결과 대학들이 학위증 할인매장으로 전락하고 말았다. 교육백년대계라는 포장 속에서 임기응변적 정책을 펼친 데 따른 결과이고, 대학의 실상이다. 특히 사회적 지탄을 받고 있는 가짜 박사와 논문 표절 등은 심각한 학문범죄 행위다. 이 모두는 대학 정체성의 본질인 '진리 탐구와 자유'를 망각한 데서 비롯된 일이다.

학문범죄는 한국에만 있는 일은 아니다. 다만 학문범죄에 빠진 심각한 상황을 모르고 있는 것이 문제다. 가르치는 자와 배우는 자가 마땅히 행하고 지켜야 할 기본적 도리가 정립되지 않은 것이다. 교수는 교육·연구·사회봉사에 대한 충실한 사명자로서 윤리가 필요하다면 학생은 배우는 자로서 학습윤리가 필요하다. 그동안 대학들은 이런 윤리의식을 잊은 채 앞만 보고 내달려왔다.

지금까지 공직자 임용 청문회와 19대 총선을 통해 표출된 학문범죄는 당사자 책임으로만 돌릴 일이 결코 아니다. 이런 표절이 가능한 대학 문화와 시스템이 더 큰 문제인 것이다. 대학은 국가 미래를 책임질 중차대한 성장동력의 원천이다. 대학 경쟁력을 키우고 글로벌 대학을 만드는 핵심은 하드웨어적인 시스템에 대한 혁신과 개혁도 필요하지만 상아탑만이 지니는 도덕과 윤리가 살아 숨 쉬도록 정체성을 확립하는 일이다. 정체성 확립 없는 개혁과 혁신은 단지 변질에 불과하며 대학의 생명인 '진리 탐구와 자유'에서 비롯되는 진정한 경쟁력을 기대할 수 없다.

2007년 외국 가짜 박사 사건이 사회적 이슈가 됐을 당시 교육부 산하 기관인 학진(학술진흥재단)이 외국 박사학위 신고자 중 의심 신고자 1000여 명을 확인하고 처리 방향을 검토 중이라고 할 때만 해도 '짝퉁 박사'는 영원히 사라질 것으로 기대했다. 하지만 이유는 알 수 없으나 5년이 지난 지금도 의심 신고자가 해당 사이트에서 외국 박사 학위 취득자로 검색되고 있다. 가짜 박사 참칭(僭稱)자들은 신고자 책무사항에 주지한 '허위로 신고한 자에 대하여 형사 고발'과 같은 법적 조치 등은 아랑곳하지 않고 학진의 신고필증을 마치 국가가 보증한 것처럼 악용해온 것이다.

도덕 가치가 땅에 떨어진 병든 시대일수록 국민은 사회악을 뿌리칠 수 있는 지도자를 더욱 갈망한다. 후안무치한 박사 참칭자들이 대학 강단과 사회 곳곳에서 버티고 있는 한 학문범죄 단절은 기대할 수 없다. 심각한 학문범죄는 범죄 당사자 문제만 해결했다고 근절되는 것은 아니다. 학문범죄가 반복되고 용인될 수밖에 없는, 만연한 문화와 제도에 더 큰 문제가 있음을 깨달아야 한다. 대학의 생명인 '진리 탐구와 자유'가 살아 숨 쉬게 하려면 거짓된 문화를 바꾸는 쇄신이 필요하다. 상아탑을 더럽혀 온 학문범죄를 막는 길은 윤리의식이 바로 선 대학을 만들어야 한다. 이 같은 정체성 확립 없이는 시대를 선도할 글로벌 대학으로 발전하는 것도, 또 품격 있는 일류 선진국도 요원할 뿐이다.

매일경제 2012년 5월 7일

■ 전문대학을 대학교 만들어선 경쟁력 없다

한국에서 교육은 오로지 대학으로 통하고 있다. 이런 만연된 교육 정서에 편승해 분별없이 설립된 대학의 난립으로 학력 인플레는 물론 대졸 실업자만을 양산하는 결과를 초래했다. 대학과 대학생이 넘치는 판국에 전문대학이 경쟁력 강화를 이유로 학교의 장(長)인 학장이 총장으로 바뀐 데 이어 대학의 명칭도 대학교로 바뀐 것이다. 사실상 4년제 대학이 146개교 더 늘어난 셈이다. 이는 겉으로는 학벌보다는 실력이 우선하는 공정한 사회를 외치지만 학벌을 더 중시하고 있는 교육정책의 실상이다. 전문계고가 직업교육의 완성학교가 되지 못하고 연계 교육기관으로 전락한 것도 학벌을 중시하는 교육정책으로 인한 대학의 난립 때문이라는 교육현장의 목소리는 그냥 넘길 일이 아니다.

난립하는 대학을 정비해야 하는 판에 '대학'을 '대학교'로 바꾸고 수업 연한을 늘려야 경쟁력이 강화될 수 있다는 논리는 설득력이 없다. 좋은 나무가 좋은 열매를 맺는다. 나무가 본질이면 열매는 현상에 불과하다. 현상은 포장에 불과하며 본질의 강점을 키우는 경쟁력이 아니다. 전문대학은 단기대학으로서 강점을 갖는 본질의 역량강화에 역점을 둬야 한다. 실무경험이 없는 심화과정 입학 허가는 수업 연한만을 늘린 것에 불과하다.

이제라도 대학들은 현상의 변화만을 모색하지 말고 본질에 충실한 개혁으로 경쟁력을 키우는 대학의 백년대계를 모색해야 한다. 한국에는 세칭 일류대학도 있고 교과부 평가 최우수대학도 즐비하게 생겨났다. 그러나 세계대학 평가가 말해 주듯 아직도 내세울 만한 글로벌대학이 없다. 한국은 실력보다는 학벌을 중시하는 교육정서로 인해 잠재된 국가경쟁력이 경제성장의 동력이 되지 못하고 있다.

한국의 대학들은 언 발에 오줌 누는 식의 원칙 없는 교육정책으로 중병에 빠져 있다. 난립하는 대학을 대학답게 정비하고 설립 취지에서 벗어난 대학의 변질을 바로잡아야 할 상황에 전문대학의 포장만의 변신은 대학의 백년대계를 세우는 교육정책으로는 볼 수 없다. 대학의 경쟁력은 포장이 아닌 본질의 개혁에서 비롯된다는 사실을 결코 잊어서는 안 된다. 대학생 수도 획기적으로 줄이고 공부하기 힘든 대학을 만들어 제대로 된 인재를 육성해야 한다. 지금처럼 실력을 경시하고 간판을 중시하는 교육정책으로는 21세기 지식기반사회를 이끌 선진국이 될 수 없음을 깨달아야 한다.

중앙일보 2011년 5월 12일

▨ 글로벌 대학 제대로 만들려면

대학의 생명인 '진리 탐구와 자유'는 오늘날 국가경쟁력을 키우는 강력한 도구가 되고 있다. 외환위기는 우리 대학들로 하여금 세계화에 눈을 뜨게 하였으며 개혁의 필요성을 절감케 한 계기가 되었다. 이를 계기로 국내 대학들은 생존을 위한 나름의 개혁도 모색하게 되었다. 하지만 각 대학이 마련한 개혁은 준비가 안 된 '비전 없는 꿈의 계획'에 불과할 뿐 결코 국가경쟁력의 도구가 되지 못하고 있다. 무엇보다도 경쟁력을 키울 수 없는 가장 큰 저해 요인은 '작은 종지는 만들 수 있어도 결코 항아리를 만들 수 없는 우리의 교육 시스템'에 있다.

지난해 뉴스위크의 세계 100대 대학 선정에 들지 못한 것이나 스위스 국제경영개발원(IMD)의 고등교육의 유용성 평가에 대한 기업의 인식도 조사에서 60개국 중 59위를 차지한 것은 아직도 갈 길이 먼 우리 대학들의 경쟁력의 실상이다.

리콴유 싱가포르 전 총리는 얼마 전 국내 대학에서 열린 강연에서 "글로벌 대학은 최고 수준의 학생과 교직원, 최고 수준의 교과과정·개방성·진취성이 총체적으로 결합된 대학을 의미한다"고 말했다. 그리고 리처드 레빈 예일대 총장은 "대학은 경제를 발전시키는 과학적 발견의 중심이자 경쟁력을 확보·유지하는 데 필요한 인재를 기르는 중요한 수단"이라고 언급했다.

글로벌 대학이 되기 위해서는 먼저 대학의 경쟁력이 어디서 비롯되는지 알아야 한다. 대학의 경쟁력은 '진리 탐구와 자유'에서 비롯된다. 자유에서 나오는 진리 탐구야말로 경제발전의 성장동력이며 국가경쟁력의 강력한 도구로 작용한다. 계획성 없는 대학 설립이나 목적마저 퇴색해버린 양적 팽창은 대학 스스로 대학의 생명을 잃게 한 요인이다. 대학이 좋은 직업을 얻기 위한 도구나 지식의 전수장으로 전락해 가고 있는 현실에서 국가경쟁력에 필요한 인재를 양성하는 일은 더욱 요원하다.

모든 교육이 대학으로 집중된 대학만능주의의 병폐는 기술과 기능의 경시뿐 아니라 직업교육이나 전문가 양성을 위한 교육조차 제대로 할 수 없게 한 원인이기도 하다. 교육이 대학을 가기 위한 수단으로 존재하는 상황에서 대학을 대학답게 생명을 불어넣는 개혁이야말로 모든 교육을 살리는 일이다. 실패한 교육정책에서 비롯된 대학의 통폐합 같은 구조조정은 필연적이며, 이는 우리 대학의 경쟁력을 높이는 전화위복의 계기가 될 수도 있다. 무엇보다도 이해관계를 떠나서 대학의 생명인 '진리 탐구와 자유'가 살아 숨 쉬게 하는 강력한 개혁만이 글로벌 대학을 만들 수 있다.

그리고 명품을 만들 수 있는 시스템을 갖춰야 한다. 최고의 명품은 질 좋은 원료를 사용하는 훌륭한 생산시스템에서 만들어 낼 수 있다. 우수학생 유치도 중요하지만 더 중요한 것은 훌륭한 인재를 양성하는 교육 시스템을 갖추는 일이다. 교수의 경쟁력은 글로벌 대학의 핵심이며 명품 인재를 키우는 힘이다. 따라서 교수는 인재를 기르는 참스승으로서 끊임없는 자기혁신과 지식사회의 부패를 막을 수 있는 지도자 정신의 덕목을 갖춰야 한다. 아직도 없어지지 않는 짝퉁 논문이나 짝퉁 박사 등과 같은 지식범죄는 세계화의 걸림돌이며 경쟁력의 저해 요인이다.

세계의 10대 글로벌 대학은 연구업적뿐 아니라 개방성과 다양성 모두에 강점을 갖고 있다. 우리 대학의 세계화는 대학만의 일이 아니며 반드시 이루어야 할 국가적 목표다. 그러나 지금과 같은 교육 시스템 속에서의 글로벌 대학은 자칫 꿈의 계획에 불과할 수 있다. 따라서 정부에서는 대학이 국가경쟁력의 도구가 될 수 있는 시스템 개혁의 비전을 제시해야 한다. 무엇보다도 '종지밖에 만들 수 없는 시스템에서 항아리와 같은 명품을 만들 수 있는 시스템'으로 탈바꿈해야 한다. 이것만이 글로벌 대학이 될 수 있는 유일한 길이다.

중앙일보 2007년 1월 22일

■ 경쟁력 없는 대학 문 닫아야 한다

한국에서 대학의 간판은 출세를 위한 많은 요건 중에서도 제일 중요한 요소다. 우리 사회가 겉으로는 학벌보다 실력이 우선하는 공정한 사회를 외쳐대지만 예나 지금이나 실력보다 학벌이 우선하기 때문이다. 이 같은 대학 만능의 교육정서에 편승해 현재 한국의 고등교육기관 수는 무려 407개교나 되며 대학원도 1115개교에 이른다. 스위스 국제경영개발원(IMD)의 대학교육경쟁력 평가에 따르면 한국의 고등교육 이수율은 57개국 중 4위지만, 대학교육의 사회 부합도는 51위로 최하위에 속한다.

분별없이 설립된 대학의 난립은 입학만 하면 쉽게 졸업하는 대학교육시스템 등으로 학력 인플레를 더욱 가속화시켰음은 물론 '졸업장=실업증'이라는 고학력 실업자를 양산하는 결과를 초래했다. 지금처럼 대학 졸업자가 넘쳐나도 정작 쓸 만한 인재가 없는 것은 마치 홍수 때 먹을 물이 없는 것과도 같다.

현 대학교육 시스템으로는 종지 같은 인재는 양산할 수 있어도 항아리 같은 인재는 결코 육성할 수 없다. 항아리 같은 인재를 육성하기 위해서는 뼈를 깎는 개혁이 필요하다. 돈이 없어서가 아니라 실력이 없어서 대학을 다닐 수 없는 대학을 육성해야 한다. 경쟁력도 없이 난립하는 400여 개에 이르는 대학 중 25%는 문을 닫아야 한다.

지금 대학가는 연일 등록금 투쟁으로 시끄럽다. 준비된 일자리에 비해 대학 졸업자가 많은 현실 속에 대학생들은 등록금을 적게 내고 많은 혜택을 받기 원한다. 이런 요구에 대해 정부는 물가안정의 일환으로 대학등록금을 동결 내지는 3% 이내에서 인상을 유도하고 있다. 우리 고등교육기관의 절반인 200여 개교가 일반대학이며 85.3%가 사립대학이다. 사립대학들의 재정 압박이 이만저만이 아니다. 등록금 인상 억제만이 능사는 아니다. 이런 정부의 임기응변 정책으로는 제대로 된 인재를 육성할 수 없다.

교육당국은 등록금 안정에 협조하는 대학은 정부가 지원한 예산에 대해 자율적인 집행권한을 확대하겠다고 한다. 그동안 교과부가 주도한 정책에 충실한 대학들은 재정지원과 더불어 교과부 평가 최우수 대학이 됐지만 이는 대학의 경쟁력 향상에 도움이 안 되는 정책일 뿐이다. 지금 우리 대학들은 동맥경화증이라는 중병을 앓고 있다. 이는 적극적인 외과 수술만이 최선의 대안이다.

중앙일보 2011년 3월 14일

■ 세계 100대 대학, '겉치레 개혁'으론 안 된다

무분별한 대학 설립과 세계 최고의 대학진학률은 대학만을 지향하는 우리 교육정서에서 비롯된 결과다. 세계 최고의 교육열에도 불구하고 교육 경쟁력은 형편없다. 2008년 스위스 국제경영개발원(IMD) 평가에 따르면 한국 대학교육의 경제·사회 요구 부합도는 평가 대상국 55개국 중 53위이다. 교육 분야 경쟁력은 35위로 1년 전보다 6계단이나 뒷걸음질했다. 홍수 때 먹을 물이 없듯이 사람은 넘쳐나도 쓸 만한 인재가 없다는 기업의 목소리는 이유 있는 염려다.

정부가 마침내 부실 사립대의 구조조정에 나선다고 하지만 더 시급한 점은 방만하고도 비효율적인 국공립 대학의 구조조정이다. 지금까지 대학의 구조조정은 이해관계에 따라 간판만 바꿔다는 식이었다. 조건 없는 개혁만이 글로벌 대학이 되는 강점을 찾는 첩경이다. 대학의 개혁은 국가를 든든하게 하는 경쟁력을 키우는 일로 무엇보다 목표와 준비된 계획 그리고 강력한 실천이 있어야 한다. 세계 최고의 대학은 최고 수준의 교수와 교육과정의 바탕 위에 개방성과 진취성 그리고 차별화된 독창성이 결합된 시스템을 갖추고 있다. 이들 대학의 경쟁력은 개혁의 강점에서 나온 자연스러운 현상일 뿐이다.

우리 대학육성 정책은 이런저런 이유로 지역과 학교 안배 등 나눠

주기로 귀착된다. 이런 정책으로는 외국 대학에 인재를 보내는 피더 스쿨(feeder school) 역할이나 할 뿐 뛰어난 전문가 육성은 절대 불가능하다. 국내 대학은 몇 년 안에 세계 100대 대학이 되겠다는 원대한 목표를 내놓고 있다. 분별없는 흉내 내기로는 목표를 이룰 수 없다. 남을 치유한 처방으로 나의 고질병을 고칠 수 없다. 국내 대학이 세계 100대 대학의 반열에 들지 못하는 가장 큰 이유는 본질을 바꿀 준비된 계획과 실천 의지가 전혀 없어서다.

좋은 나무는 좋은 열매를 맺는다. 나무가 본질이면 열매는 현상에 불과하다. 입시철만 되면 현상을 본질의 강점처럼 수험생을 현혹하는 도토리 키재기식의 홍보가 치열하다. 현상의 포장술은 한마디로 변질에 불과하다. 변질을 내세워 우수학생 유치에 열을 올리는 일도 문제지만 인재를 육성할 수 있는 본질의 외면은 더 큰 염려다. 열매로 나무의 품종을 개량하려는 대학의 모습은 국력 손실의 표본이다.

교육개혁 최우수 대학이 정원을 걱정하는가 하면 자율화라는 이름으로 필수과목을 축소해 전자공학을 전공하고도 전자제품 기판 회로도를 못 읽는 학생이 적지 않다. 훈련을 선택해서 받게 하고 용감한 병사를 육성하려는 모순된 시스템 때문이다. 대학의 내면을 살펴보면 실상은 더욱 심각하다. 140학점 체제를 125학점으로까지 하향 조정하는가 하면 한 학기 교육과정도 16주에서 15주로 운영하는 대학이 점점 늘어난다. 교육비 절감 효과는 있을지 모르지만 교육의 질과 경쟁력 저하는 불을 보듯 뻔하다.

민족의 역사와 문화를 이어온 대학의 개혁은 참 어려운 일이다. 시대에 맞지 않는 교육정서의 깊은 꿈에서 하루 빨리 깨어나야 한다. 대학발전을 저해하는 고질적인 학연과 지연도 속히 청산돼야 한다. 국내 토종 학자가 세계 명문대 교수로 초빙되는 현실에서 객관적으로도 우수한 인력을 국내 학자라는 이유만으로 스스로가 부정하는 모습은 심히 잘못됐다. 명실상부한 대학 개혁으로 21세기를 주도할 명품 인재를 육성하는 세계 100대 대학이 몇 년 안에 탄생하길 바란다.

동아일보 2009년 1월 13일

■ 전문계고를 新 성장동력으로 키우자

이공계 기피와 기능경시 풍조 속에서도 기능경기대회는 여전히 전문계 고교생들에게는 꿈과 희망의 무대로 통하고 있다. 지난 9월 30일 폐막된 제43회 전국기능경기대회에 참가한 50개 직종 1833명의 선수 규모와 그들의 열정만으로도 충분히 짐작할 수 있다.

내년 캐나다 캘거리에서 열리는 제40회 국제기능올림픽의 규모가 50개국 43개 직종 967여 명임을 감안해 볼 때 지금도 전국기능경기대회는 명실상부한 우리나라 기능인의 최고 축제다. '나도 한번 세계 최고가 되겠다'는 남다른 염원이 있기 때문이다. 이런 열정은 국제기능올림픽 역사상 15번이나 종합우승한 기능강국의 쾌거를 이룩함은 물론 산업화의 원동력이 됐다.

그러나 아이러니하게도 한국은 아직도 기술과 기능의 가치를 제대로 인정하고 대우하는 명실상부한 기능선진국은 결코 아니다. 이는 한마디로 기능올림픽대회의 결과가 본질(to be)에서 자연스럽게 나온 현상(to do)이 아니라는 사실과 우리 사회에서 기술과 기능의 가치를 아직도 제대로 인정하지 않고 있음을 뜻한다.

한편 전문계 고교가 직업교육 완성학교로 제 역할을 하지 못하고 교육의 양극화로까지 심화돼 우수한 기술인적자원이 국가경쟁력이 못되는 반증이기도 하다. 이런 현실에서 21세기 지식기반사회를 이끌 산업인력 양성의 메카로서 전문계고를 신성장동력으로 키울 수 있는 대책을 살펴본다.

첫째, 직업교육 완성학교로서의 본질에 충실할 수 있는 시스템을 갖춰야 한다. 그동안 전문계고가 많은 개혁과 혁신을 했다고 하지만 여전히 직업교육의 본질에서 크게 벗어나 있다. 이는 무엇보다도 모든 것이 대학으로 통하는 우리만의 교육정서에 편승하여 본질에 충실하기보다는 연계교육 같은 손쉬운 보여주기 식의 사려 깊지 못한 정책으로 안주한 결과며 포장만 달리한 현상의 대책으로 본질을 치유하려했기 때문이다. 문제가 표출될 때마다 임기응변적인 '언 발에 오줌 누는 식'의 처방만을 한 것이다. 이런 정책 처방이 쌓여 지금의 골이 깊은 교육 양극화에 이른 것이다. 최근 IT 산업경쟁력이 세계 3위에서 8위로 하락한 것도 직업교육과 무관하지 않다.

둘째, 가치에 합당한 대우(待遇)와 안정된 일자리를 보장해야 한다. 정부는 기술자가 우대(優待) 받는 사회를 만든다고 항상 외치지만 대우(待遇)도 못 받는 실상을 전혀 파악하지 못하고 하는 말이다. 대우도 못 받는 현실에서 우대를 말하는 것은 정말 어불성설이다. 기능강국의 자원을 튼튼한 제조업을 떠받치는 국가경쟁력으로 흡수하려면 반드시 제대로 대우하는 일자리를 보장해야 하며 현실적인 고충도 국가가 적극 해결해줘야 한다. 실례로 2013년부터 폐지되는 산업기능요원도 국가경쟁력의 큰 틀에서 재고돼야 한다.

앞으로 21세기 지식기반사회를 이끌 신성장동력은 역시 기술과 기능이며 이는 국가경쟁력의 핵심이기 때문이다. 우리 청소년들은 24회에 걸쳐 국제기능올림픽에 출전하여 총 451개의 메달을 획득했지만 이 중 15% 정도가 국가발전의 성장동력이 되지 못하고 있음은 안타까운 일이다.

셋째, 전문가(마이스터) 양성 시스템을 구축하여 국가경쟁력으로 키워야 한다. 전문가 탄생이나 신기술 개발은 저절로 되는 것이 결코 아니다. 올림픽에서 메달을 따는 것도 중요하지만 더 바람직한 것은 메달리스트나 우수한 전문계고 출신을 최고의 국가 브랜드를 갖는 글로벌 전문가로 육성하는 국가적 차원의 비전을 제시해야 한다. 우리는 수년 전부터 기능올림픽의 '회원국 간 상호협력' 프로그램의 하나로 베트남과 인도에 기능 전수를 실시하고 있다. 기능 전수 프로그램은 우리 전문가들이 세계의 무한한 활동 무대로 진출하는 부가가치가 매우 큰 국가적 사업으로 적극 장려해야 한다.

이상 3가지 핵심을 '삼위일체 시스템'으로 하는 비전을 제시한다면 전문계고는 직업교육 완성학교로 거듭날 수 있다. 그리고 본질에서 나오는 우수한 기술과 기능은 국가 브랜드의 가치를 높이는 신 성장동력으로 21세기 지식기반사회를 주도할 수 있다. 기능올림픽은 직업교육의 본질에 대한 하나의 현상에 불과하지만 대회가 갖는 진정한 의미는 기능선진국으로 발전하는 직업교육 정보 교류의 장이며 청소년들에게는 희망의 '엔돌핀'을 솟아나게 하는 일로 국민 모두가 성원해야 한다.

최근 이슈가 되어 설립하는 마이스터 고교도 앞서 언급한 3가지 핵심이 빠진다면 결국 요란하게 포장만 달리한 또 다른 학교가 된다는 것을 결코 잊어서는 안 된다.

교원신문 2008년 10월 24일

■ 실업교육 본질은 산업인력 양성

그동안 실업고는 경제성장 동력으로서 국가 산업발전의 견인차 역할을 해왔다. 국제기능올림픽에서도 열네 번씩이나 세계를 제패하여 기술과 기능강국으로 국위를 선양하는 데 크게 기여했다. 이는 실업고가 '산업 인력 양성'이라는 직업 교육기관으로서의 설립 목적을 살려 충실하게 본래의 역할을 다해 왔기 때문이다. 그러나 끊임없이 계속되는 시대 변화 속에 적절한 자기 혁신을 하지 못한 결과 오늘날 실업교육은 막다른 골목에 봉착해 있다.

이런 상황 속에 최근 정부와 여당이 실업교육 정책을 내놓았다. 실업고 졸업생 대입 특별전형 비율을 정원 외 5%로 확대하고, 2010년부터 4000억 원을 추가로 더 들여 현재 60%의 학생이 받고 있는 전액 장학금을 실고생 모두에게 장학금으로 준다는 것이다. 한마디로 누가 봐도 실업교육의 앞날이 심히 걱정되는, 도저히 이해가 가지 않는 정책임이 틀림없다.

지금 우리의 실업교육은 한마디로 표현한다면 마치 그동안 품종 개량에 실패하여 쓸모없는 열매를 맺는 나무와도 같다고 말할 수 있을 것이다. 문제가 본질인 나무에 있음에도 불구하고 현상인 열매만을 바꾸기 위한 정부와 여당의 안일한 실업교육 정책은 분명 혁신도 아니고 개혁도 아니다. 때 아닌 임기응변식 실업고 껴안기라고밖에 생각되지 않는다.

무엇보다도 실업교육은 직업교육의 산실로서 국가 경제발전의 성장 동력으로 산업 인력 양성에 초점이 맞춰져야 할 것이다. 이번의 대입 특별전형 확대가 실업고 내의 또 다른 양극화 갈등을 초래할 뿐만 아니라 실업교육의 본질을 망치게 될 것은 너무나 자명한 일이다.

또 실업고생 전체에게 전액장학금을 주는 문제는 더욱 이해할 수 없는 정책이다. 목적도 노동의 대가도 분명치 않게 주는 선심성 위로 장학금인지는 알 수 없으나 이런 우대정책보다는 아직도 정당한 대우를 받지 못하는 기술자들에 대한 편견 해소정책이 진정으로 실고생의 가슴속 응어리를 풀 수 있고 실업고를 살릴 수 있다는 사실임을 깨달아야 할 것이다.

장학금을 주는 일은 참으로 좋은 일이지만 차라리 열악한 실업고의 인프라 구축에 투자하는 것이 우선순위라고 본다. 그동안 40회를 실시한 전국기능대회만 보더라도 대회 때마다 경기를 하기 위해 약 100억 원 정도의 예산으로 경기장 시설 장비를 마련하여 어렵게 치르고 있으며, 아직도 국제대회 기준으로 대회를 치를 수 있는 변변한 경기장 하나 갖추지 못하고 있는 실정이다. 4000억 원의 돈이면 실업고 40개교는 충분히 수준급 학교로 인프라를 구축할 수 있는 예산이다.

이번의 실업고 대책은 본질을 해결하기보다는 보여주기식의 정책일 뿐, 누가 봐도 실업고 육성을 위한 설득력 있는 정책 비전으로 볼 수 없을 것이다. 정부는 지금이라도 실업교육 전반에 대한 로드맵을 마련하여 실업고의 설립 취지대로 직업교육 산실로서 산업 인력 양성에 충실할 수 있는 시스템 개혁의 비전을 제시해야 할 것이다. 교육을 정략적 목적으로 이용하려 한다면 응어리를 풀기보다는 더 응어리를 맺게 한다는 사실도 꼭 기억해야 할 것이다.

조선일보 2006년 4월 9일

09

역사는 '과정의 거울이다'

　대한민국이 기능올림픽의 종합우승 수성과 탈환에 실패한 것이나 기능강국임에도 불구하고 기능선진국의 반열에 들지 못한 것은 당당하다고 내세울 수는 없지만 결코 비난을 받을 일은 아니다. 아무리 정책이 주효했다고 하더라도 얼마든지 목적에 이르지 못하는 경우가 있을 수 있으며 최선을 다한 정책은 용납될 수 있는 일이다. 그러나 "부끄러운 1등보다 떳떳한 2등이 자랑스럽다"라는 네티즌의 목소리뿐만 아니라 언론의 '성과 뻥튀기'라는 비판을 받은 것은 깊이 성찰해야 할 회초리 같은 교훈이다. 더구나 올바른 비판에 대한 민원의 경청은 외면하고 거짓을 거짓으로 덮으려는 행위는 용서는 물론 용납도 될 수 없는 일이다.

　이런 안타깝고 또 수치스러운 사실들을 확인하고 바로잡는 것은 기능한국의 위상 정립과 실추된 명예회복을 위해서도 꼭 필요한 일이라고 판단된다. 왜냐하면 떳떳한 기능한국의 역사는 기능인의 자긍심이기도 하지만 기능올림픽에 평생 동안 헌신한 전문가들의 자존심이기 때문이다. 비판과 비난 그리고 진실과 거짓을 구분하는 길은 오로지 사실 검증(facts check) 밖에는 없다. 따라서 WSI의 경기규칙과 자랑스러운 기능한국의 역대 보고서 등을 통해 언론과 네티즌의 비판을 정직하게 반추해 보고자 한다.

✪ '성과 뻥튀기' 논란은 왜 일어났나?

'결과는 과정의 거울이다.' 이 말은 2007년 일본 시즈오카대회의 '드레스메이킹' 직종 국가대표 선수였던 이성순 양이 서울공고에서 합동훈련을 할 때 자신과의 싸움에서 승리하기 위해 내세웠던 '나의 각오'다. 당시 합동훈련장을 격려차 방문했던 이상수 노동부 장관은 간단명료하면서도 차별된 의미의 깊은 교훈이 담긴 이 양의 각오를 보고 극찬한 바 있다.

기술대표인 나 또한 훈련장을 돌아볼 때마다 대한민국의 동량(棟樑)인 국가대표 선수들의 저마다의 '나의 각오'가 대견스럽기도 하고 시즈오카대회에서의 필승의 팀워크를 다지는 활력이 됐다. 대표선수들의 '나의 각오'는 훈련장을 견학했던 특성화고교생들과 기능영재들에게 도전과 희망을 줬던 것으로 기억된다.

역경을 극복한 이성순 양의 합동훈련을 통한 과정의 거울에는 세계 1위인 금메달리스트라는 영광스러운 결과가 비춰졌다. 이처럼 과정의 거울은 가감 없이 오직 있었던 사실만을 결과로 비춰줄 뿐이다. 이 양의 말처럼 역사 또한 '과정의 거울'이라는 사실을 새삼 깨닫게 된다. 왜냐하면 거울은 사실만을 그대로 보여주기 때문이다. 기능한국의 역사도 과정의 거울 같이 정직한 기록이 됐으면 하는 바람이다.

대한민국은 비록 기능선진국의 반열에는 오르지 못했지만 자타가 공인하는 세계 최고의 기능강국으로 산업화를 꿈꾸는 개발도상국들의 롤 모델이 돼 왔음은 물론 종합우승도 가장 많이 한 나라다. 이런 기능강국에서 2015년 브라질 기능올림픽대회 '성과 뻥튀기'라는 언론 보도와 네티즌들의 공분까지 일으킨 것은 매우 안타까운 일이다.

"부끄러운 1등보다 떳떳한 2등이 자랑스럽다." 이는 2015년 브라질에서 열린 제43회 국제기능올림픽대회에서 2005년 핀란드대회부터 종합순위의 기준이 돼 왔던 총 메달점수(브라질 105점, 한국 97점)에서 브라질에 져 2위를 했으나 종합우승을 했다고 발표한 정부의 보도에 분노한 네티즌의 목소리다. 한국위원회 창립 이후 핫 이슈가 됐던 사건이다.

한편, 국내 언론도 이런 사실에 대해 "기능올림픽 종합우승 홍보 ··· 정부 입맛 맞춘 성과 뻥튀기"라는 주제와 "한국 대표단을 청와대로 초청해 오찬까지 베푼 박근혜 대통령은 물론이고 『기술강국 한국』을 자랑스러워한 국민은 감쪽같이 속은 셈이다", 그리고 "종합우승이라더니, 메달점수도 브라질에 뒤졌다" 등의 내용으로 브라질대회 종합우승의 문제점을 상세하게 지적하고 다루었다. 2015년 당시 브라질 현지에서는 "브라질이 한국을 이겼다"고 열광했다고 한다.

> 2015년 브라질대회 종합우승 논란 이후 정부는 2019년 카잔기능올림픽대회를 앞두고도 "국제기능올림픽조직위원회(WSI)의 종합순위 산정방법에 대한 명확한 지침이 없어 대회의 성적 산정방법을 두고 최근 논란이 계속됨에 따라, 정부는 대회 참가 전에 종합순위 산정방법을 미리 발표해 논란이 발생하지 않도록 할 방침이다. 이번 대회에서도 2017년 아랍에미리트(아부다비) 대회의 국가 간 순위 산정방식과 같게 국제기능올림픽조직위원회(WSI)의 5개 발표지표를 종합해 국가별 순위를 산정할 계획이고 이러한 방식은 질과 양적인 측면 모두를 반영할 수 있는 장점이 있다"고 발표했다.

반세기 역사를 자랑하는 기능강국 대한민국에서 2005년부터 WSI의 경기규칙이 달라지지도 않았는데 '왜?' 갑자기 종합순위 산정방법이 논란이 됐는지도 참 아이러니한 일이다. 하지만 역사와 전통을 자랑하는 국제대회에서 비공식지표를 WSI 공식지표라고 발표한 것을 비롯하여 임의로 다른 회원국의 종합순위를 산정하는 것도 문제지만 과연 회원국이 이런 순위 결정에 과연 동의할지도 심히 염려가 된다. 무엇보다도 WSI의 '기능올림픽 결과 및 보고서'에서 비교지표에 대한 의미를 정의하고 있기 때문이다. 한국은 메달점수가 도입된 2005년부터 여타 기능선진국처럼 '총 메달점수'에 근거하여 종합순위를 일관되게 매기고 발표해왔다.

이상의 논란은 진실 여부를 떠나 자타가 공인하는 기능강국인 대한민국에서 일어난 것이 참으로 부끄러운 일이다. 30여 년간 기능올림픽을 위해 봉사를 하면서 한때 기능한국의 기술을 총괄했던 기술대표로서 그리고 WSI 명예회원으로서 무거운 책임감을 통감한다. 더욱이 기능한국은 WSI의 경기규칙과 원칙을 존중하고 준수해온 선도적인 국가임을 항상 자랑스럽게 여겨온 터라 정말 충격이 아닐 수 없다.

특히 역경을 딛고 이룩한 기능한국의 기적 같은 전설의 역사가 왜곡돼서는 안 될 일이다. 올바른 역사는 비단 기능인들뿐만 아니라 대한민국의 자긍심의 원천이기 때문이다. 따라서 논란이 됐던 문제를 WSI의 경기규칙과 한국위원회 역대 보고서 그리고 기능올림픽 정신인 '정직·공평·투명'에 입각하여 정직하게 반추해보고자 한다.

✖ 한국은 어떻게 종합순위를 매겨왔나

한국은 메달점수제도가 도입된 2005년부터 'Total Medal Points(총 메달점수)'를 기준으로 종합순위를 매겨왔으며 총 메달점수를 '종합순위 또는 종합점수'로 표기해 왔다. 표 9-1은 필자가 기능올림픽 한국기술대표로 기술을 총괄했던 2007년 제39회 일본 시즈오카대회의 종합순위 결과로 한국위원회 보고서 p.54의 내용이다. 비고란은 2005년 제38회 핀란드대회에서 처음으로 메달점수제도가 시행된 결과로 총 메달점수에 의한 회원국의 종합순위를 나타낸 것이다.

표 9-1에서 2007년도의 국가별 종합순위와 비고란의 2005년의 종합순위는 WSI의 공식발표 자료인 그림 9-1과 그림 9-2의 총 메달점수에 의해 종합순위를 매긴 것을 알 수 있다. 만약에 2005년에도 2003년처럼 금메달 우선순위의 종합순위를 매겼다면 한국은 2005년에는 종합 6위 그리

고 2007년도에는 종합 2위가 된다. 그러나 금메달 우선순위의 모순을 개선한 총 메달점수가 도입됐기 때문에 2005년에는 종합 2위 그리고 2007년에는 당당하게 종합우승으로 세계를 제패한 것이다. 이 결과를 두고 이의를 제기할 회원국은 아마도 없다고 생각한다. 왜냐하면 경기규칙에 따른 결과 발표이기 때문에 더욱 당당하다.

실제로 금메달 우선순위에서 메달점수제도가 도입된 2005년부터 종합순위 산정 기준은 더욱 명확해지고 합리적으로 발전한 것이라고 할 수 있다. 이는 한국위원회의 보고서인 표 9-1에서도 확인이 되는 사항이다. 다른 3가지 비교지표는 'WorldSkills Results and Reports(기능올림픽 결과 및 보고서)'에서 언급한 것처럼 직업교육평가와 경기분석 등 회원국 자신을 설명하는 데 사용되는 지표다.

나는 기술대표로 기능한국의 기술을 총괄하면서 종합순위 산정과 관련해서는 한국위원회 회장인 행정대표나 기능올림픽에 정통한 국제심사위원을 비롯한 한국위원회 관계자들과도 결코 논의한 바가 없었다. 이는 회원국이 논의할 사항도 아니고 또 논란이 될 사항도 더더구나 아닌 상식적인 문제다. WSI의 경기규칙과 관행적 기준에 따르면 됐기 때문이다.

메달점수제도가 도입된 2005년부터는 취득한 금·은·동메달과 우수 등은 오로지 WSI의 공식 4개 지표를 산정하는 자료로만 사용돼 왔다. 금메달을 많이 땄다고 종합우승을 주장하는 것은 WSI의 관행적 종합순위 산정기준에 반하는 것이다. 다만, 회원국 자신의 경기 내용을 알리는 자료로 활용되는 것과는 별개의 사항이다. 표 9-1에서 보는 바와 같이 한국은 총 메달점수 외의 다른 3개의 비교지표는 종합순위를 산정하는데 반영된 바가 전혀 없다.

표 9-1 주요 참가국 성적(2007년 제39회 국제기능올림픽대회 보고서 p.54)

국 명	금	은	동	우수상	점 수	순 위	비고 : 제38회 국제대회					
							순위	금	은	동	우수	점수
대한민국	10 (11)	9 (10)	5 (6)	11 (13)	88 (99)	1	2	3	8	5	15	61
일 본	12	4	3	8	74	2	6	5	1	2	7	34
스위스	4	5	4	16	55	3	1	5	7	6	10	63
프랑스	5	4	2	11	47	4	9	2	1	2	11	26
대 만	0	5	3	19	40	5	8	1	2	4	10	28
브라질	2	3	4	7	32	6	15	0	2	3	6	16
오스트리아	2	1	1	18	31	7	7	3	2	1	13	33
호 주	1	3	1	16	31	7	9	3	0	2	10	26
핀란드	2	0	6	11	31	7	4	4	1	3	17	42
독 일	0	5	2	8	27	10	3	4	4	2	11	43
캐나다	2	2	2	8	26	11	12	2	2	1	8	24

※ ( ) 안의 수는 HM(주최국 직종) 포함 입상자 및 우수상 수상자를 포함한 수이며 공식집계
에 포함되지 않음

Member Results Comparison
Comparison By Total Medal Points
world skills international **WorldSkills Competition 2007**

Position	Member	Total Medal Points		Number of Competitors	GOLD	SILVER	BRONZE	Medallion For Excellence
1	KR	88		37	10	9	5	11
2	JP	74		41	12	4	3	8
3	CH	55		35	4	5	4	16
4	FR	47		36	5	4	2	11
5	TW	40		35	0	5	3	19
6	BR	32		20	2	3	4	7
7	AT	31		25	2	1	1	18
7	AU	31		23	1	3	1	16
7	FI	31		38	2	0	6	11
10	DE	27		25	0	5	2	8

그림 9-1 2007년 WSI 공식발표 총 메달점수(Total Medal Points)

Position	Member	Total Medal Points	Average Score	Number of Competitors	GOLD	SILVER	BRONZE	Medallion
1	CH	63	519.18	34	5	7	6	10
2	KR	61	520.20	35	3	8	5	15
3	DE	43	516.08	25	4	4	2	11
4	FI	42	501.77	39	4	1	3	17
5	IT	37	519.61	18	5	1	5	4
6	JP	34	501.63	32	5	1	2	7
7	AT	33	511.54	24	3	2	1	13
8	TW	28	501.26	31	1	2	4	10
9	IE	26	509.60	20	3	1	1	9
9	AU	26	507.29	21	3	0	2	10
9	FR	26	500.47	34	2	1	2	11

그림 9-2 2005년 WSI 공식발표 'Total Medals Won'

2005년 한국위원회는 핀란드대회에서 "금메달 수에서 밀렸으나 종합적인 경기력을 나타내는 점수 환산 방식의 순위에서는 준우승을 차지해 여전히 한국이 기능강국임을 입증했다"고 결과를 설명했다. 메달점수제도가 처음으로 도입된 그림 9-2의 2005년도 WSI 공식발표를 보면 종합순위 산정기준이 총 메달점수(Total Medal Points)임을 극명하게 확인할 수 있다. 아울러 획득한 금·은·동메달 수나 평균점수(Average Score)는 종합순위 산정과는 무관하다는 것을 확인할 수 있다.

■ '국가별 종합순위(Total Medal Points)'

총 메달점수가 국가별 종합순위라는 언급은 한국위원회의 2007년도 보고서(p.185)에 '국가별 종합순위(Total Medal Points)'라고 기록돼 있다. 이처럼 한국위원회는 2005년부터 WSI 공식발표 지표 중 총 메달점수(Total Medal Points)만을 기준으로 종합순위를 매겨왔다. 총 메달점수 외에 다른 비교지표는 회원국별 정량적인 비교평가 제도가 도입된 2005년부터 2013년까지 그 어디에도 반영된 바가 없다. 다만 총 메달점수를 제외한 3가지 지표는 2019년 'WSI 결과 및 보고서'에서 언급한 대로 회원국 자신의 경기결과를 분석하거나 언론 등에 설명하는데 사용됐을 뿐이다.

전통적으로 한국위원회는 매 대회 때마다 표 9-1과 같은 형식의 도표를 만들어 직전 대회의 종합순위와 당 대회의 종합순위를 비교할 수 있게 일관되게 보고서를 작성해왔다. 그러나 2015년 브라질대회의 '종합우승 논란' 이후 이런 형식의 보고서는 자취를 감췄고 홈페이지까지도 완전히 갈아엎어버렸다.

표 9-2는 한국위원회에서 작성한 2015년 제43회 브라질대회의 결과보고서 p.48의 내용이다. 그리고 그림 9-3은 WSI가 발표한 총 메달점수에 의한 국가별 종합순위를 나타낸 것으로 한국은 브라질에 이어 종합 2위를 했다. 한국위원회가 발표한 표 9-2의 종합순위는 금메달 우선순위의 발표다. 그러나 한국위원회 발표는 경기규칙의 결과발표 규정에 따른 것이 결코 아님을 알 수 있다. 표 9-1과 그림 9-2를 통해서 볼 때 2005년부터는 회원국이 획득한 금·은·동메달과 우수상은 WSI 공식지표를 산정하는 자료로만 이용됐을 뿐이다.

표 9-2   2015년 브라질 기능올림픽 참가 결과(한국위원회 발표)

o 종합우승(통산 19번째, 5연패) : 금 13, 은 7, 동 5, 우수 14

국가별순위	국 가 명	금메달	은메달	동메달	우수상
1위	대한민국	13	7	5	14
2위	브라질	11	10	6	19
3위	대 만	5	7	5	19

* 2015년 제43회 브라질 국제기능올림픽대회 결과보고서 p.48

Member Results Comparison
Comparison By Total Medal Points
WorldSkills São Paulo 2015

Position	Member	Total Medal Points	Number of Competitors	GOLD	SILVER	BRONZE	Medallion for Excellence
1	Brazil	105.00	50	11	10	6	19
2	Korea	97.00	41	13	7	5	14
3	Chinese Taipei	70.00	39	5	7	5	19
4	Switzerland	58.00	38	1	7	5	23
5	China	57.00	29	5	6	4	11
6	Japan	53.00	40	5	3	5	14
7	United Kingdom	46.00	36	3	3	2	21
8	Austria	44.00	31	5	2	1	16
8	France	44.00	40	2	4	3	18
10	Germany	33.00	37	2	2	1	17

그림 9-3   브라질 기능올림픽대회 WSI 공식 결과발표

결론적으로 2015년 브라질대회의 종합우승과 '해명 및 설명'이라는 정부가 발표한 자료를 보면【"2007년부터 WSI(국제기능올림픽 조직위원회)가 발표 기준을 2005년과 달리하여 4가지 항목(국가별 순위 결과 발표)으로 정함에 따라 4가지 항목의 국가별 순위 결과와 금메달 우선 획득순을 고려하여 종합순위 발표"】는 설득력이 없는 사실과 다른 주장이다. 이는 표 9-1의 한국위원회 보고서 내용을 통해 극명하게 확인할 수 있다. 한국은 2005년부터 '총 메달점수'라는 기준으로 종합순위를 일관되게 매겨왔음을 알 수 있다.

따라서 언론의 '성과 뻥튀기'라는 보도와 네티즌의 "부끄러운 1등보다 떳떳한 2등이 자랑스럽다"는 말은 모두가 사실에 근거한 정확하고 또 올바른 비판이다.

⚛️ 2017년 아부다비대회의 종합순위 산정

정부는 표 9-3과 같이 2017년 'WSI 공식발표 5개 지표 기준 종합 순위 산정결과'를 발표하였다. 반면에 WSI는 경기규칙의 결과 발표 규정에 따라 그림 9-4와 같이 '총 메달점수'에 의한 국가별 1, 2, 3위를 비롯하여 핵심 비교지표를 홈페이지를 통하여 발표하였다. 한국은 WSI의 공식발표와는 다르게 국가별 종합순위를 임의로 산정하여 발표한 것이다. 게다가 비공식지표로 제공된 '우수선수 비율'까지 공식지표로 규정하고 종합순위를 임의로 산정 발표한 것이다.

표 9-3 정부가 공식으로 발표한 아부다비대회 결과

종합 순위	국가	국제기능올림픽대회 조직위원회(WSI) 공식결과 5개 발표지표												메달 집계 참고자료			
		환산 점수 계	평균점수		평균메달 점수		총메달 점수		참가선수 총 점수		우수선수 비율		금	은	동	우수
			순위	환산 점수	순위	환산 점수	순위	환산 점수	순위	환산 점수	순위	환산 점수				
1위	중국	281	2위	56	1위	57	1위	57	3위	55	2위	56	15	7	8	12
2위	한국	279	1위	57	3위	55	2위	56	4위	54	1위	57	8	8	8	16
3위	스위스	272	3위	55	2위	56	3위	55	7위	51	3위	55	11	6	3	13

그림 9-4 2017년 아부다비대회 WSI 공식결과 발표 화면캡처

Position	Member	Total Medal Points	Number of Competitors	Gold	Silver	Bronze	Medallion for Excellence
1	China	109.00	47	15	7	8	12
2	Korea	88.00	42	8	8	8	16
3	Switzerland	81.00	36	11	6	3	13
4	Brazil	75.00	49	7	5	3	26
5	Russia	59.00	51	6	4	1	21
6	Chinese Taipei	56.00	42	4	1	5	27
7	France	52.00	33	5	3	4	15
8	Austria	49.00	36	4	3	4	16
9	Japan	43.00	40	3	2	4	17
10	United Kingdom	32.00	30	1	3	3	13

그림 9-5 2017년 아부다비대회 WSI 공식발표, 총 메달점수

'우수선수 비율'은 WSI에서 발표는 했지만 2020년 현재까지도 WSI 공식지표가 아니다. 공식지표는 WSI총회 인준을 거쳐야 한다. 다음은 WSI CEO인 David Heoy가 확인해준 것으로 '우수선수 비율'은 2017년 비공식지표로 발표된 것으로 공식지표 추가를 검토하고 있다는 내용이다.

■ '우수선수 비율'은 WSI 공식지표가 아니다

『(서문 생략) 우수선수 비율의 회원국 비교지표는 기능올림픽 회원국이 결과를 보는 또 다른 방법으로 회원국에게만 공개되었습니다. 우리는 2019년 국제기능올림픽대회에 이 지표를 공식지표로 추가하는 것을 검토하고 있습니다. 기능올림픽 조직위원회는 현재와 2019년 기능올림픽대회의 모든 지표를 검토할 것입니다.

왜냐하면 회원국의 GDP, 국가 규모(중국 대 뉴질랜드), 필요로 하는 산업 분야 및 숙련된 노동력과 교육 수준이 크게 다르기 때문에 기능올림픽 조직위원회는 직전 대회와 다른 나라와의 비교를 통해 그들의 발전 정도를 평가하는데 이용될 수 있는 지표를 제공하고 있습니다. 이 지표는 각각 다른 성과에 초점이 맞춰졌기 때문에 회원국들은 광범위하고 보다 총체적인 관점에서 사용할 수 있을 것이라고 생각합니다. (이하 생략)』

『(서문 생략) The Member Results Comparison by High Performers was released only to Members as another way in which to view the results of Members of WorldSkills. We intend for it to be an additional official report for WSC2019. WorldSkills will review all reports between now and WSC2019.

Because our Members vary greatly in their GDP, the size of country (China versus New Zealand), industries they rely on, and the level of their skilled labour force and education that supplies this, WorldSkills provides a number of reports that Members can use to determine their development from previous years and their comparison to other countries. As each of these reports focus on different indicators of performance, we believe that Members should use multiple indicators to give a broader and more holistic perspective. (이하 생략)』

WSI가 특별히 강조해 발표한 그림 9-4의 2017년 아부다비대회 회원국 순위는 표 9-1의 한국위원회 2007년 보고서의 총 메달점수에 의해 종합순위를 매긴 것과 꼭 같다. 결과발표 내용도 보면 경기규칙의 결과발표 규정에 따른 4개 지표를 포함하여 회원국별 '최우수선수(Best of Nation)', '앨버트 비달상(Albert Vidal Award)' 등을 홈페이지에 공식발표하였다.

특히 WSI는 총 메달점수(total medal points) 기준의 순위를 중국(109점) 1위, 한국(88점) 2위, 스위스(81점) 3위라고 홈페이지에 그림 9-4와 같이 별도로 공간까지 할애하여 발표한 것이다. 이는 기능올림픽 결과 및 보고서에서 언급한 '최고 순위국가는 이 점수(총 메달점수)가 가장 높은 국가다(The highest ranked Member is the one with the most points)'에 의한 회원국의 종합순위 발표다. 이는 WSI가 2005년부터 관행적으로 종합순위를 매겨왔던 총 메달점수가 국가별 종합순위 산정 기준임을 강조하여 발표한 것이다. 그리고 정부가 공식지표라고 발표한 '우수선수 비율'은 공식지표가 아님도 확인할 수 있다.

이처럼 결과가 말하듯이 한국은 아부다비대회에서 기능올림픽 역사상 가장 처참하게 패했다. 또한 금메달 수만 보더라도 중국 15개, 스위스 11개, 한국 8개로 완벽하게 졌다. 그러나 정부는 표 9-3의 '조직위원회 공식발표 5개 지표기준 종합순위 산정결과'와 같이 중국(281점) 1위, 한국(279점) 2위, 스위스(272점) 3위라고 WSI 발표와는 전혀 다른 이해할 수 없는 결과를 발표했다. 중국에게 불과 2점의 근소한 차이로 패한 것처럼 임의로 결과를 만들어 발표한 것이다. 70여 년의 역사를 자랑하는 국제대회에서 회원국이 임의로 종합순위를 만들어 발표하는 것은 넌센스로 논리의 모순일 뿐이다.

그림 9-4의 배경사진은 WSI가 대회가 열리는 기간 중에 매일 일정한 시간에 실시하는 언론 브리핑의 현장 사진이다. WSI는 이런 언론 브리핑 외에도 경기 중에는 'Fast Facts'를 통해 변화된 내용을 신속하게 회원국에게 공개하고 있다. 정말 안타까운 것은 한국의 언론

은 기능올림픽대회의 현장에 취재를 하면서도 언론 브리핑에 참여하지 않는 것을 비롯하여 오직 정부에서 배포하는 획일적인 보도 자료에만 의존하고 있다는 사실이다.

기술대표로 활동하던 때의 일이다. WSI 미디어 담당 책임자와 스태프에게 한국 언론의 언론 브리핑 참여 사실을 확인한 결과 자기 기억으로는 한 번도 참여한 것을 보지 못했다는 것이다. 언론만이라도 현장에서 제대로 취재 활동을 했더라도 표 9-3과 같은 황당한 결과 발표는 하지 않았을 것이라는 생각이 들 뿐이다. 정부의 근본적인 잘못을 언론 탓으로 돌리려는 것은 결코 아니지만 기능강국 대한민국에서 있을 수 없는 일이 벌어진 것은 정말로 안타까운 일이다.

또한 지난 8월 러시아 카잔기능올림픽대회 폐막 직후인 8월경 중앙일간지의 기능올림픽 관련 글을 반갑게 접하고 읽는 순간 놀라지 않을 수 없었다. 사실과 너무나도 다른 소설 같은 내용의 글에 눈을 의심할 정도였다. 내용 중 일부를 요약하여 소개한다.

> 『"① 대회 명칭에 올림픽이 들어가 있으나 우리만 그렇게 부를 뿐 대회 정식 명칭은 월드스킬스(World Skills)다. 올림픽이란 말이 없다. …중략… IOC에서 우리가 월드스킬스를 국제기능올림픽이라고 부르는 걸 안다면 펄쩍 뛸 게 분명하다. …중략… ② 스페인 마드리드에 본부를 두고 있는 월드스킬스 인터내셔널이 주최하는 국제기능올림픽은 2년마다 열린다. …중략… 그러나 ③ 올림픽과 마찬가지로 주최 측이 순위를 매기지는 않는다. …중략… ④ 우리나라는 66년 네덜란드 유트리히트 대회에 처음 참가해 4위를 기록한 이후 꾸준히 좋은 성적을 거둬 지금까지 19차례 종합우승이라는 전인미답의 금자탑을 쌓았다"』라는 내용이다.

다 같은 대한민국 국가대표지만 관심도 없고 비인기 분야인 기능올림픽에 대해 언론이 관심을 갖고 다루어 준 것은 고맙고 또 감사할 일이다. 하지만 탈자나 오자로 볼 수 없는 이 내용이 언론사를 대표하는 논설위원이 쓴 글이라니 더욱 믿어지지 않는다. 이런 기사를 누구를 위해서 그리고 어떤 의도에서 썼는지(?) 씁쓸할 뿐이다. 아마도 이 기사 내용을 IOC가 아닌 정부나 기능인들이 읽었다면 황당해하고 더욱 펄쩍 뛸 게 분명하다. 아마도 인기 스포츠에서 이런 글을 썼다면 곤욕을 치렀을 것은 분명하다. 이는 편견처럼 느껴질 뿐이다. 사실 확인도 없이 혼란만 야기시킨 글이라고 말할 수밖에 없다. 아무리 가짜가 판을 치는 세상이라고 하지만 반드시 옥석은 가려지는 법이다. 사실과 다른 언론의 내용을 다음과 같이 바로잡는다.

① 기능올림픽의 공식 명칭은 '월드스킬스(Worldskills)'가 맞지만, '기능올림픽'이라는 명칭을 우리나라만 사용하는 것이 아니다. 일본은 '技能五輪', 프랑스는 'Olympiades des Metiers'를 비롯해 많은 회원국들이 기능올림픽이라는 말을 사용하고 있다. ② 기능올림픽 본부는 아주 오래전부터 네덜란드 암스테르담에 본부를 두고 있으며, ③ WSI 2005년부터 금메달 우선순위의 모순을 개선한 회원국별 정량적인 비교평가 지표에 의한 회원국의 순위(ranking)를 매기고 있다. 또 ④ 대한민국은 1967년 스페인 마드리드의 'Trade Union Centre'에서 열린 제16회 대회에 9명의 선수가 처음으로 참가했다.

물론 대한민국 언론사들이 모두가 위와 같은 글을 쓰는 것은 아니지만 좀 더 진지한 마음에서 사실을 확인하고 기능인을 대변해줬으면 하는 아쉬움이 든다. 소금이 짠 맛을 잃으면 소금의 가치를 잃는 것처럼 언론은 언론다워야 독자의 신뢰를 받을 수 있다. 따라서 '정론직필(正論直筆)'은 더없이 중요한 언론의 사명이며 생명이라고 생각한다.

★ 과정의 거울로 비춰본 종합우승 논란

사실보다도 태도는 더욱 중요하다. 거짓을 거짓으로 합리화하려 한다면 그 공조직은 국민의 신뢰를 받을 수 없을 것이다. '성과 뻥튀기'는 기능한국의 전문성과 영속성 부재, 정체성 실종, 성과주의 그리고 실종된 공직윤리 등의 총체적인 문제에서 일어난 기능한국의 부끄러운 민낯이다. 오히려 기능과 기술의 멸시 천대의 학벌만능주의 사회에서 역경을 딛고 이룩한 기능인들의 자랑스러운 국위선양의 쾌거를 디스카운트시키고 또 자긍심에 상처를 입혔을 뿐이다.

자기 직종에서 세계를 제패한 국가대표 선수와 그를 지도한 지도자는 종합우승과는 무관하게 법이 정한대로 준비된 정부포상을 받는다. 하지만 기능올림픽과 관련된 관계자는 종합우승에 따라 정부포상은 물론 승진 등의 푸짐한 공적잔치가 벌어진다. 브라질대회 종합우승으로 많은 공직자가 포상을 받았다고 한다. 부끄러운 포상이 아닐 수 없다. 물론 차별된 헌신과 열정의 대가로 받는 관계자들의 정당한 포상을 말하려는 것은 결코 아니다.

지난 2015년 브라질 기능올림픽의 종합우승 발표 직후 제3대 한국기술대표를 지낸 기능올림픽의 살아있는 전설로 존경받는 청산(靑山) 이원복 기능올림픽 원로 선배와 이 문제를 심각하게 논의하고 의견을 모아 한국위원회에 서신을 보낸 바 있다. 글의 내용은 이미 언급한 WSI '경기규칙과 한국위원회 보고서' 그리고 기술대표의 경험 등을 바탕으로 사실에 입각하여 오로지 기능한국을 위한 충정에서 정중하게 보낸 것이다.

한국위원회에 편지를 보낸 가장 큰 이유는 경기규칙조차도 제대로 숙지하지 못한 정황이 여기저기에서 나타났기 때문이다. 특히 한국의 종합우승 발표도 크게 잘못된 것이지만, 대만이 3위를 했음에도 중국을 3위로 발표하는 등 흔들리고 있는 기능한국이 심히 염려됐기 때문이다. 정보의 민주화시대에 이현령비현령의 논리로 종합우승이라고 발표한 사실도 문제지만 진실왜곡으로 기능강국의 명예가 실추되는 일이 현실로 나타났기 때문이다. WSI 경기규칙과 기능한국의 역대 보고서와도 다른 황당함에 크게 놀라고 또 염려하는 마음에서 보낸 편지에 정작 Facts Check는 외면하고 종합우승의 당위성만을 주장하는 사실과 다른 미화된 답신만을 받았을 뿐이다.

통상적으로 경기결과 발표는 WSI의 경기규칙에서 언급한 것과 같이 경기 종료 1일차(C+1)인 폐막식 날 오전에 한다. 회원국의 기술대표만 참석하는 회의에서 먼저 검토하고 바로 총회에서 인준을 받는다. 그리고 당일 저녁에 폐막식에서 시상을 한다. 다음 이야기는 내가 한국기술대표로 활동했던 2007년 시즈오카대회의 결과를 발표하는 당시의 상황이다. 결과를 발표하는 기술대표회의에는 엄격하게 출입자를 통제한다. 하지만 이런 저런 이유를 대고 뒤의 WSI의 Staff 자리에 와서 결과자료를 기다리고 있는 회원국의 실무 관계자들이 종종 있다. 특히 결과를 궁금해하는 한국도 예외는 아니다.

▓ 종합순위는 'Computer Says'로 확인될 뿐이다

먼저 회의장에 입장한 친분이 있는 기술대표끼리 회의를 기다리면서 대회에 대해 이런저런 담소를 나누는 가운데 이번 대회의 종합순위를 추정해서 말하면 'Computer Says' 전에는 누구도 알 수 없다고 농담을 하곤 한다. 실제로도 맞는 말이다. 통상 회의 준비를 위해 회원국 기술대표 책상마다 결과발표 자료가 각각 1부씩 놓여진다. 그러면 회의장 뒤에서 결과를 기다리던 한국위원회의 관계자는 내게로 급히 와서 한국이 '총 메달점수' 1위로 종합우승임을 확인하고 내가 받은 자료를 받아 들고 황급히 회의장을 빠져나간다. 규정상 이 자료를 밖으로 반출해서는 안 되는 시점이지만 국익을 위한다니 어쩔 수가 없었다.

이처럼 기능올림픽 결과는 'Computer Says'의 순간 명쾌하게 결과가 공식적으로 공개되고 종합순위도 확인되는 것이다. 내가 기술대표로 활동했던 2007년 시즈오카대회부터 2011년 런던대회까지 결과발표 지표를 조합하거나 가감하여 종합순위를 산정한 적은 한 번도 없었다. 또 임의로 산정할 필요는 더더구나 없다. 정부가 '해명 및 설명' 자료에서 주장하고 있는 것처럼 회원국이 순위를 산정하고 발표하는 것은 넌센스다. 다만 총 메달점수를 제외한 비교지표는 회원국 자신을 나타내는 자료로 목적에 맞게 활용될 뿐이다. WSI의 종합우승의 지침이 없다는 말은 기능올림픽의 결과발표 규정을 모르는 사람의 이야기일 뿐이다.

이런 상황을 아는지 모르는지 알 수는 없지만 우리(3대 기술대표 이원복, 5대 기술대표 서승직)는 한국위원회로부터 "서 교수께서 자기모순에 빠지신 것이 아닌가 합니다"는 등의 수욕(受辱)을 당한 것을 비롯하여 "종합우승 여부를 판단하는데 있어서 기술대표의 의견이 제일 중요하다"는 등의 상식 밖의 내용을 거론하면서 충정에서 보낸 진언의 내용을 제3자의 답변에 올려 공개적으로 비난하고 또 비방하기 시작한 것이다. 전문가의 입장에서 문제가 있다고 말하는 것은 정당한 일이다. 옳고 그름을 판단할 수 있도록 잘못을 비판한 것일 뿐 결코 비난한 것이 아니다.

일고의 가치도 없고 어이가 없는 내용으로 판단돼 대응하지 않고 침묵했을 뿐이다. 오직 사실을 깨닫기만을 기다린 것이다. 공분을 증폭시킨 한국위원회의 답변은 정말 안타까울 뿐이다. 황당무계한 답변을 여기에 전문을 소개하고도 싶었지만 그동안 기능인과 기능한국에 헌신한 많은 분들과 같은 조직에서 함께 일했다는 것이 자존심도 상하고 너무나도 수치스럽고 부끄러워 차마 소개하지 못했을 뿐이다.

▧ 안타까운 공분의 증폭

공분의 증폭은 2015년 브라질 기능올림픽대회의 '성과 뻥튀기'에 대한 한국위원회 게시판에 올린 네티즌의 글에 대하여 한국위원회가 답변한 글에서 비롯된 것이다. 한국위원회의 게시판 개설 역사상 2,000회가 넘는 폭발적인 조회 수를 기록할 만큼 뜨거웠다. 한국위원회는 우리(이원복, 서승직)와는 일면식도 없는 제3자인 네티즌의 답변에 실명을 거론하면서 우리를 공개적으로 인신공격과 비방을 했다. 기능한국의 자랑스러운 역사를 왜곡한 가장 수치스러운 사건으로 기억될 뿐이다. 기능올림픽에 대한 목불식정(目不識丁)의 식견만 있었어도 이런 비상식적인 엉터리 답변으로 기능한국의 신뢰를 무너트리지는 않았을 것이다.

나는 2007년 시즈오카대회부터 2009년 캐나다 캘거리대회 그리고 2011년 런던대회까지 한국기술대표로 기능한국의 기술을 총괄하면서 기능인들과 함께 대회 3연패라는 위업 달성으로 국위를 선양하는 데 주도적인 역할을 했다. 그러나 이런 터무니없는 주장의 글을 접하고 보니 참으로 안타깝고 또 분노가 치솟을 뿐이다. 정부는 한국위원회의 역대 보고서를 확인도 하지 않고 황당무계한 거짓된 주장을 한 것이다.

청산 이원복 3대 기술대표는 한국기능올림픽 창립부터 37년간 무보수로 봉사했다고 자서전《삶의 신조》에서 술회하고 있다. 청산과 나의 34년간의 세월을 합치면 '기능한국의 살아 있는 50년 역사'라고 할 수 있다. 함께한 50년 역사의 왜곡된 내용을 비판하는 것은 오로지 산업화의 성장동력이 됐던 기능한국의 자랑스러운 역사를 올바르게 바로잡기 위함이며, 또 온갖 역경을 딛고 자기 직종에서 당당하게 세계를 제패하고 국위를 선양한 기능인들의 자긍심에 상처를 줘서는 안 된다는 일념에서 지적한 것뿐임을 분명히 밝힌다.

표 9-4는 한국위원회에서 작성한 역대 보고서와 발표(2005~2019) 내용을 편집 정리한 것이다. 이처럼 한국은 관행적으로 WSI 공식발표 4개의 지표 중 총 메달점수를 기준으로 종합순위를 매겨왔다. 그러나 2015년에는 총 메달점수에서 브라질에 져 종합 2위를 하였으나 사실이 아닌 이유를 내세워 종합우승을 했다고 발표했다. 또 2017년에는 중국에게 처참하게 패하고도 불과 2점차로 근소하게 진 것으로 종합순위를 임의로 산정하여 발표했다. WSI 회원국조차도 이해할 수 없는 결과발표를 한 것이다. 2005년의 결과를 보면 한국은 금메달 3개를 획득하고도 금메달 4개를 획득한 독일을 누르고 2위를 하였다.

　　2007년에는 금메달 10개를 획득하고도 금메달 12개를 획득한 일본을 누르고 종합우승을 한 것이다. 이것은 금메달 우선순위평가의 모순을 개선한 정량적인 비교평가 제도인 '총 메달점수' 시스템이 도입됐기 때문이다. 이런 원칙으로 볼 때 2015년 한국이 금메달 13개로 금메달 11개를 획득한 브라질보다 앞섰지만 총 메달점수에서 브라질 105점보다 8점이 적은 97점을 획득했기 때문에 당연히 2위가 되는 것이다.

　　비록 한국이 기능강국에서 기능선진국으로 진입하지는 못했지만, 기능한국의 정통성을 무너뜨린 것은 정말로 수치스러운 일이다. 왜곡된 역사는 비록 한동안 속일 수 있을지는 모르나 영원히 속일 수는 없다. 하지만 '우리도 대한민국의 국가대표다'라는 책을 통해서 자세하게 논하는 가장 큰 이유는 무에서 유를 창조한 산업화의 동력이 된 기능인들의 역경의 역사가 결코 왜곡되어서는 안 된다고 판단했기 때문이다.

표 9-4 2005년~2017년 국제기능올림픽대회 종합순위
(한국위원회 보고서와 발표 기준)

개최지	종합우승	2위	3위
2005년, 38회 핀란드	스위스(63점) 금5, 은7, 동6, 우수10	대한민국(61점) 금3, 은8, 동5, 우수15	독일(43점) 금4, 은4, 동2, 우수11
2007년, 39회 일본	대한민국(88점) 금10, 은9, 동5, 우수11	일본(74점) 금12, 은4, 동3, 우수8	스위스(55점) 금4, 은5, 동4, 우수16
2009년, 40회 캐나다	대한민국(86점) 금13, 은4, 동5, 우수12	스위스(60점) 금7, 은2, 동5, 우수16	일본(52점) 금6, 은3, 동5, 우수9
2011년, 41회 영국	대한민국(91점) 금13, 은5, 동6, 우수12	일본(73점) 금11, 은4, 동4, 우수9	스위스(62점) 금6, 은5, 동6, 우수11
2013년, 42회 독일	대한민국(89점) 금12, 은5, 동6, 우수14	스위스(73점) 금9, 은3, 동5, 우수18	대만(65점) 금6, 은4 동8, 우수13
2015년, 43회 브라질	대한민국(97점) 금13, 은7, 동5, 우수14 ※ 한국, 총 메달점수 2위, 종합우승으로 발표	브라질(105점) 금11, 은10, 동6, 우수19 ※ 브라질, 총 메달점수 에서 1위를 차지함	대만(70점) 금5, 은7, 동5, 우수19
2017년, 44회 아랍에미리트	중국(109점) 금15, 은7, 동8, 우수12 ★281점	대한민국(88점) 금8, 은8, 동8, 우수16 ★279점	스위스(81점) 금11, 은6, 동3, 우수13 ★272점
2019년, 45회 러시아	중국(133점) 금16, 은14, 동5 ★272점	러시아(101점) 금14, 은4, 동4 ★265점	한국(76점) 금7, 은6, 동2 ★264점

〈비고〉

1. ( )의 숫자는 WSI 공식발표 지표인 총 메달점수(Total Medal Points)를 나타냄. 한국은 2005년부터 2013년까지 일관되게 총 메달점수로 종합순위를 매겨왔다.

2. ★표의 숫자는 경기규칙과 다르게 한국이 임의로 산정 발표한 종합순위 점수임.

3. 2005년부터는 메달(금·은·동·우수)은 '총 메달점수' 등 지표를 만들기 위한 자료로만 이용될 뿐이며 따로 발표하지 않음.

✖ 임의의 종합순위 산정은 넌센스다

WSI는 2019년 카잔대회의 결과발표와 함께 경기규칙에서 규정하고 있는 4가지 비교지표의 의미를 '기능올림픽 결과 및 보고서(WorldSkills Results and Reports)'를 통하여 상세하게 정의했다(p. 42 그림 1-2 참조).

WSI가 언급한 정의에 의하면 2015년 동아일보가 보도한 『"일부 기능인들은 '평균 메달점수'와 '평균 스코어'는 회원국 간 기능교류, 향상 및 기능 개발 촉진, 직업훈련제도의 정보 교환 목적으로 활용되는 기준에 불과하다고 주장하고 있다"』는 내용은 WSI '기능올림픽 결과 및 보고서'에서 언급한 정의와 정확하게 일치하는 것으로 기능인들만의 주관적인 주장이 아님을 확인할 수 있다. 따라서 기능인들의 주장은 근거에 의한 올바른 비판이다.

WSI '기능올림픽 결과 및 보고서'의 정의에 의하면 총 메달점수를 제외한 3개 발표지표는 회원국 자신의 경기 결과를 알리는데 이용될 뿐이다. 이 지표를 이용하려면 조합하거나 가감 없이 그대로 사용해야 한다. 예를 들어 한 명만 출전한 회원국이 1위를 해 금메달을 획득했다면 '평균 메달점수와 평균점수'는 일반적으로 1위가 되므로 이 회원국은 '평균 메달점수와 평균점수'에서 세계랭킹 1위라고 말할 수 있다. 또 총 점수는 모든 직종에 참가한 회원국이 일반적으로 랭킹 1위가 된다. 따라서 총 메달점수를 제외한 총 점수, 평균 메달점수, 평균점수는 자신을 설명하는데 활용될 뿐 종합우승 산정과는 무관하다는 것을 알 수 있다.

정부가 2017년과 2019년에 임의로 종합순위 산정 발표를 한 것은 한마디로 논리의 모순이며 비약이다. 회원국이 임의로 다른 회원국의 종합순위를 결정하는 그 자체가 넌센스다. WSI의 종합순위에 대한 지침이 없다면 종합순위를 매기지 않는 것이 원칙일 것이다. 반세기 역사를 자랑하는 기능한국에서 이제 와서 종합순위 지침이 없다고 하는 것도 납득할 수 없는 일이다. 임의의 종합순위 산정 목적이 단지 회원국 간의 직업교육과 관련한 자체평가와 분석을 위한 것이라면 모르지만 회원국이 다른 회원국의 종합순위를 임의로 정하여 발표한다는 것 자체가 어불성설이다.

표 9-5는 정부가 발표한 2019년 카잔대회 결과이며 그림 9-6은 WSI가 공식발표한 총 메달점수에 의한 국가별 순위를 나타낸 것이다. 그리고 표 9-5와 그림 9-6의 내용을 보면 WSI 총 메달점수 기준에 의한 종합순위가 뒤바뀌는 모순도 발생한다. 한국은 브라질이 WSI 총 메달점수 기준 5위임에도 불구하고 6위를 한 스위스를 종합순위 5위라고 발표한 것이다. 아마도 이 사실을 브라질이 알게 된다면 펄쩍 뛸 뿐만 아니라 크게 항의를 받을 일이다.

카잔대회에서도 '우수선수 비율'은 비공식지표로 발표되었지만 한국은 중국, 스위스, 러시아에 이어 4위를 했다. 그러나 한국은 2017년에는 이 지표에서 1위를 했다. 하지만 2017년에는 WSI 공식지표라고 발표하고 2019년에는 당초와는 다르게 종합순위 산정에서 제외한 것이다. 정부 발표대로 하면 2017년에는 공식지표였고 2019년에는 비공식지표라는 이야기다. 그러나 '우수선수 비율'은 2020년 현재까지도 WSI의 공식지표가 아니다. 2017년과 2019년의 정부가 발표한 임의의 순위산정 결과가 총 메달점수 결과와 1, 2, 3위의 순위에는 변동이 없다고 할지 모르지만 회원국의 종합순위가 뒤바뀌는 모순이 발생한다. 따라서 한국이 임의로 한 종합우승 산정은 근본적으로 WSI의 경기규칙에 반하는 것이다.

표 9-5　정부가 공식으로 발표한 카잔대회 결과(경기 참가국 : 68개국)

종합순위	국가	국제기능올림픽대회 조직위원회(WSI) 공식결과 발표지표 4개									메달 집계 참고자료			
		환산점수계	평균점수		평균메달점수		총 메달점수		참가선수 총 점수		금	은	동	우수
			순위	환산점수	순위	환산점수	순위	환산점수	순위	환산점수				
1위	중국	272	1	68	1	68	1	68	1	68	16	14	5	17
2위	러시아	265	5	64	2	67	2	67	2	67	14	4	4	25
3위	한국	264	2	67	3	66	3	66	4	65	7	6	2	26
4위	대만	258	4	65	5	64	4	65	5	64	5	5	5	23
5위	스위스	254	3	66	4	65	6	63	9	60	5	5	6	13

Member Results Comparison
Comparison By Total Medal Points
WorldSkills Kazan 2019

worldskills Kazan 2019

worldskills

Position	Member	Total Medal Points	Num Teams / Competitors	Gold	Silver	Bronze	Medallion for Excellence
1	China	133.00	56	16	14	5	17
2	Russia	101.00	56	14	4	4	25
3	Korea	76.00	47	7	6	2	26
4	Chinese Taipei	68.00	45	5	5	5	23
5	Brazil	62.00	56	2	5	6	27
6	Switzerland	60.00	39	5	6	6	13
7	Austria	54.00	40	5	5	1	17
8	Japan	46.00	42	2	3	6	17
9	France	41.00	36	1	4	3	19
10	Singapore	32.00	29	2	1	2	17

그림 9-6　2019년 카잔대회 WSI 공식발표, 총 메달점수

　종합순위 산정 방법에 대한 명확한 지침이 없다는 정부를 비롯하여 아직도 잘못된 거짓을 진실이라고 주장하는 사람이나 전문가 단체가 있다면 WSI의 경기규칙의 결과발표에 대해 참뜻을 되새기고 또 국민의 혈세로 작성된 자

랑스러운 기능한국의 역대 보고서(2005, 2007, 2009, 2011, 2013년)를 읽어보길 정중하게 부탁한다. 그리고 2019년에 발표한 'WorldSkills Results and Reports(기능올림픽 결과 및 보고서)'에서 언급한 내용을 살펴보길 바란다. 거짓의 합리화를 위한 잘못에서 시작된 국력 손실과 국민의 혈세 낭비는 결코 되돌릴 수 없지만 그래도 상처받은 기능인의 자긍심만큼은 회복돼야 한다. 이것을 해결하는 유일한 길은 거짓을 거짓으로 덮으려하지 말고 올바르게 바로잡는 길뿐이다.

★ 정부의 2015년 브라질대회 종합우승에 대한 '해명 및 설명' 그리고 2017년과 2019년의 임의의 종합우승 산정발표와 비공식지표를 공식지표로 발표한 것은 "진실을 덮으려 시작된 거짓은 끝내는 스스로 진실을 증명하는 결정적인 단서가 되는 법이다"라는 여류 작가의 말처럼 정부 스스로가 거짓임을 증명한 자료다. ★

이는 "부끄러운 1등보다 떳떳한 2등이 자랑스럽다"는 민원을 경청하지 않아서 더 크게 벌어진 일이다. 무엇보다도 기능올림픽에 대한 어로불변(魚魯不辨) 즉, 어(魚) 자와 노(魯) 자만 구별할 정도의 식견만 있었어도 이런 황당무계한 일은 일어나지 않았을 것은 물론 계속되지도 않았을 것이다. 부끄러움보다도 실로 충격적인 일이 아닐 수 없다. 기능한국의 자존심과도 직결되는 일로 참으로 걱정이 될 뿐이다.

지금도 기능올림픽은 종합우승 지침이 없기 때문에 그때그때 종합우승을 회원국이 임의로 결정하는 것이라고 말하는 사람이 국제심사위원 중에도 간혹 있다. 그러면서 1999년 캐나다 몬트리올에서 열린 35회 대회를 예로 들기도 한다.

1999년 캐나다 몬트리올의 상황을 설명하고자 한다. 이때는 금메달 우선순위로 종합순위를 결정하던 시절이다. 당시 한국은 금 6, 은 7, 동 2로 종합우승이 어렵게 여겨진 반면에 대만은 금 7, 은 6, 동 3개가 확정돼 종합우승이 확실시된 상황이었다. 그러나 한국이 시범 직종인 그래픽디자인에서 금메달을 뒤늦게 추가한 것이다. 그러자 한국위원회 P국장이 금년 대회부터 시범 직종도 메달을 수여하니 한국이 대만과 금메달이 7개로 똑같고 은메달이 1개가 많아 종합우승이라고 결정했다는 것이다.

이원복 당시 한국기술대표는 《삶의 신조》라는 자서전에서 이 상황을 자세히 설명하면서 "석연치 않은 종합우승을 했다"고 회고하고 있다. 나는 이 상황에 대해 굳이 언급하고 싶지는 않지만 분명한 것은 2015년 '성과 뻥튀기'와 거듭된 2017년과 2019년의 임의의 종합순위 산정과는 본질적으로 전혀 다르다고 생각한다.

나는 산업화를 꿈꾸던 1960년대 기능선진국인 독일의 정통 직업교육을 최초로 받았다. 대학에서는 건축공학을 전공하고 프랑스에 유학하여 공학박사를 취득하고 한평생을 대학에서 학생들을 가르쳤고 학문을 연구하면서 그래도 소신을 가지고 차별된 봉사를 한 교수다. 원칙에 충실하려고 했던 평범한 삶이 동료 교수나 제자들을 비롯한 기능올림픽 동료의 표현을 빌리면 '강직한 교육자'라는 이미지로 각인되고 있다.

한평생 모교의 교훈인 '眞'을 실현하는 교육자로서 부끄럽지 않은 삶을 살고자 노력한 결과이므로 만족한다. 제3자의 평가가 말해주듯 나는 다소 보수적인 면은 있지만 합리적이기를 좋아했고 노력했으며 매사에 공학적인 사고에 근거하여 학생들을 지도한 교수다.

기능올림픽에서의 봉사도 교육자로서의 사명과 정체성을 지키면서 보람된 헌신을 하려고 노력하였다. 인천지방기능경기대회 배관 직종 심사위원을 시작으로 전국기능대회 심사위원, 심사장, 분과장, 기술부위원장, 기술위원장으로 봉사하였다. 그리고 국제기능올림픽대회 조직위원회 국제심사위원, 국제심사장, 평가위원장, 한국기술대표 등으로 30년 넘게 봉사하였다. 특히 한국기술대표로 활동하는 동안 어려운 결정을 해야 할 때면 나 개인보다는 국익을 더 살피고 또 먼저 생각했다.

한국기술대표 퇴임 후에는 WSI 명예회원으로 추대됐으며 지금도 간혹 회원국 기술대표들로부터 기능올림픽에 관한 내용을 묻는 메일을 받을 때면 많은 보람을 느낀다. 가장 안타깝게 생각되는 것은 2013년 독일올림픽대회를 앞뒀을 때의 일이다. 나는 WSI에서 2013년 독일대회의 청문위원회 위원(Hearing Committee Member)으로 지명됐다는 소식과 함께 일정 그리고 숙박 등과 관련한 안내 메일을 WSI의전 담당자로부터 받았다. WSI의 청문위원은 기능올림픽대회에서 일어나는 분쟁을 총괄하는 최고 권위의 위원회 중 하나다. WSI에서는 나에게 기능올림픽 원로회원 중에서 정통한 식견과 정직한 사람 중에서 4명을 지명했다고 배경설명을 하면서 꼭 참석해 달라고 메일을 보내왔다.

다만 항공료는 회원국이 부담해야 하지만 공항 도착부터 출국까지는 WSI의 VIP로 대우하며 일체의 경비와 체재비는 WSI에서 부담한다는 조건이었다. 나는 끝내 예산 문제 등으로 국위를 선양할 수 있는 영광된 활동의 기회를 놓쳐버렸다. WSI에는 이런 사정을 말할 수는 없지만 개인사정으로 참석할 수 없다는 메일을 WSI CEO와 의전 담당자에게 정중하게 보냈다. 2013년에는 기능올림픽 한국 유치활동과 직업교육 관련 업무 등을 목적으로 국가예산으로 국회의원이 비서관까지 대동하고 다녀와 논란이 됐다는 내용을 언론을 통해 들었지만 참으로 씁쓸한 소식이다. 무엇보다도 회원국의 대표들과는 일면식도 없는 국회의원이 기능올림픽 유치를 위해서 과연 어떤 일을 했는지도 의문이다.

지금은 비록 WSI 명예회원이지만 늘 기능선진국 실현을 위해 미력하나마 항상 기도로 성원하고 있다. 나는 한 분야에서 차별된 봉사를 하면서 기능인들과 함께 국위를 선양하는 가슴 벅찬 체험도 했다. 이는 기능인들과 함께 이룩한 '신념과 땀의 결실'이기 때문에 값지고 더욱 자랑스럽다. 또 나는 기회가 될 때마다 주요언론 기고 등을 통해 기능인을 대변하고 기능선진국 실현을 위해 작은 힘이나마 보탰다.

기능인의 세계 제패 그리고 종합우승의 영광, 이는 국민 모두가 한마음으로 바라는 염원이기도 하다. 나는 입으로만 외치는 거창한 기능인 우대(優待)보다는 가슴으로 기능인을 위하는 진정한 대우(待遇)가 더욱 절실함을 꾸준히 외쳐왔다. 기능올림픽의 경기규칙은 기능올림픽대회를 운영하는 헌법이다. 나는 한국기술대표 시절에도 심사위원들에게 직종 정의와 경기규칙을 숙지할 것을 기회가 있을 때마다 강조하고 또 당부하였다.

2015년 브라질 기능올림픽 '성과 뻥튀기' 그리고 2017년, 2019년 대회의 임의의 종합순위 산정 등은 이해할 수도 없고 정말 용납될 수 없는 기능한국의 자존심과도 무관할 수 없는 수치스런 일이다. WSI 경기규칙에 대한 잘못된 이해와 자랑스러운 기능한국의 역사적 사실을 부정하는 자기모순에서 비롯된 커다란 과오다.

과연, 대한민국의 국가대표인 기능인들이 힘들게 이룩한 업적을 디스카운트하고 평가절하할 국민이 어디 있겠는가? 반문하고 싶다. 스포츠 올림픽에서는 종합순위 산정 기준은 없는 것으로 알고 있지만 그러나 관행적 종합순위 기준은 금메달 우선순위다. 기능올림픽에서도 스포츠올림픽처럼 회원국의 종합순위에 대한 언급이 없다고들 하지만 이는 기능올림픽을 모르는 사람들의 이야기일 뿐이다. 왜냐하면 WSI는 '기능올림픽 결과 및 보고서'에서 정량적인 회원국의 순위 비교를 명확하게 언급하고 있기 때문이다. 따라서 기능올림픽에서 그동안 관행적 종합순위 기준이 돼왔던 '총 메달점수'는 더욱 명확하게 국가별 종합순위를 결정하는 기준으로 설명되고 있다.

지난 2016년 10월경 당시 국제기능올림픽선수협회 회장인 김종현 ㈜쎄크 대표의 주선으로 정부 관계자와 브라질대회의 종합우승 논란을 비롯한 기능올림픽에 관련한 문제 등을 논의하기 위한 자리가 마련됐다. 정부에서는 A국장, B과장, C사무관 등 3명이 참석하였다. 기능올림픽과 관계된 분야에서는 3대 한국기술대표를 역임한 기능올림픽의 살아 있는 전설로 불리는 창원사 이원복 대표, 5대 한국기술대표를 역임한 인하대 서승직 교수, 3대 선수협회 회장을 역임한 오왕근 사장, 당시 선수협회 김종현 회장 등 4명이 참석하였다(이하 선수협회 측이라고 칭함).

회의는 선수협회 측의 기능올림픽의 평가방법 설명과 한국위원회의 종합우승이란 주장의 부당성 등에 대해 준비된 자료(WSI의 경기규칙, 결과발표 규정, 한국위원회 역대 보고서 등)를 배포하고 설명하는 것으로 시작됐다. 정부 측에서는 앞서 언급한 '해명 및 설명' 내용과 같이 종합우승의 당위성에 대한 설명과 또 "메달도 많이 따고 많은 사람들이 종합우승이 확실하다고 하는데 왜 종합우승이 아니라고 하는지 알 수 없다"는 말을 했다. 이는 기능올림픽의 경기규칙의 결과발표 규정 등의 이해가 전혀 없는 상황에서 충분히 있을 수 있는 주장에 불과할 뿐이다.

이어서 선수협회 측의 공식자료 중심의 설명이 이어지면서 한국은 이제 국제기능올림픽 무대에서 웃음거리가 됐다는 염려와 함께 왜곡된 역사를 바로잡을 것과 허위 공적으로 받은 훈장 박탈 등의 조치를 취해야 한다고 강력하게 주문하자 정부 측에서는 국무회의를 거쳐야 하는 문제라는 등의 절차가 복잡하다는 심경만을 내비쳤다.

그리고 선수협회 측에서 '기능경기 시스템 선진화 방안'이라는 용역보고서는 소설을 써놓은 것으로 2015년의 주장을 합리화하기 위한 의도된 용역보고서라고 설명을 하였다. 특히 회원국이 다른 회원국의 종합순위를 임의로 결정하는 것은 넌센스이며 논리의 모순임을 부언하였다.

또한 용역보고서의 용역 절차와 제반규정 준수 문제, 보고서의 공개 문제, 공청회도 거치지 않고 보고서를 완성한 것 등의 문제점을 거듭 지적하자 A국장은 아주 명쾌하게 '기능경기 시스템 선진화 방안의 용역보고서'는 "말도 안 되는 보고서이므로 없었던 일로 하겠다"고 시원하게 확답을 해서 보고서 문제는 더 이상 회의에서 거론되지 않았다.

선수협회 측이 제공한 자료를 통해 객관적인 사실을 확인한 정부 측은 "보고서(백서)는 법적 효력이 없다"는 등의 말만 하였을 뿐 진실 왜곡에 대해서는 부정도 인정도 하지 않았으며 조치에 대한 언급 또한 끝내 없었다. 다만 앞으로는 이런 일이 또다시 일어나지 않아야 된다는 말을 끝으로 회의는 산회되었다.

이후 정부가 바뀌고 또 사람도 바뀌어서 회의에서 거론된 내용들은 흐지부지 돼 버렸지만 그래도 역사 왜곡과 같은 일은 또 다시는 발생하지 않을 것으로 굳게 믿고 있었다. 그러나 2017년에는 없었던 일로 하겠다고 했던 '기능경기 시스템 선진화 방안'의 용역보고서에서 비롯된 종합순위를 회원국이 임의로 정하는 황당무계한 비상식의 염려가 현실로 나타난 것이다.

✪ 역사가 자긍심의 원천이 되려면

대한민국은 비록 기능선진국의 반열에는 오르지 못했지만 자타가 공인하는 세계 최고의 기능강국으로 산업화를 꿈꾸는 개발도상국들의 롤 모델이 돼 왔음은 물론 종합우승도 가장 많이 한 나라다. 이런 기능강국에서 2015년 브라질 기능올림픽대회 '성과 뻥튀기'라는 언론보도와 네티즌의 공분까지 일으킨 것은 매우 충격적이다. 이처럼 기능올림픽에 대한 깊은 관심에서 비롯된 진실에 근거한 올바른 지적에도 불구하고 정부는 사실과는 다른 '해명과 설명'이라는 보도 자료를 통해 종합우승을 주장한 것이다.

또한 정부는 2017년 아부다비대회에 이어 2019년 카잔대회에서도

WSI 회원국들조차도 이해할 수 없는 종합순위를 임의로 산정하여 발표했다. 그리고 카잔대회 참가 전 발표와는 다르게 '우수선수 비율 지표'는 슬그머니 빼버린 것이다. 회원국 간의 정량적인 비교평가제도가 시행된 2005년 이후 결과발표에 대한 경기규칙의 본질은 전혀 바뀌지 않았다. 그럼에도 불구하고 한국은 역사와 전통에 빛나는 공인된 국제기능올림픽에서 2015년 '성과 뻥튀기'에 이어 2017년부터는 갑자기 회원국의 종합순위를 임의로 매겨 발표한 것이다. 게다가 비공식지표인 '우수선수 비율'을 1위를 한 2017년에는 공식지표로 발표하고 4위로 성적이 나쁜 2019년에는 비공식지표라고 제외하고 임의로 종합순위를 매겨 발표한 것이다.

카잔대회가 끝난 후 WSI CEO인 Mr. David Heoy로부터 나에게 보내온 우수선수 비율 지표가 2019년 카잔대회에서도 비공식지표임을 언급한 메일의 내용을 소개한다.

> 『"우수선수 비율에 의한 비교는 회원들에게만 제공되었습니다. 비공식적이며 다른 비교 방법으로 사용할 수 있습니다. 예, 공유할 수는 있지만 비공식적이라고 조언하십시오(The Comparison by High Performers was provided to the Members only. It is unofficial and can be used as another comparison method. Yes, you can share it but please ensure you advise it is unofficial)."』

이상 언급한 내용은 당시 한국의 언론사에서 기능올림픽에 관한 취재를 하면서 WSI에 결과발표 지표에 대한 확인 질문을 한 적이 있었다고 하는데, 아마도 WSI의 명예회원으로 우수선수 비율이 공식지표가 아니라고 조언해 달라는 뜻이 담겨져 있다고 볼 수 있다.

이상 언급한 정부의 '해명과 설명' 그리고 임의의 종합순위 산정 등은 진실 여부를 떠나서 기능한국 반세기 역사의 수치가 아닐 수 없다.

또한 기능인의 자긍심을 고취시켜도 부족한 판에 오히려 온갖 역경을 극복하고 당당하게 자기 직종에서 세계를 제패한 기능인들의 국위선양 쾌거와 기적으로 이룬 전설을 디스카운트시키고 기능한국의 신뢰를 떨어트리는 행위일 뿐이다.

한때 기능한국의 기술을 총괄했던 기술대표로서 그리고 WSI 명예회원으로서 무거운 책임감을 통감한다. 더욱이 기능한국은 WSI의 경기규칙과 원칙을 존중하고 준수해온 선도적인 국가임을 항상 자랑스럽게 여겨온 터라 앞서 언급한 사실과 다른 주장과 거듭되는 진실 왜곡의 파행은 심히도 개탄스러울 따름이다. 아마도 WSI 경기규칙의 결과발표 규정을 잘 알고 있는 전문가뿐만 아니라 관계자들도 같은 심정일 것이다.

그동안 한국은 매 국제대회마다 보고서(백서)를 통해 경기 내용 모두를 상세하게 기록해 오고 있다. 특히 비교평가 제도가 시행된 2005년 핀란드 헬싱키대회부터 2013년 독일 라이프치히대회까지는 WSI의 공식발표인 '토탈 메달점수'에 근거한 회원국의 종합순위를 일관되게 매겨왔다. 따라서 '성과 뻥튀기'와 거듭되는 진실 왜곡은 국민의 혈세로 작성한 한국위원회의 역대 보고서(백서)에 기록된 내용 확인만으로도 진실 여부는 명백하게 규명할 수 있는 사안이었다.

무엇보다도 무에서 유를 창조하고 산업화의 기적을 이룩하는데 핵심동력이 됐던 기능한국의 자랑스러운 역경의 역사는 우리 기능인들만의 차별된 자긍심이기도 하지만 대한민국의 자존심이다. 또한 불굴의 도전정신을 샘솟게 하는 원천으로 부가가치가 큰 우리만의 유일한 무형자산이다. 따라서 기능한국의 정통성을 계승해가는 일이야말로 기능선진국의 초석을 다지는 일이다. 잘못된 역사를 거듭된 거짓으로 덮으려는 것은 정말로 어리석은 행위일 뿐이다. 말로만 기능인 우대를 외치기보다는 거짓된 역사부터 바로잡는 것이 진정으로 기능인을 제대로 대우하려는 헌신의 자세일 것이다.

2005년부터 현재까지 경기규칙의 결과발표 규정도 바뀌지 않았음에도 불구하고 갑자기 종합순위에 대한 지침이 없어 임의로 회원국의 종합순위를 산정하여 발표하는지는 참으로 안타까운 일이지만 깊이 성찰해야 할 일이다.

많이 늦었지만, 정부는 국민 혈세로 작성한 자랑스러운 역사적인 보고서까지도 부정하고 또 비상식의 모순된 논리로 거짓을 덮기보다는 바로잡는 일대 혁신만이 진정으로 기능인을 위하는 용기 있는 헌신의 책무라는 사실을 결코 잊어서는 안 될 것이다. 잘못 낀 단추는 빨리 풀어서 다시 끼워야 한다. 이것이 추락한 기능한국의 명예와 정체성을 회복시키는 일이며 또 역사 앞에 떳떳할 수 있는 일이기 때문이다.

이상 언급한 내용들은 기능올림픽 정신이며 윤리인 '정직·공평·투명'에 입각해 오로지 진실검증(Facts Check) 차원에서 기능올림픽 '성과 뻥튀기' 논란과 임의로 종합순위를 매기는 등의 문제점을 반추해 본 것이다. 오직 바라는 것은 '한 사람을 오래 속이고 또 많은 사람을 일시에 속일 수는 있어도 영원히 속일 수는 없다'는 진리 위에 하루라도 빨리 바로서기를 바랄 뿐이다.

특히 '우리도 대한민국의 국가대표다'에서 기능올림픽의 평가 역사와 방법 등을 자세하게 다룬 것은 관계된 자를 탓하고 힘들게 하기 위해 의도한 것이 결코 아님을 밝힌다. 다만 국제기능올림픽이라는 특별한 국제조직의 경기규칙과 대회 결과 및 평가방법 등을 소개하고 공유하므로 불신도 해소하고 또 기능올림픽에 대한 깊이 있는 이해를 위한 자료 제공이 필요하다는 판단에서 비롯된 것이다. 따라서 쉽게 접할 수 없고 논란의 핵심에서 객관적인 내용만을 가감 없이 다루었다. 그리고 주관적인 생각은 모두 배제하고 오로지 사실에 근거하여 전문가의 입장에서 소개한 글이다.

비록 부족한 봉사였지만 30년 넘게 기능올림픽이라는 조직을 위해 헌신한 것을 자랑스럽게 여기는 사람으로서 잘못을 보고도 그냥 지나칠 수 없다는 고뇌 속에서 왜곡된 역사는 바로잡아야 한다는 공의를 위한 신념에서 글을 쓰게 되었다는 사실도 밝힌다. 이는 오로지 기능올림픽 한국기술대표를 지내고 또 WSI 명예회원으로서 사명과 책무임은 물론 기능한국과 기능인들을 위해 할 수 있는 가치 있는 봉사이며, 무엇보다도 기능한국의 자존심이 걸려있는 문제라고 생각했기 때문이다.

끝으로, 앞서 언급한 것처럼 기능올림픽의 역사가 과정의 거울처럼 볼 수 있을 때만이 기능한국의 자존심을 살리고 기능인들의 자긍심도 고취시킬 수 있다고 생각한다. 그리고 기능한국도 영원할 수 있다고 굳게 믿는다.

10

시급한 기능한국의 혁신

여기에서 다룬 내용은 기능한국의 정책과 운영 등을 지켜보면서 기능한국의 발전을 위해 혁신을 촉구했던 글이다. 비록 오래된 글도 있지만 기능한국이 나갈 100년을 위해 지금도 유효한 글임을 밝힌다. 특히 대한민국은 WSI의 전대미문의 기록을 세우면서 창립 이후 성공적인 반세기를 보냈다고 할 수 있지만, 새로운 반세기를 시작하면서 우려했던 일들이 현실로 나타나기 시작했다. 최근의 기능올림픽에서의 역사상 유례가 없는 기능한국의 추락은 지나친 성과제일주의에만 빠져 미래를 위한 혁신을 외면한 결과라고 하지 않을 수 없다.

지난 브라질대회부터 최근 대회까지 일어난 일은 기능한국의 총체적인 시스템의 난맥상【전문성 부재, 영속성 부재, 성과제일주의, 실종된 공직윤리, 님트(NIMT : Not In My Term) 신드롬 등】에서 비롯된 것으로 깊은 성찰이 필요할 뿐이다. 언론 등에 기고한 글은 결코 비난이 아닌 비판으로 기능한국의 발전을 위한 신념에서 비롯된 것으로 교육 현장은 물론 제조업 현장의 실상을 대변한 것이다. 기능선진국 실현을 위해서는 전문가의 쓴 소리는 물론 학교와 기업의 목소리를 외면하지 말고 올바르게 경청하여 민원의 고충을 해결하는 차별된 리더십이 그 어느 때보다도 절실하다. 올바른 비판을 비난으로 여겨서는 결코 발전에 이를 수 없다.

✖ 기능올림픽의 코리아 패싱

한국의 기능인들은 지난 2017년 10월 아부다비 기능올림픽에서 종합우승을 기대했던 국민의 여망에는 부흥하지 못했지만 값진 종합 2위를 했다. 이는 어려운 환경 속에서도 역경을 딛고 이룩한 선수들의 국위선양의 쾌거다. 아부다비대회의 특이한 점은 중국의 기능강국 등극과 종합 5위를 차지한 러시아의 신흥 기능강국으로의 부상이다. 중국은 2011년 런던대회 참가 이후 불과 3번째 참가에서 압도적인 기량으로 세계를 제패했다. 하지만 직업교육 선진국인 스위스는 기능 선진국다운 차별된 역량을 보여주었다.

황당무계한 임의의 종합순위 산정 발표

WSI(국제기능올림픽 조직위원회)는 이례적으로 중국(109점) 1위, 한국(88점) 2위, 스위스(81점) 3위라고 토탈 메달 점수(total medal points) 기준의 종합순위를 처음으로 홈페이지에 크게 할애해 결과를 발표(p.277, 그림 9-4 참조)했다. 그러나 정부는 중국(281점) 1위, 한국(279점) 2위, 스위스(272점) 3위라고 WSI 발표와는 다른 의아한 내용의 결과를 발표했다. 정부가 발표한 내용을 보면 WSI의 경기규칙 결과발표 규정에 따른 4개의 비교지표와 이번 대회에 비공식지표로 제공된 '우수선수 비율'이라는 지표 등 5개 지표를 조합해 임의로 종합순위를 산정 발표한 것이다.

이는 회원국들조차도 이해할 수 없는 황당무계한 결과발표로 '이현령비현령'의 모순된 논리다. 게다가 비공식지표인 '우수선수 비율'을 WSI의 공식지표라고 사실과 다른 발표까지 한 것이다. 정부의 발표대로 하면 종합 5위를 차지한 러시아 등 회원국의 종합순위가 크게 뒤바뀌는 황당한 모순도 생긴다.

아부다비대회에 참가한 한국의 국제심사위원은 "참혹한 성적을 가지고 돌아오게 되어 가슴이 답답하고 마음이 무겁다"고 솔직한 심경을 토로하였다. 한국은 '종합우승의 증후군'에 걸려 기능강국만 내세웠을 뿐 기능올림픽을 선도할 혁신은커녕 WSI의 경기규칙에 반하는 엉뚱하고도 고립된 독자행보만을 해온 것이다. 한마디로 '기능올림픽의 코리아 패싱'에 빠진 것이다.

국제심사장 한 명 없는 기능한국

기능올림픽의 코리아 패싱은 정체성 실종과 전문성 부재에서 비롯된 일이지만 실상은 더욱 심각하고 부끄럽다. 보여주기 식의 성과만을 추구해온 한국은 51개 직종 중 심사장 하나 없는 기능올림픽의 변방국가로 추락한 것이다. 심사장은 해당 직종을 총괄하는 핵심 자리다. 이번 대회에 스위스는 9명, 독일은 6명이 심사장으로 활동했지만 한국은 1999년 몬트리올 대회 이후 단 1명의 심사장도 배출하지 못했다. 게다가 42개 직종에 42명의 통역을 대동할 만큼 국제화 또한 미진하다.

또 TDA(기술대표 보좌역으로 차기기술대표가 되기 위한 훈련과정으로도 볼 수 있는 중요한 직책이다)는 기능올림픽 전문가를 육성하는 과정으로 회원국마다 2명까지 대동할 수 있으며 경기규칙에 자격조건이 국제대회 선수 출신 또는 국제심사위원 경력자로 엄격하게 제한돼 있다. 하지만 한국은 이런 규정까지 위반하고 자격 미달자를 TDA로 참가시켰다. 국익을 위한 조치였다는 궁색한 변명을 하고 있지만 국민의 세금을 쓰면서 파견된 자가 규정된 업무를 충실하게 수행했느냐하는 문제는 더욱 중요하다. 경기규칙에 따른 TDA로서 업무에 충실하지 않고 엉뚱하게 다른 일을 했다면 지탄을 받을 일이다.

아부다비대회에서의 종합 2위의 성적은 자업자득의 결과다. 참패의 원인을 신흥기능강국에 비해 턱없이 예산이 부족하다는 탓으로 돌리는 것도 설득력이 없는 주장일 뿐이다. 정작 기능선진국의 노하우를 배우는 일을 간과한 것은 깊이 성찰할 일이다. 우리와는 비교가 안 될 만큼의 적은 예산을 투입한 기능선진국 스위스는 직업교육의 본질에서 표출되는 역량으로 우리보다 3명이나 많은 11명의 챔피언을 배출시켰음을 잊어서는 안 된다.

한국이 기능선진국의 문턱을 넘지 못한 가장 큰 원인 중 하나는 직업교육의 본질의 혁신은 외면하고 지나친 현상만을 추구했기 때문이다. 시급한 것은 기능올림픽이 추구하는 보편적 이상을 실현할 시스템 구축을 위한 환골탈태의 혁신이다. 무엇보다도 자기 직종에서 온갖 역경을 딛고 당당하게 세계를 제패하고 국위를 선양한 기능인들에게 거듭된 진실왜곡으로 자긍심에 상처를 입힌 것은 참으로 안타까운 일이지만 결코 공직윤리와도 무관할 수 없는 일이다. "진실을 덮으려 시작된 거짓은 끝내는 스스로 진실을 증명하는 단서가 되는 법이다"라는 여류작가의 말처럼 스스로가 드러낸 진실조차 깨닫지 못하고 있는 것이 도무지 이해가 되지 않는다. 이처럼 WSI의 경기규칙까지 유린하고 진실을 왜곡한 것은 대오각성하고 바로잡아야 할 일이다.

▪ 50돌 맞은 기능한국의 과제

지난 1966년 1월 기능올림픽 한국위원회를 설립한 기능한국은 대한민국의 자랑스러운 자긍심의 원천이다. 특히 산업화의 기적을 이룬 차별된 역량으로 국내총생산(GDP) 10위권의 경제성장을 이끌었다. 다만 혁신을 간과해 기능선진국 반열에 들지 못하고 기능강국에만 머물고 있는 것이 안타까울 뿐이다. 50돌을 맞은 기능한국의 시급한 과제는 능력중심사회의 표상인 기능선진국 실현을 위한 혁신이다. 핵심은 만연된 편견의 타파, 직업교육의 정체성 회복, 숙련기술인 육성 그리고 국제사회에서 기능선진국의 리더 역할을 할 시스템 구축 등으로 집약할 수 있다.

기능선진국 실현은 선진제도 도입과 정책보다도 뿌리 깊은 기능 경시의 편견 문화 타파가 더 시급하다. 그동안 정부 정책이 실효를 거두지 못한 것은 단기성과에만 급급했기 때문이다. 임기응변 정책은 직업교육의 정체성 실종과 고교졸업자 10명 중 7~8명이 대학에 진학하는 대학만능주의를 야기했다. 기능한국의 자긍심인 기능올림픽도 직업교육 본질의 현상으로 표출돼야 한다. 현상만을 추구하는 기능강국은 진정한 국가경쟁력이 될 수 없다. 일부 기능인에게만 파격적인 우대를 하는 상황에서 기능강국을 목표로 하는 산업화국가의 기능인 우대제도 벤치마킹은 기능선진국의 정체성을 잊은 시대착오적 발상이다. 동유럽의 스포츠 강국이 스포츠 선진국이 되지 못한 이유를 살펴봐야 한다.

숙련기술은 국가경쟁력 창출의 보고다. 따라서 실적을 위한 기능강국보다 잠재된 재능을 경쟁력으로 키우는 인재육성에 집중해야 한다. 강점 있는 숙련기술인 육성을 위한 로드맵 구축으로 기능인에게 희망을 줘야 한다. 독일은 기능선진국으로 무한한 부가가치를 창출하고 있으며 메이드 인 저머니(Made in Germany)는 차별된 신뢰를 받고 있다. 이것이 기술자를 중시하는 마이스터(장인) 정신에서 비롯된 독일의 역량이다.

한국은 기능올림픽의 노하우를 시스템으로 구축하지 못해 강국다운 리더 역할을 못하고 있다. 지난 브라질대회를 여러 날 동안 동행 취재한 한 공영방송 기자의 '국제심사장조차 한 명도 없는 속 빈 강정과도 같은 기능한국의 위상이 창피했다'는 토로는 깊이 성찰할 대목이다.

2015년 박근혜 대통령의 브라질 방문을 계기로 기능올림픽의 노하우 전수를 자랑스럽게 여겼지만 한국은 브라질기능올림픽대회의 핵심 평가항목에서 브라질에 완벽하게 졌다. 한 국제심사위원은 "한국이 오히려 기술 전수를 받아야 할 입장인 것 같다"는 씁쓸한 말을 남겼다. 기능선진국도 아닌 상황에서 기능올림픽 기술 전수 양해각서 체결 몇 달도 안 돼 생긴 일이다. 국익창출을 위한 실적 내기의 성급한 기술전수의 실상이다.

가치 있는 국제사회 기여나 기술 전수도 차별된 기능선진국일 때 가능한 일이다. 실적이 목표인 기능강국만으로는 편견 문화를 타파하고 직업교육의 정체성을 회복시킬 동력을 얻기에 부족하다. 독일을 비롯한 기능선진국들은 언급한 우리의 혁신 난제를 제도로 정착시켜 미스매치의 국력 손실을 근본적으로 해결했다. 정책을 위한 정책으로 학벌만능주의를 심화시킨 제도를 혁신하지 않고는 능력이 중시되는 기능선진국 실현은 요원하다.

서울경제신문 2016년 1월 19일

■ 기능올림픽, 전문적 독립 기구 만들라

한국은 세계 최고의 기능강국이지만 기능강국이 해야 할 글로벌 리더로서의 역할을 전혀 못하고 있다. 한마디로 메달만 따는 속 빈 강정의 기능강국일 뿐이다. 국제기능올림픽위원회의 임원은 물론 국제 심사장조차 한 명도 없다. 이는 혁신을 외면한 기능올림픽한국위원회 조직의 모순 때문이다.

국제기능올림픽위원회는 기술대표 1인과 행정대표 1인 등 2명이 각 회원국을 대표하고 있다. 한국의 기술대표는 기능올림픽에 정통한 기술전문가를 행정대표가 임명해 비상임직으로 봉사하고 있지만, 기술대표를 행정대표가 임명하는 것도 모순이다. 행정대표는 그동안 한국산업인력공단 이사장이 국제기능올림픽대회 한국위원회 회장을 겸하고 있었다.

이유는 알 수 없지만 최근에는 기능올림픽한국위원회 회장과 행정대표를 한국산업인력공단 이사장과 상임이사가 나눠 맡게 바꿨지만, 능력 있는 관료 출신이라 하더라도 기능올림픽에 정통한 회원국 대표들과의 교류에는 전문성의 한계가 있는 건 마찬가지다. 또 공공기관 임원 임기가 2~3년임을 감안하면 영속성은 더욱 기대할 수 없다.

늦었지만 독립된 기구의 기능올림픽한국위원회를 만들어 기능강국의 위상을 정립해 국가 브랜드 가치를 높여야 한다. 한국이 기능올림픽의 역량을 국가 경쟁력으로 승화하지 못한 것은 기능강국의 노하우를 시스템으로 구축하지 못했기 때문이다. 한국위원회 직원도 순환보직이라 전문가가 육성될 수 없다. 국제대회 때마다 기업 지원에 크게 의존해야 하는 대표선수만을 위한 임기응변적 시스템 운영을 되풀이해온 것이다.

주객이 전도돼 '기능올림픽 선수촌'을 차지한 '글로벌숙련기술센터'도 기능올림픽한국위원회 중심으로 개편돼야 한다. 정부가 선수촌을 세우며 기능올림픽을 주도할 기능강국의 내실을 다질 인프라 구축과 기능올림픽의 글로벌 리더로 가치 있게 기술을 전수하여 국제사회에 기여하겠다고 기능인들과 약속했지만 건립 취지는 퇴색된 지 오래다.

전문성과 영속성이 요구되는 기능올림픽에서 정통한 전문가가 없으면 손해를 볼 수밖에 없다. 이제라도 기능올림픽의 보편적 이상을 실현할 전문가 중심의 시스템 구축을 촉구한다. 말로만 외치는 관료 출신 비전문가보다는 가슴으로 헌신하는 전문가의 열정이 더 국가를 위하는 길이기 때문이다.

조선일보 2014년 5월 21일

■ 기능한국의 부끄러운 역사

성과주의 빠진 한국위원회
브라질기능올림픽 성적 왜곡
신뢰 회복 위해 바로잡아야

"부끄러운 1등보다 떳떳한 2등이 자랑스럽다." 이는 한국 기능사의 수치스러운 왜곡을 우려한 기능인의 목소리다. 한국은 지난해 브라질 기능올림픽에서 종합순위를 결정하는 통상적 기준인 종합 메달 포인트에서 97점을 획득해 105점을 얻은 브라질에 져 종합 2위를 했다. 그러나 고용노동부와 한국산업인력공단은 순위 결정과 무관한 비교지표인 평균 메달 포인트와 평균 스코어가 1위이고 금메달 수가 브라질보다 많다는 것을 내세워 종합우승을 했다고 발표했다. 이는 '성과 뻥튀기'라는 국민적 지탄을 불러왔다.

기능올림픽의 국가별 종합순위는 스포츠올림픽처럼 지난 2003년까지는 금메달 우선순위로 해왔으나 2005년부터 정량적 평가방법인 종합 메달 포인트 제도가 도입됐다. 종합 메달 포인트는 참가 직종에서 획득한 금(4점), 은(3점), 동(2점), 우수(1점)를 합한 점수로 국가별 종합순위를 결정하는 통상적 기준으로 한국은 종합점수·종합순위 등으로 표기하고 적용해왔다. 기능올림픽조직위원회(WSI)는 종합 메달 포인트 외에도 세 가지 비교지표를 발표하지만 이는 종합순위와 무관한 회원국의 직업교육을 위한 참고자료일 뿐 한국은 결코 종합순위 결정에 반영한 적도 없고 반영할 수도 없는 지표다.

우리나라는 기능올림픽대회마다 보고서(백서)를 작성해 배포해왔다. 특히 입상성적에 관한 한 종합 메달 포인트를 기준으로 참가국 10위까지의 종합순위는 물론 직전 대회 순위까지도 비교 평가하고 있다. 한국은 2005년 핀란드대회부터 종합 메달 포인트를 기준으로 국가별 종합순위를 일관되게 매겨왔다.

이런 명명백백한 사실에도 불구하고 당시 "한 가지 기준으로 우승국을 발표하지 않는 WSI의 방침에 따라 한국위원회는 2007년 이후 관행대로 금메달 수와 4개 지표 결과를 종합해 종합우승이라고 발표했다"고 황당무계한 주장을 한 것이다. 이 주장은 역대 보고서와 극명하게 다르다. 특히 2007년 보고서의 '국가별 종합순위(total medal points) 1위'라는 기록 등이 황당함을 대변할 뿐이다. 역대 보고서를 부정하는 자기모순은 성과 뻥튀기에 빠진 한국위원회의 전문성 부재에서 비롯된 일로 대국민 기만행위다. 하지만 관계자들은 종합우승 공적으로 정부 포상까지 받았다.

고용부와 산업인력공단의 주장대로 종합우승이라고 발표한 근거가 사실이라면 산업인력공단은 지금까지 국민 혈세로 엉터리 보고서를 작성한 것이 된다. 종합우승이 거짓이라는 여론이 들끓자 산업인력공단 이사장은 중요한 것은 논란에 대한 해명이 아닌 기능인의 사기라는 입장을 언급한 바도 있다. 논란의 본질을 호도한 발언이다.

공공기관이 자기모순에 빠진 것도 놀랍지만 막강한 조직력을 통한 왜곡된 해명과 기능한국의 역사적 기록까지 모호하게 바꾼 일련의 조치 등은 국민의 신뢰를 저버린 행위다. 또 최근에는 보고서에 언급한 '조직위원회 공식 발표에 따름'을 무시하고 거짓을 정당화하기 위한 종합우승 규정까지 만들었다니 기가 찰 노릇이다.

성과 뻥튀기가 아니라면 각 직종에서 당당하게 세계를 제패한 기능인의 국위선양 쾌거를 평가절하시키면서까지 종합우승을 주장하는 이유를 묻고 싶다. 한국은 종합우승에만 몰두했을 뿐 아직도 기능올림픽이 추구하는 보편적 이상을 실현할 시스템을 구축하지 못한 속 빈 강정 같은 기능강국일 뿐 기능선진국 반열에도 오르지 못하고 있다.

창립 반세기를 맞은 기능한국의 시급한 과제는 전문성 부재로 실종된 정체성의 회복을 위한 시스템 혁신이다. 혁신은 왜곡된 사실을 바로잡고 기능인의 자긍심과 명예 회복을 위해서도 절실하다. 성과 뻥튀기는 능력중심사회의 표상인 기능선진국의 실현은커녕 헛된 꽹과리 소리에 불과할 뿐이다. 거짓은 정당화될 수 없을 뿐 아니라 오래속일 수도 없음을 잊어서는 안 된다.

서울경제신문 2016년 10월 17일

▪ 2019년 카잔대회의 성찰

한국은 러시아 카잔에서 열린 제45회 기능올림픽대회에서 1971년 스페인 히온에서 열린 제20회 대회에서 종합 4위를 한 이후 48년 만에 종합 3위라는 가장 저조한 성적을 기록했다. 비록 목표로 했던 종합우승은 못했지만 그래도 이 결과는 만연된 학벌만능주의 속에서 기능경시와 멸시의 편견을 딛고 이룩한 값진 국위선양이며 기능인의 역경의 땀방울이다. 이번 카잔대회는 2017년 아부다비대회에서 기능강국으로 등극한 중국의 굳건한 종합 1위 수성과 주최국의 이점을 살린 러시아의 종합 2위의 부상이다. 56개 직종이 겨뤄 무려 절반이 넘는 30명의 챔피언을 중국과 러시아가 휩쓸 정도의 압도적인 기량을 발휘한 대회다.

이번 대회의 성적을 관행적인 종합순위 기준인 총 메달점수로 보면 1위 중국 133점(금 16, 은 14, 동 5), 2위 러시아 101점(금 14, 은 4, 동 4), 3위 한국 76점(금 7, 은 6, 동 2), 4위 대만 68점(금 5, 은

5, 동 5), 5위 브라질 62점(금 2, 은 5, 동 6), 6위 스위스 60점(금 5, 은 5, 동 6)을 기록하고 있다. 또 비공식지표로 발표한 '우수선수 비율'지표를 보면 1위 중국 71%(40/56), 2위 스위스 54%(21/39), 3위 러시아 52%(29/56), 4위 한국 51%(24/47), 5위 대만 44%(20/45)로 이 결과는 경기 내용의 모든 분야에서 참패를 한 기능한국의 추락을 여실히 보여준 것이다.

이번 대회에서 한국은 배관, 웹디자인 및 개발, 동력제어, 제과, 냉동기술, IT네트워크시스템, 철골구조물에 모두 7개의 금메달리스트를 배출했다. 이 중에서 현대중공업(배관, 철골구조물)과 삼성중공업(동력제어, 냉동기술)은 각각 2개씩 모두 4개의 금메달을 획득하므로 종합 3위에 견인차 역할을 했다. 역대 대회와 마찬가지로 이번에도 현대와 삼성의 대표선수 집중 육성과 후원이 그래도 기능한국의 체면을 세워줬다고 할 수 있다.

성급한 기술 전수 MOU 체결

최근 신흥기능강국으로 등극한 브라질과 중국은 불과 수년 전만 해도 우리가 기술 전수를 한다고 했던 나라들이다. 특히 2015년 브라질 대회에서는 대회 직전 기술 전수 MOU까지 체결했지만 브라질에게 완벽하게 졌다. 그동안 관행적 종합순위 기준으로 종합 2위를 차지하는 결과를 초래한 것이다. 이제는 우리가 오히려 전수를 받아야 할 처지로 전락한 것이다. 기능선진국의 기반도 갖추지 않고 기능강국만을 내세워 성급한 기술 전수를 내세웠던 것이다. 결코 국익에도 도움이 되지 않는 섣부른 정책으로 기능인은 물론 국민들에게까지 큰 실망을 줬을 뿐이다.

한국은 러시아 카잔대회를 위해 TF팀까지 갖춰 대회를 준비했지만 결과가 말해주듯 총체적인 기능한국의 난맥상만을 그대로 드러낸 처참하게 추락한 기능한국의 내면의 실상만을 여실히 보여줬을 뿐이다.

경기력 향상을 위한 노력보다도 하지 않아도 되는 일에 집착해 부족한 예산만을 낭비한 것이다. 이런 환경 속에서 합동훈련의 효과를 기대했던 자체가 무리일 뿐이다. 합동훈련에 참가한 대표선수는 "이렇게 훈련을 시키려고 합동훈련을 했느냐"고 억울함을 호소했다고 한다. 자율도 좋지만 훈련을 선택해서 받게 하고 용감한 병사가 육성될 수는 없다.

지난 2007년 시즈오카대회를 준비한 드레스메이킹 직종 이성순 대표선수의 합동훈련 기간 중 '나의 각오'는 "결과는 과정의 거울이다"이었다. 이성순 선수는 혹독한 훈련을 이겨내고 마침내 세계를 제패해 국위를 선양했다. 대표선수의 '나의 각오'처럼 한국은 오늘의 기능한국의 추락 원인에 대해 브라질대회부터 카잔대회까지의 과정에 대해 정직하게 반추해 봐야 한다. 진정으로 대표선수 육성을 위한 차별된 정책을 폈는지 뼈아픈 성찰을 해야 할 것이다.

'기능올림픽 결과와 보고서'가 주는 의미

WSI는 카잔대회의 결과를 발표하면서 2005년부터 회원국의 지표별 랭킹을 매기는 비교평가 제도를 도입한 이후 '기능올림픽 결과와 보고서(Worldskills Results and Reports)'를 통하여 4가지 핵심 비교지표인 총 메달점수, 평균 메달점수, 총 점수, 평균점수를 비롯하여 모든 지표에 대해서도 정의를 했다. 종합순위를 결정하는 기준을 설명한 것을 비롯하여 모든 결과발표 지표에 대해 언급한 것이다. 정부가 WSI의 종합순위 산정에 대한 지침이 없다는 이유를 내세우고 있지만 이는 설득력이 없다.

무엇보다도 '기능올림픽 결과와 보고서'의 내용을 보면 총 메달점수를 제외한 3가지 지표는 회원국 자신이 획득한 결과를 설명하는데 사용하거나 규모가 다른 회원국 간의 기술력 비교에 의미가 있음을 언급하고 있다. 특히 총 점수는 많은 직종에 선수가 참가한 국가가 총점수의 랭킹은 1위가 된다고 설명하고 있다. 또 지표를 자세히 분석해 보면 한 직종에만 참가한 국가의 선수가 금메달을 획득하면 평균점수와 평균 메달점수의 랭킹은 당연히 1위가 된다는 것을 확인할 수 있다. 따라서 그동안 관행적 기준이 돼왔던 총 메달점수가 유일한 종합순위임을 밝힌 것으로 볼 수 있다.

한국은 여타 기능선진국처럼 2005년부터 2013년까지 총 메달점수 기준의 종합순위를 매겨왔다. 하지만 갑자기 2017년부터 WSI의 종합순위 산정 지침이 없다는 이유로 다른 회원국들의 순위를 한국이 임의로 매기는 규정을 만든 것이다. WSI는 2017년과 2019년에 '우수선수 비율'이라는 비공식지표를 발표했다. 한국은 이 지표에서 2017년에는 1위를 하고 2019년에는 4위를 했다. 그러나 한국은 2017년에는 WSI 공식지표라고 발표하고 2019년에는 발표하지 않았다고 한 것이다. 2019년 카잔대회 출정에 앞서 정부는 WSI의 종합순위 지침이 없어 '우수선수 비율'을 포함하여 5개 지표로 종합순위를 매긴다고 발표한 바 있다.

한국은 2019년에 4위를 한 우수선수 비율은 불리해서 **뺀** 것으로밖에 볼 수 없다. 한국이 임의로 만들어 발표한 종합순위 산정 결과를 보면 WSI 공식발표인 총 메달점수로 5위를 한 브라질을 6위라고 하고 있다. 반면에 총 메달점수로 6위를 한 스위스를 5위라고 발표했다. 이처럼 전통을 자랑하는 국제대회 결과를 회원국이 임의로 종합순위를 매기는 것은 있을 수 없는 코미디다. 이런 사실을 관련 회원국이 알게 된다면 매우 불쾌할 것은 물론이고 WSI도 크게 놀랄 일이다.

한국은 이번 대회의 참패 원인을 한결같이 예산부족 탓으로 돌리고 있다. 예산문제라면 먼저 기능선진국들의 실상을 살펴볼 필요가 있다. 항상 유럽의 최고 국가라는 수식어를 붙이는 스위스는 크게 막대한 예산을 들이지 않고도 직업교육의 본질에서 표출되는 역량으로 2017년에는 우리보다 3명이 많은 11명, 그리고 2019년에는 5명의 챔피언(금메달 수상자)을 배출시켰다. 스위스는 별다른 합동훈련이나 전지훈련도 하지 않고 얻은 결과다.

또한 스위스는 국제심사장만 보더라도 2017년에 9명 그리고 2019년에 6명이 WSI에서 활동했다. 한국은 1999년 몬트리올대회 이후 2019년 대회까지 단 1명의 심사장도 배출하지 못했음은 물론 47개 직종에 47명의 통역을 대동할 만큼 국제화 또한 미진하다. 아부다비와 카잔대회에서의 참혹한 결과는 예견된 일이다. 정작 경기력 향상을 위한 혁신은 외면하고 국민 혈세를 낭비하면서까지 '기능경기 시스템 선진화 방안'이라는 명분으로 종합순위를 임의로 정하는 등의 엉뚱한 일에만 몰두했다. 기능선진국의 노하우를 배우기보다는 신흥 기능강국에 비해 턱없이 예산이 부족하다는 탓만 해왔다. 합동훈련을 한 것이 중요한 것이 아니라 어떻게 했느냐가 더 중요하다.

이상의 언급한 내용은 기능한국이 깊이 성찰해야 할 일이다. '성과 뻥튀기'에 이은 거듭된 임의의 회원국 종합순위 산정 발표 그리고 WSI의 경기 규칙과는 다르게 결과발표 지표까지 마음대로 적용한 것 등은 한마디로 거짓말에 거짓말을 보태는 이와전와(以訛傳訛)의 실상을 보는 듯하다. 거짓은 또 다른 거짓만을 낳을 뿐 진실을 덮을 수 없다. 정보의 민주화 시대에 더구나 기능강국인 대한민국에서 이런 일이 일어났다는 것이 믿어지지 않는다. 이는 모두가 기능한국의 총체적인 시스템 난맥상에서 비롯된 일이지만 환골탈태의 강도 높은 자기혁신만이 절실할 뿐이다. 혁신은 추락한 기능한국의 신뢰 회복은 물론 기능선진국 실현을 위한 기능한국 100년을 내다보는 유일한 희망이기 때문이다.

N&Times 2019년 9월 24일

■ 기능인 섬기는 참 리더십 보고 싶다

'국회 환경노동위원회 의원 4명, 한국산업인력공단 돈으로 해외출장 논란'이라는 언론 보도는 연초부터 달갑지 않은 소식이다. 지난해 10월 국정감사를 앞두고 피감기관인 한국산업인력공단(기능올림픽 한국위원회) 예산으로 아부다비 국제기능올림픽대회에 다녀온 국회 의원의 행보를 두고 하는 말이다.

국회의원의 기능올림픽 참석은 비단 2017년 대회만은 아니다. 종합우승한 게 맞느냐는 논란이 일어난 2015년 브라질대회 때도 여야 국회의원이 대거 다녀왔다. 당시 기능인들의 "부끄러운 1등보다 떳떳한 2등이 자랑스럽다"는 목소리에도 불구하고 고용노동부와 한국산업인력공단은 자기모순을 해명하고자 진실을 호도했다. 또 2017년에는 국제기능올림픽조직위원회(WSI) 공식결과 발표와도 다르고, 여타 기능올림픽 회원국조차도 이해할 수 없는 내용을 WSI 공식결과처럼 발표했다. 역사와 전통을 자랑하는 국제대회에서 임의로 회원국이 황당무계한 기준을 만들어 종합순위를 정하는 것은 난센스일 뿐만 아니라 기능한국의 수치다.

이처럼 기능인의 자긍심에 상처를 주고 또 자랑스러운 기능한국 역사를 부끄럽게 한 일 모두가 국회의원들이 현장까지 가서 실태를 점검한 2015년 브라질대회와 2017년 아부다비대회에서 일어난 것이다. 국회의원 방문단이 기능올림픽대회 운영 실태를 점검하며 팩트 체크를 제대로 하지 않았다면, 외유성 출장이라는 논란을 불러일으킬 수 있는 충분한 이유가 될 것이다. "국민권익위원회로부터 청탁방지법에 위배되지 않는다는 답변을 받아서 다녀왔다"는 출장의 정당성에 관한 설명도 필요하겠지만 어떻게 기능올림픽 운영 실태를 점검했느냐가 더 중요하다.

한국이 기능선진국 문턱을 넘지 못하고 기능강국 자리마저 중국에 빼앗긴 것은 참으로 안타까운 일이다. 신흥기능강국으로 부상한 브라질과 중국은 불과 수년 전까지만 해도 우리가 기술을 전수한다고 했지만 이제는 반대 처지로 추락한 것이다. 기능한국의 추락은 예견된 일이지만 이런 상황에까지 이른 것은 지나친 성과주의에서 비롯됐다. 종합우승을 추구해 기능올림픽의 코리아 패싱에 빠졌기 때문이다.

이처럼 한국은 브라질대회 이후 경기력을 향상하기 위한 노력보다는 오히려 왜곡된 역사를 정당화하는데 더 몰두했다. 기능선진국 노하우를 배우기보다는 신흥 기능강국에 비해 턱없이 예산이 부족하다는 탓만 해왔다. 국회의원 출장비용과 거짓을 정당화하기 위한 '기능경기 시스템 선진화 방안'이라는 용역 보고서 등에 많은 예산을 할애한 것도 납득할 수 없는 일이지만, 우리와는 비교가 안 될 만큼 적은 예산을 투입한 기능선진국 스위스가 직업교육의 본질에서 표출되는 역량으로 우리보다 3명이나 많은 11명의 챔피언을 배출한 것을 똑똑히 보고도 예산을 탓하는 것은 책임 회피에 불과하다.

"기능인 양성에 투자해 기능올림픽 종합우승을 되찾아 오겠다"는 김동만 한국산업인력공단 이사장의 의지는 환영할 일이지만 기능한국의 구조적 모순과 실상을 제대로 파악하는 것이 더 중요하다. 신흥 기능강국들이 추구하는 기능강국과 우리 목표인 기능선진국은 크게 다르다. 능력중심사회는 실적만을 추구하는 기능강국이나 종합우승만으로 실현되는 것이 결코 아니기 때문이다. 정작 시급한 것은 기능올림픽이 추구하는 보편적 이상을 실현할 수 있는 시스템을 구축하는 환골탈태의 혁신이다. 기능한국의 잘못된 역사를 바로잡고 실종된 정체성을 회복하는 게 더 중요하기 때문이다.

무엇보다 성과주의와 공직자의 탐욕에서 비롯된 잘못을 덮어주기보다는 분노를 느끼는 참 리더십이 진정으로 기능인을 위하는 길임을 잊어서는 안 된다. 늦었지만 머리보다는 가슴으로 기능인과 기능한국의 미래를 생각하는 섬김의 정책이 수립되고 또 실천되길 기대한다.

매일경제신문 2018년 2월 22일

■ 원전 수출에 빛을 발한 '기능강국'

원전 강국들과 아랍에미리트(UAE) 원전 수주 경쟁이 한창이던 작년 12월 4일 정부관계자로부터 전화 한 통을 받았다. 협상 과정에서 UAE측이 부가적으로 기능 인력 양성을 비롯한 기능올림픽 선수훈련 등의 기술 협력을 요청하면서 이틀 후 아부다비에서 열리는 개방협상 테이블에 기능올림픽 한국기술대표와 공식대표를 초청한다는 내용이었다. 그리고 대통령까지 나서서 총력전을 펼치고 있는 국가적 중대사업에 '기능강국' 코리아의 역할을 당부했다. 특히 UAE 과학기술고(IAT) 총장을 비롯한 정부관계자들이 산업인력 양성 전반에 걸쳐 기술협력을 요청한 것이다. IAT는 UAE의 왕족이 운영하는 과학영재학교다.

UAE가 '기능강국' 코리아를 벤치마킹하고 기술협력을 요청한 것은 가슴 벅찬 일이다. 우리의 노하우를 배우려는 이면에는 자원 고갈에 대비한 UAE의 국가적 전략이 있는 듯하다. 한국이 세계 최하위의 빈곤국가에서 산업화의 역경을 성공적으로 이룩하고 21세기 지식기반 사회를 선도하는 국가가 됐음을 입증하는 사례다. 이는 오로지 역경의 시기에 오늘의 강점을 키워온 기술기능인들의 한결같은 노력의 결과다. UAE는 지난해 제40회 캘거리 국제기능올림픽대회에 메카트로닉스와 웹디자인 등 8개 직종에 참가했다. 성적은 메달 포인트를 기록하지 못한 8개국과 더불어 참가국 중 공동 최하위를 한 실력이지만 산업인력 양성만큼은 남다른 관심을 보이고 있는 나라다.

우리는 수년 전부터 회원국 상호협력 프로그램의 일환으로 인도, 베트남, 인도네시아 등 회원국에게 기술을 전수하고 있다. 또한 산업화의 기반을 다지고 있는 브라질을 비롯한 여타 회원국들도 '기능강국' 코리아의 발전 노하우를 벤치마킹하고 있음은 매우 고무적인 일이다. 하지만 훈련센터 하나 없는 기능강국의 시스템 실체는 너무나도 초라하다. 직업교육 메카가 될 수 있는 기회도 제대로 살리지 못하고 있다. 무엇보다도 기능강국의 강점을 살릴 시스템화가 절대 필요하다. 지금까지 우리의 강점을 국가 브랜드화하는 투자와 노력은 소홀했다. 금메달 획득만이 목표의 전부였다. 기능강국에서 비롯되는 무형의 소프트웨어는 더 가치가 있는 국가 브랜드다.

이제 한국은 대내외적으로 명실상부한 기능선진국의 역할을 할 수 있는 시스템을 구축해야 한다. 정부는 작년 캘거리 기능올림픽 종합우승 직후 기능진흥을 위한 '국제기능센터'를 설립해 기능올림픽 선수촌으로도 활용할 것이라고 발표했다. '국제기능센터' 설립은 기능강국에서 기능선진국으로 그리고 배우는 나라에서 가르치는 나라로 더욱 굳건히 설 수 있는 대외적 기반을 다지는 일이다. 이는 기능선진국이 해야 할 시대적 사명이며 국가의 품격을 갖추는 사업이기도 하다. 안으로도 기능강국의 역량을 국가 성장동력으로 흡수해 제조업 강국인 기능선진국을 만들어야 한다. 일부 대기업이 정부와 기능장려 협약을 맺어 기능올림픽 입상자를 특별 채용하고 있는 것이나 우수 기능인을 공무원으로 채용하는 계획도 기능선진국을 다지는 초석이다. 채용만으로 그치지 말고 제대로 대우해 부가가치가 큰 전문가로 키워야 한다.

원자력 연구개발 50년의 짧은 역사에도 불구하고 원전 수출을 이뤄낸 것은 우리만의 강점이 있었기 때문에 가능한 일이다. 과학기술이 바탕이 된 가치 있는 많은 협력 사업이 UAE의 마음을 더욱 사로잡은 것이다. 특히 '기능강국' 코리아가 원전 수주에 빛을 발한 것은 국가경쟁력이며 값진 국위선양이다. 기능인재가 국가경쟁력이며 기능강국이 국가 브랜드임을 확인해 준 기분 좋은 실례다. 이제 기능강국의 역량을 시스템으로 결집해 명실상부한 기능선진국이 돼 많은 국가사업에 더 크게 빛을 발할 수 있게 해야 한다. 이것이 선진국을 다지는 품격이다.

N&Times 2010년 12월 28일

■ 기능강국의 국가 브랜드화

필자가 지난 2010년 10월 자메이카에서 열린 국제기능올림픽 총회에서 차기 총회 한국 유치를 위해 활동하던 때의 일이다. 회원국 대표들이 방문한 킹스턴 소재 직업학교 책임자로부터 특별히 시간 할애를 요청해 한국의 기술교육 전수를 위한 조건을 진지하게 논의한 적이 있었다. 유럽의 전통적 기능선진국보다도 한국의 기술교육에 관심을 갖는 것은 기분 좋은 일이다.

기능올림픽 제패에도 브랜드화 소홀

2015년 국제기능올림픽대회 개최국인 브라질을 비롯한 산업화의 기반을 다지려는 많은 회원국이 기능강국 코리아를 벤치마킹하는 점도 고무적이다. 이는 세계 최하위의 빈곤국가에서 탈출한 성공 노하우를 배우기 위함이다. 한국은 1967년부터 근 반세기 동안 국제기능올림픽대회에서 통산 18번의 종합우승과 더불어 535명의 우수한 입상자를 배출했다. 이는 어떤 기능선진국도 이루지 못한 위대한 쾌거로 세계가 인정하는 기능인재를 가장 많이 육성한 것이다. 그러나 이를 국가 경쟁력으로 승화시킬 수 있는 기능강국의 국가 브랜드화는 하지 못했다. 회원국 상호협력 프로그램 일환으로 인도·베트남·인도네시아·아랍에미리트(UAE) 등에 기술을 전수한 바 있지만 글로벌 기능강국으로서 선도하는 역할은 결코 하지 못했다. 또 망국병 학벌 만능주의를 타파할 강력한 동력도 되지 못했다.

지금까지 우리의 기능올림픽 참가는 우승만이 목표의 전부였다고 해도 과언이 아니다. 세계 제패의 강점을 국가 브랜드화해 유·무형의 부가가치를 창출하려는 노력이 없었던 것이다. 기능인의 숙원이었던 기능올림픽 선수촌이 건립은 됐지만 아직도 기능올림픽이 추구하는 보편적 이상조차 실현할 시스템을 구축하지 못하고 있다. 이는 건립 취지를 살리지 못한 것은 물론 기능올림픽의 메카가 될 수 있는 강점을 스스로 포기한 것이다. 선수촌을 차지한 현재의 숙련기술 관련 사업이 가치 있는 국력 신장 사업이기는 하지만 기능강국의 인프라 구축 없이는 시너지 효과를 낼 수 없다. 개발도상국을 위해 각 기관별로 다양하게 펼치는 직업교육 사업도 기능강국의 국가 브랜드화를 토대로 계획된 전략에 맞춰 전개할 필요가 있다.

글로벌 직업교육 등 체계적 전략 필요

한국은 세계에서 가장 얇은 TV, 가장 큰 배, 또 가장 높은 건물을 짓는 세계 최고의 기술력을 지니고 있지만 건국 이후 기능올림픽대회만큼 확실하게 세계를 제패하고 국위를 선양한 분야가 일찍이 없었음을 간과해서는 안 된다. 이것은 우리의 '온리원(only one)' 강점이다. 기능강국의 국가 브랜드화는 품격 있게 국가경쟁력을 높일 수 있는 부가가치가 큰 사업이다. 배우는 나라에서 가르치는 나라가 된 우리만의 차별화된 글로벌화 강점이다.

늦었지만 이제라도 글로벌 기능강국의 역할을 선도할 시스템 구축을 촉구한다. 우리에게는 국가 브랜드화에 기여할 535명의 다양한 분야의 기능올림픽 입상 경력이 있는 최고의 기술 인력도 확보돼 있다. 문제는 기능강국 역량을 조화롭게 연출할 시스템 구축이다. 기능강국의 강점을 시스템화하지 못한 것도 한국이 기능선진국 반열에 오르지 못한 이유 중 하나다. 기능강국의 국가 브랜드화는 밖으로는 국력신장이며 안으로는 능력중심사회 실현을 위한 초석이다. 학벌만능주의 타파와 능력중심사회 실현의 강력한 동력이 기능강국의 브랜드화에 있다는 사실도 결코 잊어서는 안 된다.

N&Times 2014년 7월 16일

■ 숙련기술인 육성 로드맵 필요

우리나라는 아직도 기능인에 대해 편견을 가진 탓에 능력보다 학벌을 더 중시한다. 때문에 기능강국의 뛰어난 역량이 제조업의 성장동력이 되지 못하고 있다. 능력중심사회를 실현하기 위해 학벌 중시 정서는 반드시 타파해야 할 국가적 난제다. 지난 3월에 발표한 한국직업능력개발원 자료에 따르면 특성화고는 476개교에 33만 7499명, 마이스터고는 21개교에 1만 2886명의 학생이 재학 중이다. 마이스터고교생은 전체 특성화고교생의 3.67%에 해당한다. 실업계 고교에서 전문계고와 특성화고, 그리고 특목고인 마이스터고 출현에 이르기까지 그 본질은 산업인력 육성에 있다.

따라서 특성화고가 본질에 충실해야 능력중심사회의 초석이 된다. 자칫 마이스터고로 인해 상대적으로 위축될 수 있는 절대 다수의 특성화고교생들도 산업인력 육성의 큰 틀에서 보면 숙련기술인으로 키워야 할 소중한 자산임을 잊어서는 안 된다. 특수 목적의 마이스터고 육성도 중요하지만 다양한 분야의 기능인 육성이 더 시급하기 때문이다.

무엇보다 특성화고 졸업생이 숙련기술인으로서 안정된 생활을 할 수 있다는 희망을 갖게 할 시스템을 갖춰야 능력중심사회는 실현된다. 2011년부터 시행되고 있는 숙련기술장려법은 숙련기술인에게는 희망이 되고 있지만 법이 정의하는 숙련기술인과 최고의 숙련기술인인 대한민국 명장 육성정책은 결코 아니다. 포상과 같은 장려정책도 좋지만 우수한 젊은 기능인을 산업현장으로 끌어들일 수 있는 숙련기술인 육성을 위한 로드맵의 구축이 더 절실하다.

마이스터고도 특목고임을 감안하면 자동차, 조선, 전자, 발전설비 같은 기간산업의 기반이 되는 원천기술인 주조, 금형, 소성가공, 표면처리, 열처리, 용접 등 6대 뿌리기술 중심의 인력 육성에 집중할 필요가 있다. 현재 뿌리산업은 3D산업으로 전락해 있지만 이는 뿌리산업의 무한한 역량의 강점을 간과한 정책에서 비롯된 것이다.

일찍이 뿌리기술의 중요성을 깨닫고 숙련기술인을 체계적으로 육성해 온 독일이나 일본은 세계 경제 침체에도 불구하고 마이스터 정신과 모노즈쿠리의 자존심으로 제조업의 경쟁력을 이끌고 있는 현실이 잘 증명하고 있다. 이들 숙련기술인은 '넘버원'이 아닌 '온리원'을 추구하는 자기만의 강점을 지니고 있다. 경쟁력의 핵심은 숙련기술인의 강점에서 나온다. 강점은 재능, 기술, 지식 등의 조화에서 표출하는 극한의 능력을 발휘하는 노하우다.

기능인을 위한 기본교육이 특성화고에 있다면 숙련기술인과 명장 육성은 기업과 국가가 감당해야 할 몫이다. 본질을 외면한 임기응변식 정책만으로는 결코 숙련기술인을 육성할 수 없다. 우수한 젊은 기능인을 숙련기술인과 명장으로 육성하지 못하는 것은 경쟁력의 손실이며, 이것은 기능강국이 기능선진국이 되지 못하는 이유다. 말뿐인 기능인 우대보다도 능력대로 대우받는 기능선진국은 기능인뿐 아니라 국민 모두의 바람임을 잊어서는 안 된다.

매일경제신문 2012년 9월 24일

■ 개도국 지원, 가치 있는 전략 필요하다

G20 서울 정상회의에서 한국이 주도해 합의한 '개발도상국 지원'은 '개도국의 사회간접자원 지원 및 개발 경험 전수'를 주요 골자로 하고 있다. 이명박 대통령은 "170개가 넘는 개발도상국을 위해 가장 중요한 것은 개도국의 경제를 자립시키는 것"이라고 강조했다. 이번 G20 정상회의에서 한국이 개도국에 대한 지원을 주도적으로 이끌 수 있었던 설득력있는 이유 중 하나는 지난해 11월 OECD 산하 개발원조위원회(DAC)에 가입함으로써 원조를 받던(take) 나라에서 원조하는(give) 나라로 발전한 세계 유일의 국가가 됐기 때문이다.

우리는 개도국의 희망 모델이 되기에도 충분하다. 많은 개도국들은 한국이 전쟁의 폐허를 딛고 세계 13위의 경제대국으로 성장한 경이로운 압축 성장과 그 노하우에 깊은 관심을 갖고 있다. 특별한 부존자원도 없이 원조 받던 나라가 원조하는 나라로 발전한 성공신화 창조의 원동력은 무엇보다도 '직업교육과 인적자원 개발'이라고 할 수 있다. 한마디로 우리의 성공적인 산업화는 기술기능인들의 땀과 열정으로 이룩한 것이다.

이 같은 역량은 국제기능올림픽대회 회원에 가입한 지 불과 10년 만인 1977년 유럽의 기능강국들을 물리치고 첫 종합우승을 시작으로 매 대회 때마다 기능올림픽의 역사를 새롭게 바꾸는 주도적인 역할을 이어가고 있다. 한국의 빈국(貧國) 탈출의 역사적 업적이야말로 학벌이 아닌 실력이 원동력이 돼 이룩한 진정한 국가경쟁력이다.

개도국 원조정책은 단순히 잘사는 나라가 못사는 나라에게 베푸는 자선보다는 국제사회의 공동번영을 돕기 위한 원조가 돼야 한다. 그러기 위해서는 개도국이 원하는 선택과 집중의 차별화된 원조가 절대적으로 필요하다. 무엇보다도 원조는 개발도상국의 본질을 변화시킬수 있어야 한다. 이런 점에서 '기술기능교육'은 개도국을 발전시키는 본질이며 핵심동력이라고 할 수 있다. 지난 10월 초 자메이카에서 열린 국제기능올림픽 총회를 통해 산업화를 염원하는 많은 개도국들은 기능강국 코리아의 기술 전수를 강력하게 희망하고 있음을 직접 확인한 바도 있다.

개도국들에게 기능강국의 노하우 전수는 부가가치가 큰 원조다. 물고기 대신 물고기 잡는 법을 가르치는 것과도 같은 전략이다. 더구나 우리에게 개도국에 대한 기능강국 노하우의 전수는 두 가지 관점에서 더 큰 의의가 있다.

첫째, 한국은 그동안 16번씩이나 국제기능올림픽에서 종합우승하면서 모두 482명이 메달을 획득한 기술 인력을 보유할 만큼의 인재강국이 됐다. '기술기능인'들을 통한 세계 무대로의 국력 표출이야말로 수요 창출은 물론 국가경쟁력 제고의 전략적 투자다.

둘째, 기능경시 풍조와 이공계 기피로 교육의 양극화로까지 심화된 전문계고에 새로운 희망을 줄 뿐만 아니라 '기술기능인'들의 활동 무대를 세계로 넓혀 국가경쟁력을 크게 높일 수 있다. 궁극적으로 실력보다 학벌이 우선하는 교육정서 타파에도 일조할 것으로 기대되기 때문이다.

남을 돕는 원조는 일시적인 보이는 현상의 효과를 돕는 원조보다는 본질을 혁신시키고 발전시키는 원조가 국제사회 공동 번영을 위한 진정한 가치 있는 원조다. 늦었지만 우리도 기능올림픽의 선도국가로 기능강국의 역량을 표출시켜 국가경쟁력과 부가가치를 높이는 국력 신장을 적극 모색해야 할 때다. 이런 의미에서 이번 G20 정상회의에서 합의한 '개발도상국 지원'의 가치 있는 전략은 기능강국의 노하우 전수라고 할 수 있다. 산업화의 핵심인 기술인재 육성을 돕는 것은 개도국의 빈곤 탈출의 본질이기도 하지만 우리에게는 두 마리 토끼를 잡는 더 가치 있는 전략이기 때문이다.

한국대학신문 2010년 12월 20일

■ 포퓰리즘이 망친 한국의 교육

'대학졸업장=실업증, 취업 9종 세트, 반값 등록금보다 심각한 반값 졸업장, 능력보다 학벌이 우선인 사회, 기술·기능의 멸시천대 풍조, 일자리 미스매치, 구직난(求職難) 속에 구인난(求人難)' 등은 우리의 직업교육과 대학교육의 심각함을 대변하는 말이다. 이는 교육의 모든 것이 대학으로 통하는 만연한 대학만능주의와 혁신으로 포장한 포퓰리즘 교육정책의 부메랑이다. 2000년 통계가 작성된 이후 청년실업률 두 자릿수 기록과 청년 체감실업률이 최악의 상황에까지 이르렀다. 이는 역대 정부의 잘못된 교육정책의 반복이 쌓인 결과다. 특히 교육양극화 심화, 대학의 경쟁력 저하, 직업교육기관의 정체성 실종 등은 교육백년대계를 간과해버린 포퓰리즘 정책이 망쳐놓은 한국 교육의 실상이다.

특성화고교는 산업인력 양성의 산실로 산업화의 기적을 이룩한 빈곤 탈출의 동력이었다. 하지만 산업화 이후 학벌만능주의 추구로 '못사는 집 아이, 공부 못하는 아이가 가는 학교'라는 편견이 멸시·천대의 낙인(stigma)을 찍은 것이다. 이상론을 내세운 선진 직업교육 제도가 학벌만능주의 타파에 주효하지 못한 것은 풍토를 고려하지 않은 조림사업처럼 실상을 간과했기 때문이다. 성과주의의 우려가 현실로 나타난 '기능올림픽 성과 뻥튀기' 논란은 기능인의 자긍심에 상처를 준 기능한국의 수치일 뿐만 아니라 기능선진국 실현의 걸림돌이다. 기능올림픽은 지나친 성과주의의 기능강국보다는 특성화고교의 정체성을 회복시킬 기능선진국을 추구해야 한다. 기능선진국 실현은 산업인력 확보 등 일거다득의 국가경쟁력을 갖추는 일이지만 편견 타파의 혁신 없이는 절대 불가능하다.

고등직업교육인 전문대학이 강점을 살리지 못하고 있는 것도 안타깝다. 수업 연한과 교명 자율화 그리고 학장을 총장으로 바꾸는 등의 변화를 했다지만 오히려 전문대학과 4년제 대학 간 갈등을 만들었다는 논란을 불러왔다. 4차 산업혁명에 대비한 창의적인 인재 육성을 외치면서도 정부의 재정적 지원에만 몰두한 국가직무능력표준(NCS) 기반의 획일적인 맞춤형 교육만을 추구하는 것은 전문대 강점을 스스로가 포기한 것이다. 절실한 것은 단기대학의 존재 가치와 강점을 키울 수 있는 차별된 혁신이다. 4년제 대학 때문에 전문대 발전의 걸림돌이 됐다는 것과 전문대 때문에 특성화고가 직업교육의 완성학교가 되지 못했다는 관계자의 토로는 부인할 수 없는 정체성 실종의 방증이다.

아직도 우리나라에는 국력에 걸맞은 글로벌 대학이 없다. 4년제 대학은 취업을 위한 도토리 키 재기식의 스펙과 간판 취득기관으로 전락한 지 오래다. 명문대 졸업생 64%가 A학점을 받고 대학문을 나서도 쓸 만한 인재가 없다는 기업의 목소리는 안타까운 대학 경쟁력의 실상이다. 현실로 다가온 학령인구 감소는 입학정원 1000명인 대학의 100개교가 문을 닫아야하는 위기에 직면해 있다. 위기는 글로벌 대학으로 도약할 기회가 될 수 있지만 대학을 대학답게 생명을 불어넣는 혁신 없이는 불가능하다. 실업자가 될지언정 무조건 진학하는 대학만능주의의 풍토를 바꾸는 것은 실종된 직업교육의 정체성을 회복시키는 본질이기도 하다.

인재는 교육 시스템의 차별된 수준에 준하는 인재만을 육성할 수 있을 뿐이다. 종지 같은 평범한 교육 시스템에서 결코 항아리 같은 인재가 육성될 수 없다. 미래의 가치 있는 유·무형의 강점을 지닌 인재는 특성화고교, 전문대학, 4년제 대학이 각기 제대로 된 교육 시스템을 갖추고 정체성을 회복할 때 육성될 수 있다. 무엇보다도 4차 산업혁명 시대의 프런티어 개척에서 주역이 될 국가경쟁력의 핵심은 각 분야별·직능별 차별된 인재다.

새 정부에 바라는 것은 당장의 일자리 창출도 시급하지만 교육 백년대계의 인재 육성을 위한 교육혁신이 청년실업 해결의 본질임을 깨닫기 바란다. 국가경쟁력 제고는 물론 J노믹스 실현의 동력 또한 차별된 인재의 역량에서 비롯된다는 사실을 결코 잊어서는 안 된다.

한국대학신문 2017년 8월 27일

■ 실업교육은 경제성장 동력이다

대전에서 열린 제40회 전국기능경기대회에 대통령이 격려 방문을 한 것은 1998년 이후 7년 만의 일로 참가 선수들은 물론 실업교육 관계자들까지 큰 기대를 갖게 하였다. 왜냐하면 제38회 국제기능올림 픽에서 금메달(3개) 순위 6위라는 역대 최악의 성적을 기록하여 추락 하고 있는 기능한국의 실상을 보여줬던 터라 이번 대통령의 경기 참 관이 실업교육과 기능한국의 부활을 위한 새로운 전기가 되기를 간절 히 바라고 있었기 때문이다.

전국기능경기대회는 1966년 제1회 대회를 시작으로 어느덧 40회 를 맞이하였다. 그동안 국내기능경기와 국제기능올림픽은 우수한 기 능 인력 배출의 산실이었을 뿐만 아니라 국가 경제발전의 성장동력 역할을 해왔다. 또한 우리 기능인들은 1967년부터 국제대회에 참가 하여 종합우승만도 14번씩이나 차지하면서 국제기능올림픽을 주도 하였고 국위도 선양했다.

그러나 우리가 이와 같이 우수한 기능 인력을 배출했으면서도 아직 까지도 실업교육을 직업교육으로 정착시키지 못한 것은 깊이 반성해야 할 일이다. 더욱이 세계 제일의 기능강국으로 새 시대의 변화를 리드해 야 할 리더로서 역할을 못한 것도 매우 안타까운 일이다. 그동안 우리 는 올림픽에서 메달 획득만이 목표가 되어 가장 중요한 실업교육의 본 질을 외면하지 않았는지도 생각해 볼 일이다. 실업교육이 국가 발전의 든든한 성장동력이 되지 못하는 근본적인 문제점을 지적하고자 한다.

첫째, 실업교육은 직업교육의 산실이 되어야 한다. 따라서 실업교 육을 시대 변화에 맞게 먼저 본질(to be)을 혁신해야 한다. 지금과 같 은 현상(to do)만의 변화로는 결코 실업교육이 바로 설 수 없음을 깊 이 깨달아야 할 것이다. 대학 진학이 주된 목표가 된 것이나 포장만 달리한 보여주기식의 학교와 학과 이름 바꾸기 등의 변화가 개혁의 실상이다.

또한 기능 훈련 예산이 학교 체육부 예산의 절반에도 못 미치는 학 교가 있는 것도 사실이다. 이는 만연된 사회의 기능 경시 풍조를 해소 하려는 노력이라기보다는 본질을 외면한 현상의 변화로 매우 염려되는 일이다. 그동안 이공계 기피와 기능 경시 풍조 속에서도 스위스·독일·프랑스·오스트리아·일본 등은 직업교육과 기능정책을 시대 변화를 대비하여 능동적으로 본질을 혁신한 나라들이다. 그 결과 오늘의 기능강국으로 부상할 수 있었던 것이다. 우리가 기능올림픽에서 밀려난 것도 본질의 혁신을 외면한 실업교육 현상의 변화에서 온 결과로 봐야 할 것이다.

둘째, 기능인이 자부심을 가지고 자기 분야에 종사할 수 있는 사회적인 여건과 시스템을 마련하는 일이다. 기능경기나 올림픽 입상자들에게 포상금을 올리는 일이나 열린 경기 등을 통한 이벤트성 행사도 필요하지만 이것만으로 기능인들에게 지속적인 희망과 자긍심을 갖게 할 수는 없을 것이다. 무엇보다도 기능 인력의 저변 확대와 사회적 지위를 보장하는 제도를 마련하는 일이다.

셋째, 우수한 기능 인력이 각기 전문분야에서 안정적으로 일할 수 있는 취업 기회가 주어져야 한다. 무엇보다도 기능 인력을 경제발전의 성장동력으로 흡수해야 한다. 그러기 위해서는 기업이나 정부도 우수한 기능 인력을 적극 채용할 필요가 있다. 특히 기업도 우수한 기능 인력만을 찾을 것이 아니라 필요한 전문가를 양성하는 데 눈을 돌려야 하며 이를 기업의 브랜드로 키워야 할 것이다.

이상은 성장동력 실업교육과 기능한국이 무너지고 있는 실상이다. 그러나 분명한 사실은 실업교육이 본질이라면 기능경기나 올림픽은 현상에 불과하다는 것이다. 현상의 변화로는 결코 본질을 혁신할 수 없다. 무엇보다도 좋은 나무를 통하여 실한 열매를 맺도록 하여야 할 것이다. 아무쪼록 대통령의 참관을 계기로 위기의 실업교육과 추락한 기능한국의 실상이 올바르게 진단되어 혁신의 전환점이 될 수 있기를 기대한다. 따라서 정부는 기능 인력을 국가 발전의 성장동력으로 키울 수 있는 비전을 제시하여야 할 것이다.

매일경제 2005년 10월 13일

에필로그

　제목이 말하듯이 이 책은 인기 없는 기능올림픽 국가대표, 기능인 그리고 직업교육을 대변한 글이다. 그러나 기능한국이 걸어온 반세기 역사를 통한 기능한국의 새로운 르네상스 시대를 열기 위한 100년의 비전을 제시한 책이다.

　특히 제목을 '우리도 대한민국의 국가대표다'라고 붙인 이유는 비인기 분야의 국가대표가 학벌만능주의의 편견 속에서 역경을 이겨내고 세계 제패라는 값진 국위선양을 하고도 국민들의 관심조차도 끌지 못하는 실상을 호소하기 위함에서 비롯된 것이다. 따라서 지금의 이 실상의 타파를 기대하고 또 설득력 있게 대변하기 위해서 여러 날 동안 고심 끝에 붙인 제목이다. 더구나 언론조차도 오직 관심에서 멀어진 분야의 소외된 사람들의 일로 그냥 지나치는 안타까운 실상을 많이 체험하고 또 지켜봤기 때문이다.

　기능한국의 100년에 거는 기대와 목표는 능력중심사회의 표상인 기능선진국의 반열에 오르는 것과 세계 최고 경쟁력을 갖춘 제조업 강국의 실현이다. 그리고 교육의 모든 것이 대학으로 통하는 학벌만능주의 타파에 있다.

　그동안 세계 최고의 기능강국을 자랑했으면서도 제조업 강국으로서 경쟁력을 발휘하지 못한 것은 크나큰 국력 손실이다. 따라서 제조업의 경쟁에서 기능강국의 제품인 'Made in Korea'가 'Made in

Japan'이나 'Made in Germany'에 뒤지는 이유는 참으로 아니러니한 일이 아닐 수 없다. 이것은 이상과 현실이 다른 지금의 기능한국의 실상의 단면이며 타파해야 할 숙제다.

최근 국제기능올림픽에서 보여준 기능한국의 거듭된 종합 순위 추락 원인과 또 대한민국이 능력중심사회의 표상이라고 할 수 있는 기능선진국의 반열에 오르지 못한 이유를 한마디로 단언할 수는 없다. 그러나 나는 역대 정부마다 관계자들이 늘 공언했던 기능인을 위한 정책의 성찰을 통해서 그 원인과 이유를 찾을 수 있다고 생각한다. 무엇보다도 올바른 성찰은 유익을 주는 교훈을 얻을 수 있기 때문이다.

기능선진국 실현을 위해 성찰할 주요 핵심내용을 정리하면 다음과 같다.

첫째, 황무지를 개간하고 옥토를 만들어 경작하는 농부의 땀과 수고처럼 기능인과 능력중심사회 실현을 위한 헌신의 정책을 지속적으로 폈는가? 그리고 이 정책들이 머리가 아닌 가슴으로 준비한 정책인가?

둘째, 기능인이 우대(優待) 받는 세상을 만든다고 역대 정부마다 정책을 내놓고 공언함에도 불구하고 제대로 대우(待遇)조차도 받지 못해 제조업 현장을 떠나는 기능인의 실상과 오히려 학벌만능주의가 심화되고 만연된 기술·기능 경시와 멸시의 낙인(stigma)이 사라지지 않는 이유는 무엇인가?

셋째, 국제기능올림픽대회에서 성적부진 원인을 예산 부족의 탓으로만 돌리는 기능한국 관계자의 말에 대해서도 전문가는 물론 국민들도 쉽게 동의할 수 없는 이유가 무엇인가?

넷째, 무에서 유를 창조한 산업화의 기적을 이룬 기능한국의 역경의 역사는 기능인들은 물론 대한민국 국민의 자랑스러운 자긍심이다. 하지만 "부끄러운 1등보다 떳떳한 2등이 자랑스럽다"라는 지탄을 받은 이유가 무엇인가? 또 정부는 70년의 역사를 자랑하는 기능올림픽에서 경기규칙의 언급에도 불구하고 '왜?' 갑자기 WSI의 종합순위에 대한 지침이 없어 임의로 회원국의 종합순위 산정 방법을 만들어 발표했는가?

다섯째, 기능올림픽대회에서 전대미문의 기록을 세운 기능강국인 우리나라가 국제무대에서 기능올림픽의 리더로서 선도하지 못하는 이유와 국익에 도움이 될 가치 있는 기술 전수를 위해 기능한국이 갖춰야 할 선결조건은 무엇인가?

이상의 성찰은 4차 산업혁명을 주도할 기술인재 육성을 통한 기능한국의 새로운 르네상스 시대를 열기 위함이다. 올바른 성찰의 결과는 '정직·공정·투명·혁신·협동'이라는 기능올림픽의 정신이며 윤리를 바탕으로 과감한 혁신을 한다면 대한민국은 차별된 기능선진국이될 수 있다고 확신한다. 이것이 100년을 내다보는 기능한국의 미래이며, 기능인들에게 줄 수 있는 희망이고 기대라고 생각한다. 따라서 올바른 성찰의 결과는 새로운 미래를 위한 무형의 자산임에는 틀림이 없다.

어떤 정책이든 그 결과에 대해서는 평가가 따른다. 그러나 최선을 다한 정책의 실패는 용납될 수 있고 또 성공으로 갈 수 있는 지름길이 될 수 있다. 그러나 사실과 다른 부끄러운 역사는 결코 기능인은 물론 기능한국의 자긍심이 될 수 없으며 희망도 줄 수 없다.

나는 이상 언급한 다섯 가지의 내용을 포함하여 오로지 기능한국의 발전만을 위해 언론 기고 등을 통해 한결같은 마음으로 외쳐왔다. 소리는 자극(압력 또는 세기 등)의 정도에 따라 감각으로 반응한다. 외침과 떨림이 어우러지면 상상하지 못할 만큼의 더 큰 소리로 반응한다. 하지만 나의 외침에 대한 정부에게 기대한 반응인 떨림은 결코 없었다. 외침과 떨림의 어우러짐이 내는 소리도 결코 듣지 못했다. 나의 기능인을 대변한 외침은 '슈퍼 갑'에게는 간과해도 되는 을의 일이라서 그런지는 알 수 없지만 때로는 의도된 멸시와 홀대 그리고 비난을 받기가 다반사였다. 그러나 이런 외침에 임기응변적이거나 일시적인 반응으로 머물렀기 때문에 지금의 기술과 기능경시 풍조를 타파하지 못했다고 생각한다.

성과주의에 빠져 기능강국만을 추구한 결과가 오히려 기능선진국의 실현을 더 어렵게 만든 것이라고도 판단된다. 마치 동구라파의 스포츠강국이 스포츠선진국의 반열에 오르지 못하고 끝내 스포츠강국에서도 사라진 것과도 잘 비유된다.

기능한국이 나아갈 100년을 기대하면서 필자가 '기술과 열정이 세계 일류 만든다'라는 제목으로 십수 년 전 동아일보에 기고하여 중소기업에 희망을 주고 교훈이 됐던 '세계 최강 미니 기업'의 성공 전략을 소개한다.

『세계 최강 미니 기업은 끊임없는 연구개발 투자와 혁신, 틈새를 노리는 전략, 국제적 분업을 통한 효율성을 중시했다. 이들 기업은 단어가 모여 문장이 되고 문장을 모아 최고의 스토리를 만드는 마법과도 같은 '조합의 노하우'를 갖고 있었다. 최고의 스토리는 마침내 멜로디, 리듬, 하모니가 어우러져 세계를 감동시키고 있다. 하지만 오늘날 세계 최고의 위치와 감동은 영원할 수 없다. 시장은 안주하는 기업을 외면한다. 새로운 감동은 오로지 기술력에서 비롯되며 기술력의 기본은 전문 교육에서 나온다.』

이 내용을 특별하게 소개하는 이유는 기능한국의 혁신을 촉구하고 혁신으로 이룩한 성공의 노하우를 전하기 위함이다.

기능한국의 불편한 진실을 논한 것은 단지 옳고 그름만을 밝히기 위한 것이 결코 아니다. 특히 '역사는 과정의 거울이다'는 걱정하는 마음에서 쓴 글이지만 기능인들과 기능한국의 실추된 명예 회복이 중요하다고 판단했기 때문이다. 잘못 채운 단추를 보고도 바르다고 주장하면서 올바르지 못하게 채워가는 어처구니없는 행태를 보고 그냥 지나칠 수 없어 오랜 고뇌 끝에 오로지 기능한국을 위해 용기를 냈을 뿐이다.

인기 여류작가의 "진실을 덮으려 시작된 거짓은 끝내는 스스로 진실을 증명하는 결정적 단서가 되는 법이다"라는 소설 속에서의 언급은 비단 기능올림픽의 진실을 왜곡한 사람들에게 뼈아픈 반성과 참회를 촉구하는 회초리 같은 교훈만은 아니다. 거짓과 권모술수가 난무하는 험한 세상을 살아가는 우리에게도 많은 깨우침을 주는 말이다.

진실을 감추려고 국민 혈세까지 낭비한 의도된 거짓이 이처럼 스스로를 통해 드러난 것은 그래도 다행스러운 일이지만 참으로 부끄러운 일이다. 잘못을 바로잡는 일은 이기고 지는 문제가 결코 아니다. 늦었지만 진정으로 기능인과 기능한국을 위한다면 왜곡된 역사는 즉시 바로잡아야 한다. 또한 잘못을 바로잡는 통 큰 용단은 상명하복(上命下服)의 조직의 문화로 인해 어쩔 수 없이 진실왜곡을 주도하고 동조해야만 했던 관계자에게도 공소시효가 없는 양심의 고통에서 자유로워질 수 있게 아량을 베푸는 일이다. 【"The Truth Shall Make You Free (진리가 너희를 자유롭게 하리라)", JOHN 8:32】

숙련기술 전문가 단체들도 협회와 회원의 권익을 위하는 일도 중요하지만 특히 전문가 단체로서 4차 산업혁명의 프런티어 개척을 주도할 수 있도록 자신들의 미래이며 숙련기술한국의 희망인 예비 숙련기술인과 기능올림픽을 위한 일에 더욱 관심을 쏟아야 한다. 종합우승 논란으로 자기 직종에서 당당하게 세계를 제패한 기능인의 자긍심에 깊은 상처를 입힌 일과 또 "부끄러운 1등보다 떳떳한 2등이 자랑스럽다"고 외친 네티즌들의 비판의 목소리를 간과한 것은 전문가 단체답지 않은 참으로 실망스러운 모습이다. 더구나 숙련기술 전문가 단체의 명예는 물론 대한민국 숙련기술인의 자존심과도 직결되는 문제임에도 불구하고 무관심으로 일관한 것은 더더욱 안타까울 뿐이다.

이 책은 예비 숙련기술인인 기능인을 대변했다고는 하지만 많이 부족한 글이다. 그러나 숙련기술인(명장), 특성화고교 교사, 직업교육기관인 전문대학 교수, 기능올림픽 국제심사위원과 전국기능경기 관련 전문가, 연구원, 그리고 정부 관계자들이 꼭 읽었으면 하는 바람이다. 왜냐하면 기능선진국의 실현을 위해서는 우선 의기를 투합할 동력이 절대로 필요하기 때문이다.

아울러 폐지로 버려질 자료가 '우리도 대한민국의 국가대표다'라는 이름으로 기능인을 대변하기 위해 새롭게 태어날 수 있었던 것은 '도서출판 일진사' 이정일 대표의 특별한 출판철학에서 비롯된 것이다. 특히 이정일 대표는 한 평생을 오로지 기술과 기능인을 위한 과학기술서적 출판에만 헌신과 열정을 바쳐 산업기술 발전에 크게 기여하였다. 또한 대한출판문화협회 제44대 회장 재임 시 독일 프랑크푸르트 국제도서전에서 한국의 주빈국(Guest of Honor) 유치를 비롯한 IPA(국제출판협회) 서울총회 선정과 출판문화산업진흥법을 제정하는 등 대한민국 출판문화의 발전과 글로벌화에 차별된 공헌을 하였다. 이 기회를 빌려 이정일 대표의 남다른 출판철학을 세상에 알리고 그동안 전하지 못했던 고마움과 감사함을 전한다.

끝으로 이 책은 필자의 2015년 2월에 출간된 기능인을 대변하고 기능선진국 실현을 위한 혁신을 촉구했던 내용들이 담긴 《마중물》보다 먼저 집필을 시작했으나 이제야 결실을 보게 된 것이다. 받았던 홀대와 편견 그리고 자괴감 속에서 계란으로 바위치기보다도 못한 외침이라는 사실을 잘 알고 있으면서도 오로지 마중물을 위한 마중물이라도 되기를 바라는 소망에서 그래도 용기를 냈을 뿐이다. 나를 끝까지 신뢰하고 오직 하나님의 공의와 정의의 실현을 위해 기도한 아내와

두 아들 내외를 비롯한 가족들에게 감사한다. 많이 부족하지만 그래도 이 책이 기능선진국 실현의 '마중물'이 됐으면 하는 바람이다.

　아무쪼록 교육의 모든 것이 대학으로 통하는 학벌만능주의가 사라지고 기능인이 제대로 대우받는 능력중심사회의 표상인 기능선진국이 실현되는 그날을 간절히 염원하면서 글을 맺는다.
　기능한국이여! 영원하라!

2020년 1월
미국 텍사스 포트워스에서
예송 서 승 직(禮松 徐 承 稷)

Though your beginning was insignificant,
Yet your end will increase greatly.

(Job 8:9)